教育部人文社会科学研究一般项目成果（立项号：15YJA820036）

光明学术文库 | 法律与社会书系

法学视域下基本医疗保险欺诈规制路径研究

杨 华 | 著

光明日报出版社

图书在版编目（CIP）数据

法学视域下基本医疗保险欺诈规制路径研究 ／ 杨华
著 . -- 北京：光明日报出版社，2022.8
ISBN 978 - 7 - 5194 - 6543 - 8

Ⅰ.①法… Ⅱ.①杨… Ⅲ.①基本医疗保险—诈骗—
研究—中国 Ⅳ.①D922.284.4

中国版本图书馆 CIP 数据核字（2022）第 059137 号

法学视域下基本医疗保险欺诈规制路径研究
FAXUE SHIYU XIA JIBEN YILIAO BAOXIAN QIZHA GUIZHI LUJING YANJIU

著　者：杨 华

责任编辑：陆希宇　　　　　　　　　责任校对：阮书平
封面设计：中联华文　　　　　　　　责任印制：曹　净

出版发行：光明日报出版社
地　　址：北京市西城区永安路 106 号，100050
电　　话：010-63169890（咨询），010-63131930（邮购）
传　　真：010 - 63131930
网　　址：http://book.gmw.cn
E - mail：gmrbcbs@ gmw.cn
法律顾问：北京市兰台律师事务所龚柳方律师

印　　刷：三河市华东印刷有限公司
装　　订：三河市华东印刷有限公司
本书如有破损、缺页、装订错误，请与本社联系调换，电话：010 - 63131930

开　　本：170mm×240mm
字　　数：206 千字　　　　　　　　印　　张：16
版　　次：2023 年 1 月第 1 版　　　　印　　次：2023 年 1 月第 1 次印刷
书　　号：ISBN 978 - 7 - 5194 - 6543 - 8
定　　价：95.00 元

序　言

　　欺诈是医疗保险事业发展的伴生顽疾，直接侵害了医疗保障基金的安全，间接损害了广大参保人/患者的利益，动摇了医疗卫生行业诚信服务的道德基石。不遗余力地打击欺诈骗保是各国医疗保险事业发展面临的共同议题。我国基本医疗保险参保率多年来稳定在95%以上，可谓已进入全民医保时代，而无处不在、日益猖獗的基本医疗保险欺诈却成为全民医保事业可持续发展的严重威胁。如何有效规制欺诈不仅是我国基本医疗保险实务界关注的重点领域，也是亟须学界予以回应的前沿问题。规制基本医疗保险欺诈属于以解决现实问题为目的的研究领域，汇集了经济学、社会学、管理学、法社会学、法学等众多学科的研究成果。本书在博采众长的基础上，以法学研究为视域，以信息不对称、诚信原则与回应性规制作为欺诈规制的理论基础，通过概念界定与类型定位，廓清了基本医疗保险欺诈法律规制路径的前提对象，基于内部合规自律规制与外部法律强制规制的逻辑思路探求我国基本医疗保险欺诈规制的路径选择，开拓了我国基本医疗保险与反欺诈的新领域。发挥概念思维与类型思维的各自优势，使概念分析与类型学的研究方法在基本医疗保险欺诈规制领域得到了较好的统一，综合运用比较分析、跨学科的研究方法探索基本医疗保险欺诈风险合规治理路径、立法建制以及执法实践，突破了传统规范研究与实证研究的窠臼，充实了我国学界关于医疗保险反欺诈的研究方法体系。

本书试图为读者提供有关法学视域下基本医疗保险欺诈规制对象和具体规制路径的相关研究成果。本书正文部分共分六章，在内容上可以划分为三大板块：

首先，明确基本医疗保险欺诈规制的理论基础。统合多学科关于欺诈的理论研究成果，从产生原因、行为规制及路径选择三方面分析信息不对称、诚信原则和回应性规制等理论的适用。引发欺诈的原因既有心理因素亦有制度因素，信息不对称理论关注的是制度因素。由于基本医疗保险参与主体众多，法律关系构造具有多重性和复杂性，信息不对称问题就越发突出，从而使信息共享、信息披露以及利益相关者的多方参与等信息交流机制的制度建设显得尤为重要。鉴于基本医疗保险领域信息不对称的客观现实，应该将诚信原则确立为我国基本医疗保险法律制度建设的基本原则。国际反欺诈的经验显示，欺诈行为的本质是违反诚信原则。而在基本医疗保险法治建设中，诚信原则可以通过行为主体法定义务的具体化实现其制度化实施，进而纠正医疗行业信息不对称的先天不足，实现欺诈的法律规制。至于基本医疗保险欺诈规制的具体路径则需结合欺诈行为和规制实践的特征寻找适切的理论指导。亦即，欺诈行为生成的进程性和严重的程度性决定了对欺诈的规制不能胶着于某一时点或某一事件，搞事后法律制裁的一刀切；同时，基本医疗保险欺诈规制实践具有医学的专业性、参与主体的多元性、法律关系的复杂性等特征，需要多方主体的协同共治。基于此，我们借鉴法社会学的回应性规制理论指导我国基本医疗保险欺诈的规制路径选择。回应性规制理论具有较好的实践指导口碑，主张强制与非强制、政府与非政府手段的综合运用，以不同内容的金字塔模型为其理论核心，重视规制者与规制对象之间的信任与合作，强调规制手段的柔性、渐进性和交互性，恰与基本医疗保险欺诈及规制实践的特征和需求相吻合。

其次，澄清基本医疗保险欺诈规制的前提性问题。何为基本医疗保险欺诈？基本医疗保险欺诈在损害医保基金众多行为中的定位如何？这两个问题的解决直接影响着基本医疗保险欺诈规制理论和路径的选择。第一个问题的解决涉及基本医疗保险欺诈的界定，具体内容包括国内外比较分析中的概念厘定、跨学科背景的特征呈现、不同法部门的法律性质阐释以及相关概念厘清中的边界框定。第二个问题的解决依赖于损害医保基金行为类型化进路中形成的分析框架。具体言之，违反诚信是损害医保基金行为类型化的逻辑主线，在此基础上，根据使用语词和关注点的差异可以将域外损害医保基金行为的类型化模式整理为不当支付、浪费、广义欺诈和腐败四种类型模式，并结合我国损害医保基金行为实践样态的考察，选择浪费类型模式并进行本土化改造，形成适合我国当前国情的改良版浪费类型模式。在损害医保基金行为类型化进路中，基本医疗保险欺诈的定位可以通过错误、滥用、狭义欺诈和腐败的类型体系及各自的行为构成而得以明确，进而也指出了基本医疗保险欺诈的大致规制路径。

最后，确定基本医疗保险欺诈的规制路径。借鉴回应性规制理论及实践经验，基本医疗保险欺诈规制的路径选择可以从内部合规自律规制与外部法律强制规制的逻辑思路来形成分析框架。就内部合规自律规制而言，在考量欺诈原因、风险评估与合规治理的基础上，选择元规制为基本医疗保险欺诈风险的规制策略，并根据域外典型国家反欺诈的实践经验剖析医疗保险欺诈风险元规制的结构与逻辑，以及我国基本医疗保险欺诈风险合规治理元规制可行性和构建的设想。而外部法律强制规制则主要通过立法建制与实践路径来体现。其中，基本医疗保险欺诈规制的立法建制涉及比较视野下的立法模式选择、法律体系构建与立法原则等内容；而实践路径则在比较视域下探讨基本医疗保险欺诈规制的利益相关者、多面向合作、个人参与等主体相关的议题与回应性规制的典型实践，进而剖析我国基本医疗保险欺诈规制的实践经验与存在的问题，指出我国基本医疗保险欺诈规制的实践应确立法治化路径中的利益相关者系统和回应性规制体系。

由于本人前期积累有限，功力不足，对基本医疗保险欺诈规制的现有研究只能算得上是初步的、阶段性的成果，远谈不上成熟，其中的不足和缺憾主要有：一是限于资料数量以及翻译能力和水平，本书的比较分析多以美国和欧洲国家为例，缺乏对其他国家和地区的立法和实践经验介绍。二是本书的内容侧重基本医疗保险欺诈规制的理论分析，缺少现实案例的实证考察与系统整理。虽然在损害医保基金行为类型化进路中规整了违规违法行为的实践样态，但仍有泛泛之嫌，缺少鲜活案例的阐释。三是本书关于基本医疗保险欺诈及其规制路径的研究成果还只是框架性的，许多细节内容有待深入研究。例如，回应性规制理论在医疗行业反欺诈进程中实践应用与制度设计的国别比较，反欺诈立法中相关主体权利义务及法律责任的理论阐释与制度构想等。

本书成稿期间目睹了我国医疗保障体系在抗击疫情中发挥的坚实保障作用，更坚定了自己探索医疗保障法学研究之路的信心。希望本书能够为关注医疗保障反欺诈研究的学者或学子、医疗保障基金使用监管的执法人员、相关立法者、定点医药机构及其工作人员等提供思路与灵感。

杨 华

2021 年 5 月

目　录
CONTENTS

第一章 导 论

一、基本医疗保险欺诈规制与法学视域

当前我国基本医疗保险基本做到了全民覆盖。就基本医疗保险基金的收支数据来看，根据国家医疗保障局《2018 年全国基本医疗保障事业发展统计报告》，2018 年全国基本医疗保险基金总支出 1.78 万亿元，比 2017 年增长 23.6%，而 2018 年全国基本医疗保险基金总收入为 2.1 万亿元，比 2017 年增长 19.3%。[①] 从数据上看，基本医疗保险基金总支出增长速度超出总收入增长速度近 5 个百分点，虽然基本医疗保险基金目前尚有结余，但是总支出快速增长的势头如果不加以遏制必将影响基本医疗保险事业的可持续发展。从我国当前政策方向来看，基本医疗保险支付方式改革是遏制基本医疗保险基金总支出增长的重头戏。[②] 不过，基本医疗保险欺诈给医保基金造成的损失也不容小觑。具有一定反欺诈历史和经验的欧美国家，通常不特别区分公共医疗保险和商业保险，

[①] 《2018 年全国基本医疗保障事业发展统计报告》［A/OL］. 国家医疗保障局网站，2019-12-12.

[②] 参见国务院办公厅印发的《关于进一步深化基本医疗保险支付方式改革的指导意见》国办发（2017）55 号［A/OL］. 中华人民共和国中央人民政府网站，2019-12-15.

一概以医疗保险欺诈来通称。① 根据西方学者 Mark Button 和 Jim Gee 2012
年的估算，英、美等西方国家医疗保险欺诈平均损失率为 5.59%②，如果
用这个数值来衡量我国基本医疗保险欺诈的规模，结果也相当可观。规
制基本医疗保险欺诈，维护医保基金安全是我国当前基本医疗保险基金
监管的首要任务，亦是我国深化医疗保障制度改革的重要内容之一。

（一）基本医疗保险欺诈规制的含义

作为舶来品，"规制"一词源于日语，但根源是英语中 regulation，
是指根据一系列规则对复杂系统进行管理。根据语境不同规制的含义略
有差异，如生物学上的基因调控、政府的立法建制与执法行动、商业活
动中的行业自律、心理学上的自我调控等。在社会科学领域，规制又称
为监管、管制，是一个多学科通用的概念。不过关于规制的界定常见于
经济学和行政法学领域。在经济学家眼里，规制的原本词义是指政府对
企业行为的干预和控制，众多的规制概念可以归纳为如下共性：
（1）政府是最主要的规制主体，除此，还包括一些非政府组织和其他
自律组织；（2）矫正市场失灵是规制目的；（3）规制手段以价格、进
入和退出、投资、质量等强制性制约为主。③ 而行政法学界则多探讨
"规制国"的原理和建设，认为规制具有多义性、开放性特质，规制主
体不限于行政部门，私人组织亦有规制权；规制内容突破单一的控制和
限制，包容服务、激励与合作；规制行为不仅仅是行政行为，也关涉立

---

① 虽然本书意在探讨我国基本医疗保险欺诈的法律规制，但是，由于多从比较视角切
   入，为了与国际组织报告、各国立法以及各种外文专著论文的用词相一致，本书凡
   是涉及欧美制度和实践介绍时皆以"医疗保险欺诈"称之，而对于我国则称之为
   "基本医疗保险欺诈"。
② BUTTON M, GEE J. The scale of health-care fraud: A global evaluation [J]. Security
   Journal, 2012 (25): 76-87.
③ 徐飞. 政府规制政策演进研究——日本经验与中国借鉴 [M]. 北京: 中国社会科学
   出版社, 2015: 5.

法行为和司法行为。①

随着党的十八届三中全会提出"实现国家治理体系和治理能力现代化"的战略目标，如何利用规制手段完成公共任务成为当下学界研究的热点问题之一。公共管理学、法社会学、法学等众多学科也日渐关注规制问题。从实现基本医疗保险反欺诈的监管目的出发，我们将基本医疗保险欺诈规制定义为：为维护医保基金安全，实现基本医疗保险反欺诈任务而对参保人/患者、医药服务供方、医保经办机构及其工作人员等主体行为的干预和控制，主要包括政府规制与医药服务供方、医保经办机构等主体的自我规制。

（二）相关文献综述

虽然基本医疗保险欺诈在我国医疗行业中日益猖獗，对其规制的研究和实施有着现实的迫切需求，但是，由于基本医疗保险欺诈规制属于跨学科研究领域，需要管理学、法学、社会学等多学科的研究视角、研究方法、基础理论与对策选择，加之医疗行业具有专业性、异质性、多变性与复杂性等实践特点，内生于医疗行业的欺诈行为随之带有专业性、隐蔽性、复杂性、多变性等特点，使得基本医疗保险欺诈规制的学术研究问津者少，难以成为学界研究的显学。不过，在现实基本医疗保险欺诈问题凸显和解决之道的迫切需求推进下，学术界已有学者开始躬耕于基本医疗保险欺诈规制的研究，取得了一定的成果。

从历时性视角来看，国内对基本医疗保险欺诈规制的研究经历了从道德风险的防范到违规行为的监管再到欺诈行为严密规制的学术发

---

① 参见刘水林，吴锐. 论"规制行政法"的范式革命［J］. 法律科学，2016（3）：61-62. 崔明逊. 规制内涵探讨：从概念到观念［J］. 人民论坛，2013（9）：129.

展路径,① 体现了我国政府逐渐明晰的严打欺诈行为、维护医保基金安全的战略决策。从共时性视角来看,我国关于基本医疗保险欺诈规制的现有研究成果可以由宏观与微观两个层面切入。就宏观而言,现有研究文献主要集中于以下议题:社会保险反欺诈的法治化建设②、基于风险管理理论的医保基金欺诈应对③、基本医疗保险欺诈的原因与对策④、基本医疗保险欺诈风险点与对策⑤、医保基金反欺诈合作治理的比较研究等。⑥ 就微观而言,现有研究文献主要集中于以下议题:社会保险反欺诈的激励机制⑦、社会医疗保险欺诈法律责任制度⑧、基于医疗服务协议的惩罚性赔偿制度⑨。

就内容而言,我国现有学界研究成果取得的成绩主要有:1. 大致廓清了基本医疗保险欺诈的原因,认为基本医疗保险欺诈的表层原因是

---

① 参见赵曼,吕国营. 社会医疗保险中的道德风险 [M]. 北京:中国劳动社会保障出版社,2007. 马晓静,鲁丽静. 医疗机构医保相关违规行为监管的国际经验与启示 [J]. 中国医院管理,2013 (7). 娄宇. 规制基本医保支付欺诈行为的思考 [J]. 中国医疗保险,2018 (5).

② 参见王素芬. 社会保险反欺诈举报人制度研究 [J]. 理论学刊,2019 (3). 王素芬. 社会保险反欺诈地方立法之审思 [J]. 东岳论丛,2019 (2). 陈新民. 社会保险反欺诈综合法律对策研究 [J]. 现代法学,2015 (1).

③ 参见林源. 新型农村合作医疗保险欺诈风险管理研究 [M]. 成都:西南交通大学出版社,2015. 阳易南,肖建华. 医疗保险基金欺诈骗保与反欺诈研究 [J]. 北京航空航天大学学报,2019 (2).

④ 参见陈起风. "救命钱"沦为"唐僧肉":内在逻辑与治理路径 [J]. 社会保障研究,2019 (4). 罗长斌. 社会医疗保险诈骗行为的防范与对策 [J]. 武汉理工大学学报(社会科学版),2017 (5).

⑤ 娄宇. 规制基本医保支付欺诈行为的思考 [J]. 中国医疗保险,2018 (5).

⑥ 孙菊,甘银艳. 合作治理视角下的医疗保险反欺诈机制:国际经验与启示 [J]. 中国卫生政策研究,2017 (10).

⑦ 崔丽. 激励理论视角下社会保险反欺诈机制的构建 [J]. 湘潭大学学报(哲学社会科学版),2016 (3).

⑧ 张新民. 社会医疗保险欺诈法律责任制度研究 [J]. 法学,2014 (1).

⑨ 娄宇. 论医疗服务协议对骗保行为的规制方法——惩罚性赔偿的法理与制度设计 [J]. 中国医疗保险,2018 (10).

医疗行业的高度信息不对称，重要诱因是基本医疗保险制度存在的缺陷与基金监管漏洞。2. 梳理了基本医疗保险欺诈的实践样态，大多从参保人/患者、医药服务供方、医保经办机构以及第三方等主体视角或缴费、管理与支付等医保基金运营环节整理基本医疗保险欺诈的实际表现形态。3. 提出了综合性的解决对策，包括法治建设、政策和实操两方面。其中，法治建设包括出台专门立法、完善现有《刑法》规定；建立行政执法协调机制；扩大人民法院受理社会保险争议案件的受理范围；构建民事责任、行政责任与刑事责任的法律责任制度体系；建立医疗服务协议的惩罚性赔偿制度；建设举报人的激励机制；强调行政法规制的重要性等。政策和实操方面主要包括构建信息共享机制；重视立法与执法环节，构建反欺诈主体间的多层次、全方位的合作治理体系；建设防范机制、识别测量、惩治约束等基于流程的医保基金欺诈风险管理体系；提出回归公立医院的公益性、培育民营医院、均衡配置医疗资源、提高住院实际报销比例等政策建议。

总体而言，我国学术界对于基本医疗保险欺诈规制的研究具有多学科参与、实操方案与制度建设共进、以解决现实欺诈问题为导向的务实性特征。应该看到，我国关于基本医疗保险欺诈的现有研究成果尚存在理论研究匮乏、宏观研究泛化、微观研究具体化建议不足等问题，而我国现有基本医疗保险反欺诈的现实国情迫切需要任务取向的理论指引和具体化的建言献策，尤其是立法体系建设与执法路径选择等方面。

我国立法语境中的基本医疗保险，在国际社会保险事业中通常被称为社会医疗保险或公共医疗保险等语词，由于社会医疗保险或公共医疗保险与商业保险领域中的欺诈行为同质性大于异质性，因此，国外各种类型的文献资料一般以医疗保险欺诈作为通称概念，兼顾社会医疗保险或公共医疗保险、商业保险两个领域，这与我国基本医疗保险欺诈与商业医疗保险欺诈研究泾渭分明，规制路径差异较大的现实国情极为不同。在行文中概念使用的统一性与尊重文献资料语词的原意之间，本书选择了后者，亦即，在书中凡是涉及国外制度和实践经验介绍的内容皆使用医疗保险欺诈这一通称概念，而国内的相关内容则使用基本医疗保险欺诈这一立法和官方文件术语。

在国外，医疗保险欺诈也是一个多学科的研究领域，例如，经济学者关注医疗保险欺诈发生的频率与损失率，社会学者探寻医疗保险欺诈的原因，而法学者重视医疗保险欺诈规制的立法与实施。医疗保险欺诈属于欺诈的一种，欺诈广泛存在于金融、证券乃至人们生活的方方面面，规制欺诈是一个世界性难题。与我国只关注欺诈规制的实务解决方案不同，国外的相关研究不仅注重欺诈规制的实际解决方案，更是在反欺诈的基础理论方面颇有建树。具体而言，就基础理论来看，主要有探寻根源的欺诈三角形理论、聚焦主体的白领犯罪理论、发现欺诈的欺诈识别理论、防范欺诈的欺诈管理生命周期理论、针对欺诈风险的风险管理理论，以及冰山一角、薯条欺诈、烂苹果欺诈、低挂水果欺诈等一些新欺诈理论。① 除了一般欺诈理论研究外，针对医疗保险欺诈规制，国外的研究成果主要围绕医疗保险欺诈的类型、识别技术、法律规制等内容展开。由于识别技术涉及算法等计算机科学，超出本书研究范围，故略去。就医疗保险欺诈类型和法律规制的研究成果来看，荷兰学者达拉斯·桑顿（Dallas Thornton）和米歇尔·布林克赫斯（Michel Brinkhuis）根据文献资料的梳理，总结归纳了 18 种医疗保险欺诈种类，在数量上排在前 5 位的是不正确编码、幽灵账单、回扣、错误诊断、身份欺诈② 美国学者妮叮·F. 斯托威尔（Nicole F. Stowell）和马蒂娜·施密特（Martina Schmidt）则从行为与主体相结合的视角将医疗保险欺诈划分为账单欺诈、回扣欺诈、身份欺诈、医院欺诈、医生欺诈与医药公司欺

① 参见林源. 新型农村合作医疗保险欺诈风险管理研究［M］. 成都：西南交通大学出版社，2015：6-8.

② THORNTON D, BRINKHUIS M. Categorizing and Describing the Types of Fraud in Health-care［J］. Procedia Computer Science, 2015（64）：713-720.

诈等种类。① 至于医疗保险欺诈法律规制的研究成果，则主要集中于肯定式的立法和实践介绍与否定式的立法批判两方面。关于前者的研究成果主要有詹弗·A. 斯塔曼（Jennifer A. Staman）为美国国会研究局（Congressional Research Service）撰写医疗保险欺诈和滥用相关立法回顾，科林·M. 法迪克②（Colleen M. Faddic）撰文指出美国 1996 年《医疗保险便携与问责法案》是打击医疗保险欺诈的有力武器③，格雷戈里·E. 丹姆斯克（Gregory E. Demske）等学者认为美国卫生与公共服务部内设的监察长办公室所进行的一系列合规努力是合作治理的典范。④ 关于否定式立法批判的研究主要有：琼·H. 克劳斯（Joan H. Krause）认为医疗保险欺诈和滥用损害了患者的利益，而美国现有关于医疗保险欺诈规制的立法和执法行动只为反欺诈而反欺诈，已经偏离了以患者为中心的宗旨，美国的医疗保险反欺诈事业几乎沦为各项反欺诈数字竞赛的产业⑤；美国学者理查德·多恩（Richard Doan）则指出在医疗保险欺诈诉讼中，几经修订的《虚假陈述法》对欺诈的认定标准，尤其是主观意图标准的把握越发宽松，惩罚力度越发严格，一刀切的标准对小微型医疗服务供方极为不利。⑥

---

① STOWELL N F, SCHMIDT M. Healthcare fraud under the microscope: improving its prevention [J]. Journal of Financial Crime, 2018 (25): 1039-1061.

② STAMAN J A. Health Care Fraud and Abuse Laws Affecting Medicare and Medicaid: An Overview [R/OL]. Congressional Research Service, 2019-12-20.

③ FADDIC C M. Health Care Fraud and Abuse: New Weapons, New Penalties, and New Fears for Providers Created by the Health Insurance Portability and Accountability Act of 1996 [J]. Annals of Health Law, 1997 (6): 77-103.

④ DEMSKE G E, TAYLOR G, ORTMANN J. Shared Goals: How the HHS Office of Inspector General Supports Health Care Industry Compliance Efforts [J]. Mitchell Hamline Law Review, 2018 (44): 1145-1164.

⑤ KRAUSE J H. A Patient-Centered Approach to Health Care Fraud Recovery [J]. The Journal of Criminal Law & Criminology, 2006 (96): 579-620.

⑥ DOAN R. The False Claims Act and the Eroding Scienter in Healthcare Fraud Litigation [J]. Annals of Health Law, 2011 (20): 49-76.

综上，国外学术界对医疗保险欺诈的研究既有对欺诈一般理论的基础研究，也有类型整理、欺诈识别、制度建设等方面的应用研究，尤其是美国，由于其医疗保险反欺诈立法较为全面，积累了一定的实践经验，因此，学者对医疗保险欺诈规制的探讨有一定深度，值得借鉴。不过，国外关于医疗保险欺诈的研究成果多是在各自学科领域展开探讨，鲜有跨学科的研究成果，且研究成果多限于微观个案、具体制度或宏观规制体系介绍性研究，而运用适恰理论与实践结合的宏观规制体系的系统架构、中观规制制度与路径的理性选择等建设性内容鲜有问津。

（三）法学视域的研究意义

基本医疗保险欺诈规制具有多学科研究视域的特点，内容各有不同。法学视域的研究以静态的制度构建和动态的执法行动为核心内容，既有理论意义亦有实践价值。

首先，应廓清基本医疗保险法律规制的基础理论。虽然基本医疗保险欺诈规制的理论基础有多面向的选择，但是，就法律规制而言，较为适宜的理论基础该是以信息不对称探求欺诈的原因，以违反诚信明晰欺诈行为的本质，以回应性规制确定欺诈应对的路径和策略。廓清了理论基础，基本医疗保险欺诈法律规制的制度体系构建才有可能获得价值的正当性、逻辑的合理性与实施的可行性。

其次，应构建基本医疗保险欺诈法律规制的体系框架。基本医疗保险欺诈法律规制不是点和面的片段研究，而是流程的、系统的制度体系的构建。即，系统考量基本医疗保险欺诈风险的预防、欺诈萌芽的控制、实际欺诈应对的全过程，运用回应性规制理论和元规制理论设计基本医疗保险合规管理体系与法律制裁体系，进而使基本医疗保险欺诈法律规制的体系框架既有宏观上的设想又有中观上的落实。

最后，应指导基本医疗保险欺诈法律规制的实践活动。基本医疗保险欺诈法律规制以政府规制为主导，表现为立法建制、合规治理与执法行动等环节的实践活动，基本医疗保险欺诈法律规制的研究通过明晰立法建制的思路和原则、合规治理的多层次体系以及执法行动的多种措施能够有效地指导实践活动，保证基本医疗保险欺诈法律规制实践活动的效力性和效率性。

二、法学视域下基本医疗保险欺诈规制的理论基础

医疗保险欺诈法律规制是一个系统工程，需要坚实、合适的理论基础来支持，虽然有关欺诈的一般理论有着不同学科、不同面向的多元化呈现，但是，在众多的欺诈理论中，信息不对称、诚信原则与回应性规制三个理论在诠释医疗保险欺诈原因、确证医疗保险欺诈行为的本质以及应对医疗保险欺诈规制路径选择方面更胜一筹。

（一）信息不对称：基本医疗保险欺诈产生的原因

信息不对称是信息经济学的核心理论，由美国经济学家约瑟夫·斯蒂格利茨（Joseph Eugene Stiglitz）、乔治·阿克尔洛夫（George A. Akerlof）、迈克尔·斯彭斯（A. Michael Spence）在 20 世纪 70 年代提出，并因该理论三人获得 2001 年度诺贝尔经济学奖。该理论是指在市场经济条件下，交易双方主体不可能完全占有对方的信息，这种信息不对称必定导致信息拥有方为谋取自身更大的利益而使另一方的利益受到损害。信息不对称理论适恰地诠释了市场经济的客观现实，指出事前交易的逆向选择和事后交易的道德风险是信息不对称导致的主要风险和问题，如果没有相应的解决机制势必会引发"劣币驱逐良币"乃至市场失灵的后果。由于信息不对称与市场经济相勾连，解决信息不对称问题，须建立以政府规制为主导的规制路径。

就强制性的全民医疗保险而言，信息不对称引发的风险与问题主要是医疗保险基金支付环节发生的道德风险，尤其是欺诈，是一种较为严重的道德风险。在基本医疗保险领域，信息不对称主要表现为政府规制主体与医药服务供方、参保人/患者之间的关于医保待遇、规范信息的不对称；医药服务供方与政府规制主体之间关于特定时间、特定地点的医药服务事实信息的不对称；医药服务供方与参保人/患者之间的关于医药专业知识的信息不对称；政府规制主体与参保人/患者之间的关于特定时间、特定地点的就医问药事实信息的不对称；政府规制主体之间关于专业知识、执法经验等规范信息的不对称。对于上述主体之间的信息不对称，需在政府规制主导下，通过信息交流机制均衡各方主体间的信息拥有。信息交流机制主要包括政府规制主体之间的信息共享机制、医药服务供方与政府规制主体和参保人/患者之间的信息披露机制、参保人/患者乃至社会公众与政府规制主体和医药服务供方之间的参与机制等。①

（二）诚信原则：基本医疗保险欺诈行为违反的基本原则

诚信又称为诚实信用，是一个兼具道德规范与法律规范的概念。就我国当前现状而言，诚信的适用有三个层面，一是传统文化层面的"内诚外信"②，二是国家战略层面的社会主义核心价值观及其建设的制度化，三是法律制度中的诚实信用原则。在法律制度中，诚信起源于罗马法中的一般恶意抗辩，即一方当事人对存在的虚假债务可以提出欺诈抗辩，拒绝履行。此后，历经《法国民法典》《德国民法典》和《瑞士民法典》的制定颁布，诚信的适用领域由契约履行扩展到债权债务履行再扩展到一切民事权利义务履行，作为一项基本原则，诚信原则渐成民法的"帝王条款"。我国新颁布的《民法典》第 7 条规定的诚信原则

---

① 参见刘恒，李冠钊. 市场监管信息不对称的法律规制［J］. 行政法研究，2017（1）：26.

② 诚信是我国传统的道德规范，一方面是个人必须坚守的道德准则，如《论语·为政篇》中："人而无信，不知其可也"，《论语·学而篇》中"与朋友交，言而有信"；另一方面是规范君王大臣的行为准则，如《论语·颜渊篇》中"民无信而不立"，《资治通鉴·周记》中"夫信者，人君之大宝也。国保于民，民保于信；非信无以使民，非民无以守国"。

适用于一切民事活动，具有"秉持诚实，恪守承诺"的立法内涵。源于民法的诚信原则在历史进程中呈现向公法和其他私法扩张的态势，成为我国行政法、经济法、商标法、民事诉讼法、劳动法、证券法、税法等部门法的基本原则。部门法的区隔不应该影响诚信原则本质内涵的普适性，尽管学界对诚信原则的含义有多种界定，① 但是笔者赞同学者徐国栋的观点，即诚信原则就是毋害他人的"善"或"信"，包括主观诚信与客观诚信两方面，前者是毋害他人的内心状态，后者是毋害他人甚至有益他人的行为。② 该本质内涵普适于包括民法在内的一切法律制度。

毋害他人、诚实不欺的诚信原则应该被确立为我国基本医疗保险法律制度建设的基本原则之一，以便为规制欺诈行为提供行为准则和规范依据。具体言之，首先，诚信原则是医疗行业信息不对称客观现实的必然要求。医疗行业具有典型的信息不对称的客观现实，极易诱发道德风险，尤其是欺诈等违规违法行为。诚信原则可以具体化为行为主体的法定义务，如医药服务供方信息披露义务、参保人/患者如实告知义务以及政府主管部门、医保经办服务机构公开医保政策规范信息、福利待遇信息义务。诚信原则的制度化实施可以纠正医疗行业信息不对称的先天不足，实现欺诈的法律规制。

其次，诚信原则是基本医疗保险法律关系良性运转的行为规范与制裁依据。基本医疗保险法律关系由国家及其政府主管部门和医保经办服务机构与参保人/患者之间的行政给付关系、政府主管部门和医保经办服务机构与医药服务供方之间的医药服务协议关系、参保人/患者与医药服务供方之间的医疗合同关系搭建组成，主体众多，法律关系复杂交

---

① 例如，仅在民法学界对于诚信原则就有语义说、一般条款说、立法者意志说和双重功能说。参见郑强. 合同法诚实信用原则研究 [M]. 北京：法律出版社，2000：4.

② 徐国栋. 民法基本原则解释：诚信原则的历史、实务、法理研究 [M]. 北京：北京大学出版社，2013：84.

错，诚信失范极易发生。确立诚信原则，一方面通过诚实不欺的道德标准引导人们行为向善，预防欺诈等违规违法行为的发生，另一方面，当欺诈等违规违法行为发生时，诚信原则即可成为惩治欺诈等违规违法行为的规范依据。

最后，诚信原则契合国际医疗保险反欺诈事业有关欺诈本质的界说。在英语中，诚信既可以表述为 Good faith，也可以表述为 Integrity，前者侧重善意，多适用于交易契约乃至市场经济领域，后者除了表达正直诚实品性之义外，还兼有完整性的含义，多适用于组织治理和社会治理领域。易言之，为保证社会、组织和项目运营的完整性，必须遵守诚信原则，可以说，正直诚实品性与完整性是一枚硬币的正反面。在世界医疗保险领域，违反诚信（integrity violations）通常作为一个总括性概念，用以涵盖滥用、欺诈、贿赂、贪污等不同危害程度的违规违法行为，而无心之过的错误则被排除在违反诚信的行为之外。亦即，在医疗保险领域，违反诚信这一概念不仅具有类型化的功能，而且还揭示了欺诈等违规违法行为的本质，即违反毋害他人、诚实不欺的诚信原则。

（三）回应性规制：基本医疗保险欺诈规制的路径选择

回应性规制理论最早由西方学者伊恩·艾尔斯（Ian Ayres）和约翰·布雷思韦特（John Braithwaite）于 1992 年在《回应性规制——超越放松管制的争论》一书中提出，后经学者们的不断衍化，目前已成为政治学、法学、法社会学广为关注的前沿理论，且在公共安全、食品卫生、环境保护等领域有着较为成功的实务践行。

针对市场失灵与政府失灵的双重难题，回应性规制理论主张超越命令控制型的传统政府规制或放任的市场机制的自我规制，建立强制与非强制、政府与非政府手段综合运用的混合模式。① "软话先于硬话，胡

① 杨炳霖. 回应性监管理论述评：精髓与问题 [J]. 中国行政管理，2017（4）：131-136.

萝卜先于大棒"是回应性规制理论思想的直白表达。该理论的最大特色是用金字塔模型来形象化表达其核心观点，并指导实践。金字塔模型强调金字塔底部基础的坚实性和优先适用性，认为应对合规问题首先要考虑教育、建议、说服、奖励等支持性赋能手段，因为从人的动机和行为来看，大多数人是善意、愿意合规的，但由于无知导致实施了违规行为，是故，支持金字塔（pyramid of supports）作为一种赋能框架应优先适用。当少数理性算计者（其合规行为仅考虑经济收益与违规成本的比例）和恶意行为人实施了违规违法行为时，就要转而考虑适用制裁金字塔（pyramid of sanctions），发挥制裁的威慑力，进而产生合规的压力。制裁金字塔也是由底部的教育、说服等非惩罚措施优先适用开始，一旦无效则沿着金字塔逐级升高，惩罚力度也逐级加强。① 支持金字塔和制裁金字塔都是针对微观实操层面组织或个人的合规指引与执法行动指导，至于宏观战略层面则需适用规制策略金字塔（regulatory strategy pyramid）。规制策略金字塔由金字塔底部的自愿性自我规制、中部的强制性自我规制②和顶端的命令控制型政府规制构成。规制策略金字塔模型重视规制者与规制对象之间的信任与合作，强调规制手段的柔性、渐进性和交互性，认为应当根据环境、动机和行为等因素动态、融合地运用自愿性自我规制、强制性自我规制和命令控制型政府规制等手段，③发挥规制对象自我规制和政府规制各自优势，提高规制对象与政府的规制能力。

回应性规制理论并非楼阁空谈，而是一种实证性理论，并在实践应用中不断完善发展。基本医疗保险欺诈规制具有选择回应性规制进路的

---

① IVEC M，BRAITHWAITE J. Applications of Responsive Regulatory Theory in Australia and Overseas：Update ［R/OL］. Regulatory Institutions Network，Australian National University，2020-01-05.

② 即指狭义元规制，是指政府对规制对象自我规制的单向、线性的监督。

③ AYRES I，BRAITHWAITE J. Responsive Regulation - Transcending the Deregulation Debate ［M］. Oxford：Oxford University Press，1992：12-26.

前提与实践。首先，基本医疗保险欺诈具有进程性与程度性，符合回应性规制层次性渐进的发展理路。基本医疗保险欺诈的进程性体现在由欺诈动机到潜在欺诈再到实际欺诈的渐次显化的阶段历程中，而实际欺诈在主观恶性、危害后果等方面则呈现由轻微到严重的不同程度性。基本医疗保险欺诈的这些特质恰恰符合回应性规制由自愿性自我规制到强制性自我规制再到命令控制型政府规制的策略逻辑。其次，基本医疗保险欺诈规制实践的复杂性决定了回应性规制进路选择的必要性。基本医疗保险特有的专业性、参与主体的多元性、法律关系的复杂性凸显了信息不对称的客观现实，使基本医疗保险欺诈规制的实践日益复杂，传统命令控制型的政府规制难以独担重任，而回应性规制所强调的自我规制与政府规制合作信任、协同共治的规制模式恰能应对基本医疗保险欺诈规制实践的复杂性。

相较于信息不对称的欺诈原因诠释与违反诚信原则的欺诈本质界清，回应性规制理论是支撑本书关于基本医疗保险欺诈规制框架、立法建制和执法实践支持的核心理论，同时也是本书探索法学视域下基本医疗保险欺诈规制路径的创新所在。

三、本书的逻辑思路与核心内容

本书使用的"规制"一词具有较强的法学学科色彩，在内容上既包括合规规制也包括制裁规制，从规制任务实现的国家或政府面向来看，既包括静态的法律制度，也包括动态的立法和执法。在我国打击基本医疗保险欺诈的实践中，如何界清欺诈行为并非易事，合法与违法之间存在着广泛的灰色区域，需要一定的制度理性和较高的执法能力。围绕着规制对象，内部合规规制与外部法律规制的整体考量是本书内容展开的逻辑主线。具体言之，为了更好地构建规制应对体系，本书首先从概念与类型两种思维方式着手，明晰基本医疗保险欺诈的边界，廓清基本医疗保险欺诈与相关概念的关系。在欺诈规制的历史进程中，存在着超广义欺诈、广义欺诈、中义欺诈与狭义欺诈的不同语境用词，反映了"欺诈"这一语词适用的多面性。然而，概念的界定虽然能够明确基本医疗保险欺诈在法律体系中的定位以及边与界的划定，但是难以趋近具体的欺诈样态，而类型化则可以弥补此种缺陷。在比较视域下探讨我国基本医疗保险欺诈的类型化不仅有助于规整基本医疗保险欺诈的实践样态，而且还能够明晰无心之过的错误与滥用、欺诈、腐败等违规违法行为的规制路径选择。

概念与类型是基本医疗保险欺诈规制的前提和基础，而合规治理的元规制路径、相关的立法建制以及规制的执法实践等内容则是基本医疗保险欺诈规制的具体应对，反映了预防—控制—发现—应对这一反欺诈的实践逻辑，符合基本医疗保险欺诈发生发展的阶段性、主观上的善恶性以及危害后果的程度性。简言之，基本医疗保险欺诈规制是一个层级递进的体系结构，体现了针锋相对的回应性规制理路。

本书的核心内容主要包括六部分：

一是导论，阐述基本医疗保险欺诈规制的含义、相关文献综述以及法学视域研究的意义，明确基本医疗保险欺诈法律规制的理论基础由信息不对称、诚信原则与回应性规制等理论构成，分别对应欺诈产生的根源、欺诈行为的本质属性以及欺诈规制的路径选择。

二是基本医疗保险欺诈的界定。基本医疗保险欺诈概念的界定因实务、立法与学界等语境适用的不同而存在差异。从打击医疗保险欺诈的历程与现状来看，欧美国家在实务语境中从广义、中义两个层面界定医疗保险欺诈，前者突出概括性概念的包容度，后者关注与错误、滥用、腐败等行为区隔的边界。而立法语境则从狭义层面界定医疗保险欺诈，通常入罪规制。而我国实务、立法与学界等语境多从中义层面界定医疗保险欺诈，近似于欧盟国家的中义医疗保险欺诈，反映医疗保险欺诈行为由轻微到严重的程度性特征。如果考量立法技术与语词应用的精细化，我国立法和学界尚存在从超广义层面界定医疗保险欺诈现象，重视客观欺诈行为的表达，易滋生客观归责的弊端。由于医疗保险欺诈概念的中义界定符合我国当前立法与实务的国情，吻合欺诈行为的特质，故而应成为我国众语境普适的选择。就法律性质而言，基本医疗保险属于社会保险范畴，基本医疗保险欺诈与社会保险欺诈在法律性质上具有同一性，通过民法、行政法、社会法等部门法中各自欺诈法律性质的分析，基本医疗保险欺诈可以被定性为一种责任追究的法定主义层面的欺诈。基本医疗保险欺诈的边界一方面体现为道德风险、欺诈与诈骗三个概念之间的属种关系，另一方面则可以通过厘清错误、滥用、欺诈与腐败等不当行为的关系，确证基本医疗保险欺诈的定位，进而明晰其规制策略。

三是类型化进路中基本医疗保险欺诈的定位。基本医疗保险欺诈是损害医保基金行为类型中的一种，其定位取决于损害医保基金行为的类型化整理。而损害医保基金行为类型化对基本医疗保险欺诈规制的意义在于弥补概念思维的抽象性不足、赋予描述性分类以规范性评价、启动基本医疗保险欺诈法律规制体系建设、统一基本医疗保险欺诈协同共治的交流标准。从域外经验来看，损害医保基金行为的类型化可以划分为不当支付类型、浪费类型、广义欺诈类型、腐败类型四种模式。根据我国损害医保基金行为的实践样态、特点和国情背景，有必要选择改良版的浪费类型模式，在违反诚信的意义脉络贯穿中构建错误、滥用、狭义欺诈、腐败的类型体系，进而明确不同行为类型的构成要件与规制路径。

四是基本医疗保险欺诈风险合规治理的元规制。就风险管理视角而言，"基本医疗保险欺诈风险"一词可以涵盖防患于未然的欺诈预防阶段、潜在欺诈、实际欺诈递进发展的全过程。欺诈三角形理论决定了欺诈风险的过程性、程度性以及评估的必要性，而合规历史源流的契合与内容的适切使合规治理成为有效解决欺诈问题的方法之一，衍生于回应性规制理论的元规制则因其层次性、渐进性与交互性成为医疗保险欺诈风险合规治理规制策略的不二选择。打击医疗保险欺诈的域外实践昭示，自我规制的支持赋能、自愿性自我规制的启动与强制性自我规制的政府介入是医疗保险欺诈风险合规治理元规制的结构与逻辑。我国基本医疗保险欺诈规制中，已有的基础制度建设、规制能力的日益精进为元规制进路下的合规治理奠定了可行性基础，而合规治理的具体设想可以从元规制进路下的自我规制的启动、建设与完善三个层次来构建基本医疗保险欺诈风险合规治理体系。

五是基本医疗保险欺诈规制的立法建制。立法是基本医疗保险欺诈规制的前提和基础。就立法模式而言，具有一定反欺诈经验的欧美国家，存在着刑法定罪规制、分层规制、混合立法规制三种典型立法模式，各有优缺点。结合基本医疗保险欺诈规制类型化进路的选择，我们倾向于分层规制立法模式。我国基本医疗保险欺诈规制的法律体系有较为完整的法律渊源构成，初步建立了基本医疗保险欺诈规制的法律体系。然而，拼凑式的法律体系、空洞的内容、背离善治的单边对抗、经验现实规整不足等是我国基本医疗保险欺诈规制法律体系面临的主要问题，可以从制定专门性立法、具体化规范内容、推进合作治理、提高理性立法水平等方面予以解决。在我国基本医疗保险欺诈规制的立法建制进程中，应遵循依据宪法和法律的原则、体系化原则与渐进性原则。

六是基本医疗保险欺诈规制的实践路径。欧美国家在打击医疗保险欺诈实践中主要围绕着利益相关者与回应性规制两方面内容展开。从利益相关者来看，欧美国家的医疗保险反欺诈事业并非简单表现为欺诈者与反欺诈者之间违规违法与规制的线性过程，而是围绕着反欺诈目标这一核心，由众多利益相关者协同共治的环形结构。在众多的利益相关者中，欺诈控制组织以其队伍的专业化与职业化、行动的专项性和针对性以及方式的多样性、丰富性成为医疗保险反欺诈的核心力量。多面向合作、举报人与患者等个人参与是利益相关者打击医疗保险欺诈的主要方式。回应性规制是欧美国家打击医疗保险欺诈行动的实践模式，典型例证表现为美国医疗保险欺诈规制的合规体系，英国以行为守则、政策与法律架构的综合规则体系，法国、比利时、荷兰、波兰等国家根据损害医保基金行为的主观善恶、危害后果等程度性差异而确立不同类型与层次有别的规制应对。我国基本医疗保险欺诈规制实践虽然有着中央与地方精进监管的优势，但也存在着利益相关者的生态系统尚待建立、传统的政府规制无法胜任对复杂现实的回应等问题，而法治化路径下的利益相关者系统与回应性规制应该是可取的解决之道。

综上核心内容，本书的创新之处在于：（一）将基本医疗保险欺诈按照使用语境的不同予以分别界定，厘清了立法语境与非立法语境中欺诈的内涵与外延，使生活中的欺诈、行政执法中的欺诈、学术研究中的欺诈以及立法中的欺诈皆有了明晰的框定。（二）在浪费这一总括性概念下，将损害医保基金的不当行为按照是否违反诚信以及主观恶性、危害后果的程度划分为错误、滥用、狭义欺诈、腐败四种类型，使类型化具有了规范意义，有助于基本医疗保险欺诈的实践样态与实然或应然的法律规范相连接。（三）从探索欺诈的根本原因切入，借助风险管理理论和实操方法，将基本医疗保险欺诈风险划分为不同等级，进而明确相应的规制策略和手段。对于大多数主观善意但却无知无觉的规制对象而言，以政府规制为主导的元规制路径是构建合规治理体系的不二选择。（四）鉴于基本医疗保险欺诈行为存在主观恶性、危害后果的程度性，我国基本医疗保险欺诈规制的立法建制与执法实践应该采用层次递进、针锋相对的回应性规制路径。

第二章　基本医疗保险欺诈的界定

　　近年来，随着深化医疗保障制度改革事业的开展，维护医保基金安全，保护人民群众的"保命钱"，成为健全严密有力的基金监管机制的首要任务。作为影响医保基金安全高效、合理使用的头号敌人，欺诈骗保行为必须以零容忍的态度严厉打击。而基本医疗保险领域涉及主体众多，法律关系复杂，欺诈骗保行为繁复多样，操作失误与故意骗保、规则漏洞的利用以及法定义务的逃避交互混杂，不加区分地一概严厉打击只能产生一刀切的后果，影响医疗领域的正常工作秩序，乃至阻滞医疗行业不断前进的步伐，最终损害人民群众看病就医的根本利益。虽然我国打击基本医疗保险欺诈的行动开展得如火如荼，但是对于如下问题一直尚未达成共识：何为基本医疗保险欺诈？基本医疗保险欺诈法律性质如何？基本医疗保险欺诈与道德风险、诈骗、浪费、错误、滥用、腐败等实践中相近、混用的概念有哪些区别？上述问题皆是基本医疗保险欺诈界定的应有之义，对其回应有助于欺诈的识别、欺诈损失的估算、打击欺诈策略选择以及欺诈规制立法的设计等诸多反欺诈工作的开展。

一、多面向的欺诈概念：一个世界的现象

　　任何概念都有两个功能：一是阐明语词的含义和用法，二是作为帮

助构建解释的工具。社会科学研究重点关注后者。① 作为解释的工具，概念界定的目的是确定一套标准，表明一种现象发生的必要和充分条件。然而，这些标准因学科的侧重点不同而不同，就基本医疗保险欺诈而言，政治学和经济学侧重于研究欺诈是如何发生的（how）以及欺诈造成的损害结果有多少（how much），社会学侧重于研究欺诈发生的原因（why），法学则关注欺诈本身的法律定位及相关的制度应对（what）。因此，作为一个交叉学科研究的领域，基本医疗保险欺诈概念的多面向呈现不足为奇。而对欧美国家的比较分析将为我们展现作为世界现象的多面向欺诈概念。

需要说明的是，由于欧美国家医疗卫生领域的反欺诈事业并不严格区分公共医疗保险与商业医疗保险，在语词应用上统称医疗保险欺诈，而我国医疗保障欺诈主要是指基本医疗保险（含生育保险）、医疗救助等以政府为主导的医疗卫生领域中的欺诈，因此，为了行文的便利和一致，本文使用医保欺诈这一简称语词，既代指我国的医疗保障欺诈，也对应于欧美国家的医疗保险欺诈。

（一）欧美国家：语境中广义、中义与狭义的医保欺诈

欧洲是福利国家的发源地，多数国家较早实现了医疗保险的全民覆盖，欺诈是医疗保险的伴生物，尤其在全民医保体制下。由于医保欺诈属于白领犯罪，欺诈行为人多为医疗服务人员或有医疗服务需求的患者，常规的医疗服务行为与违规违法行为的边界并非泾渭分明，在欧洲，对医保欺诈的态度一开始是忌讳言说的。20 世纪 90 年代以来，欧洲经济持续衰退，各国医疗费用支出却不断上涨，人们开始关注对医保欺诈的规制，尤其在 Jim Gee 等学者陆续发表关于医保欺诈损失成本的

---

① MIKKERS M, SAUTER W, VINCKE P, BOERTJENS J. Healthcare Fraud Corruption and Waste in Europe［M］. Hague：Eleven International Publishing，2017：46.

研究成果以后①，欧洲不仅在国家层面强化了对医保欺诈的打击力度，而且在欧洲委员会（European Commission）和社会非营利组织"欧洲医疗欺诈和腐败网络"（the European Healthcare Fraud and Corruption Network，EHFCN）等层面也定期开展医保反欺诈的经验交流和推广，医保反欺诈逐渐成为欧洲反腐败事业的中坚力量。

美国自 1965 年建立医疗保险照顾计划（Medicare）与医疗补助计划（Medicaid）等公共医疗保险计划以来，持续高走的医疗费用支出中医保欺诈贡献了 3%~10%的占比，在国会专项拨款支持和政府责任署（United States Government Accountability Office，GAO）合规绩效年度考核压力下，② 打击医保欺诈一直是联邦政府执法行动的主要任务之一。

在英文里，欺诈既是执法实务、学术研究用语，也是法律术语，具有多义性。早在古罗马法时代，拉贝奥就将欺诈定义为："一切为蒙蔽、欺骗他人而采用的计谋、骗局和手段。"③ 该定义可谓是执法实务、学术研究等非立法语境普适的广义欺诈。《布莱克法律大辞典》则从法学角度采用狭义的欺诈定义：故意歪曲事实真相或隐瞒重要事实，以诱使他人采取不利于自己的行动。上述欺诈的定义是后世欺诈概念界定的源头。医保领域是欺诈频发的重灾区，医保欺诈常常与腐败、浪费、滥用等语词混杂使用，执法实务、学界、立法对医保欺诈的概念有不同的界说。总体来讲，医保欺诈在欧美国家因使用语境不同有广义、中义与狭义之分。其中，广义、中义的医保欺诈通常适用于实务语境和学术语

---

① BUTTON M，GEE J. The scale of health-care fraud：A global evaluation［J］. Security Journal，2012（25）：76-87.

② Improper Payments：Inspector General Reporting of Agency Compliance under the Improper Payments Elimination and Recovery Act［A/OL］. U. S. Government Accountability Office，2020-03-16.

③ ［意］彼德罗·彭梵德. 罗马法教科书［M］. 黄风，译. 北京：中国政法大学出版社，1996：73.

境，载体多为政府官网、会议文件、著作、论文、报告等。

1. 广义的医保欺诈

就概念的涵摄功能而言①，广义的医保欺诈主要是指横向涵摄的总括性概念。亦即，在横向涵摄层面，医保欺诈泛指一切为谋取私利导致医保基金不当支出的违法行为。例如，英国国民医疗服务反欺诈局（NHS Counter Fraud Authority，NHSCFA）官网上明确，NHS 欺诈是指"为了个人的金钱利益以 NHS 为受害者的任何欺骗，"通常情形下医保欺诈与贿赂、腐败被并列为经济犯罪，但有时会在广义上使用欺诈涵盖一切经济犯罪。② 2018 年 10 月英国政府推出一项新的政府职能——反欺诈专业服务，致力于打击包括腐败在内的任何欺诈行为，意欲使英国成为全球反欺诈的领先者。③ 这种医保欺诈的广义界定使政府执法实务延展了包容性和便宜性。在美国卫生与公共服务部（Department of Health and Human Services，DHHS）官网平台有关反欺诈的合规资料中，采用外延定义的形式明确了何为医保欺诈：④ 明知而故意地提交或导致提交虚假的申索或做出虚假陈述，以取得无权获得的联邦医保计划的支付；明知而故意地要求、接受、提供或支付报酬（例如，回扣、贿赂）以诱导或奖励联邦医保计划的项目转介或医疗服务报销；为某

---

① 依形式逻辑的规则建构的抽象、一般概念式体系，借着将抽象程度较低的概念涵摄于"较高等"之下，最后可以将大量的法律素材归结到少数"最高"概念上。参见 [德] 卡尔·拉伦茨. 法学方法论 [M]. 陈爱娥，译. 北京：商务印书馆，2003：317.

② What is NHS fraud? [EB/OL]. The NHS Counter Fraud Authority（NHSCFA），2020-05-20.

③ Global-leading counter-fraud and economic crime profession [A/OL]. Gov. uk，2020-03-05.

④ 外延定义是指通过列举一个词项的外延，使人们获得对该词项的某种理解和认识，从而明确该词项的意义和适用范围。参见陈波. 逻辑学十五讲 [M]. 北京：北京大学出版社，2008：87.

些指定的医疗服务进行禁止转介的行为。^① 这些欺诈行为分别由《虚假陈述法》《反回扣法》《医生自我转介法》等民事立法、刑事立法和民刑兼具的立法予以规范。可见，不同于英国将医保欺诈限于入罪行为，美国政府执法实务中的医保欺诈界定的外延更为广泛，涉及民事、行政乃至刑事违法行为。

2. 中义的医保欺诈

中义的医保欺诈具有纵向涵摄的概念功能，是指一切从轻微到严重的故意违法的欺诈行为。作为总括性概念，医保欺诈涵盖民法、行政法、刑法乃至内部纪律规则所规范的各种故意违法的欺诈行为。例如，国际非营利性组织"欧洲医疗欺诈和腐败网络"与比利时、荷兰等国政府医疗保险反欺诈执法组织皆将欺诈界定为"故意违反规则以获得非法利益的行为"。^② 该种欺诈的界定采取了中等抽象的内涵定义方式，突出"故意"要素以区别于无心之过的错误，对应的实践样态既有违反规则的不真实账单申请，也有违反循证医学指南或善良家父标准的过度医疗或过度消费。前者的典型表现形式如故意将白天会诊的事实填写为夜晚会诊的账单，后者的典型表现形式如医疗器械供应商为了盈利，在被通知和警告后仍故意为病人定制更为昂贵的产品并生成账单。由于是与错误、滥用、腐败有所区别的分类界定，因此，该种欺诈的界定介于英国的入罪界定与美国的民刑立法兼具规范之间。具体而言，该种医保欺诈概念的外延不限于经济犯罪，但是不包括回扣、贿赂这类由第三人参与的腐败行为。

---

① Medicare Fraud &Abuse：Prevent，Detect，Report［EB/OL］. CMS Medicare Learning Network，2020-05-20.

② the EHFCN Waste Typology Matrix［EB/OL］. European Healthcare Fraud &Corruption Network，2020-03-18.

3. 狭义的医保欺诈

狭义的医保欺诈主要体现在有关欺诈的专门立法规定中。由于政治体制、经济水平、文化背景的差异，各国立法对欺诈的规定并不一致。例如，英国没有专门的医保欺诈立法，《社会保障欺诈法》《社会保障管理法》《公共利益披露法》《欺诈法》等一系列立法是打击医保欺诈的主要法律依据。其中的《欺诈法》没有使用抽象概念界定何为欺诈，而是将虚假陈述、隐瞒实情和滥用职权三种行为皆规定为欺诈犯罪，予以分别阐释。虚假陈述的欺诈是指"不诚实地做出虚假陈述以及意图通过陈述为自己或他人谋取利益、使他人遭受损失或面临蒙受损失的危险"；隐瞒实情的欺诈是指"在负有法定披露义务的前提下不诚实地隐瞒实情以及为自己或他人谋取利益、给他人造成损失或使他人面临损失的危险而故意隐瞒实情"；滥用职权的欺诈是指"拥有某个被期望保护而不是损害他人利益的职位，却不诚实地滥用该职位以及为自己或他人谋取利益、给他人造成损失或使他人面临损失的危险而故意滥用该职位"。从上述立法内容来看，主观故意（不诚实、故意）+客观行为（虚假陈述、隐瞒实情和滥用职权）是欺诈概念的主要构成要素，造成实际损失的后果只是或然要件。

美国对于医保欺诈的立法界定是《医疗保险便携性与问责法案》（The Health Insurance Portability and Accountability Act，HIPAA）中规定的医保欺诈罪，即"任何人明知而故意实施或企图实施以下计划或措施：诈骗任何医疗福利计划；通过伪造或欺诈性的借口、陈述或承诺，获得任何医疗福利计划所拥有的或由其保管或控制的任何资金或财产"。入罪的医保欺诈需具备主观故意（明知而故意）+客观行为（虚假、欺诈性的借口、陈述或承诺）+行为结果（获得资金或财产）的构成要素。

比较英美两国关于医保欺诈的专门立法规定，虽然英美两国都将医保欺诈入罪规制，但是，美国的医保欺诈罪只限于虚假陈述类行为，而英国的欺诈犯罪包括虚假陈述、隐瞒真相和滥用职权三类行为，可见，不同于执法实务中医保欺诈作为总括性概念的宽泛，美国医保欺诈罪的立法界定反倒更为狭窄。

综上，欧美国家在实务语境中从广义、中义两个层面界定医保欺诈，分别为横向涵摄的总括性概念和纵向涵摄的总括性概念，前者突出总括性概念的包容度，后者关注与错误、滥用、腐败等行为区隔的边界。而立法语境则从狭义层面界定医保欺诈，通常入罪规制。尽管医保欺诈在广义、中义和狭义等层面的概念内涵与外延存在着诸多差异，但是主观故意是一致的构成要素，反映了恶意之行乃是欺诈的本源定性。需要指出的是，欧美学者较少关注对医保欺诈概念的分析，通常借用执法实务语境中的广义层面或中义层面的医保欺诈概念。

（二）我国：语境中的中义、超广义的医保欺诈

在我国，不同语境中的医保欺诈有着不同的名称，如执法实务语境中的欺诈骗保，立法语境中的欺诈、诈骗，学术语境中的欺诈等。总体而言，我国关于医保欺诈的概念界定主要体现在执法实务、立法与学术三种语境。

1. 实务语境的中义界定

2019 年国家医保局印发《医保政策问题手册》，以加大对广大群众医保政策的科普。在该手册中的基金监管部分，采用行为列举的方式将定点医药机构、参保人员与医疗保障经办机构工作人员的欺诈骗保行为总结归纳为 17 种违规违法行为，皆为以骗取医保基金为目的的虚假陈述、隐瞒真相的欺诈行为。由于以打击骗保行为的科普为目的，该手册只是对骗保的典型行为进行了描述性的列举，并没有对医保欺诈进行现实规整的概念界定。截至 2021 年 2 月 8 日，国家医疗保障局官网的

"曝光台"曝光了 29 起骗取医保基金的典型案件，根据案件中的具体欺诈骗保行为和法律制裁的内容可知，我国执法实务中医保欺诈以造成医保基金损失的违规违法行为作为定性的主要考量因素，违规违法行为的范围从过度医疗到虚假陈述、隐瞒真相等，呈现由轻微到严重的程度性特征。与欧美国家相比较，我国实务界对医保欺诈的认定，不同于英国的经济犯罪，我国的医保欺诈可能是违约行为、行政违法行为、犯罪行为等多种样态；也不同于美国将贿赂、转介等腐败行为宽泛纳入，我国实务中的医保欺诈不涉及第三人介入的腐败行为。如此，我国实务界对医保欺诈的认定接近于欧美国家对医保欺诈的中义界定，区别在于我国缺少对医保欺诈概念的抽象内涵界定和行为外延的规范性整理，尤其没有将欺诈与同样造成医保基金损失的错误、滥用和腐败进行界别。不过，我国实务界已认识到医保欺诈行为存在从轻微到严重的程度差异，并已在执法实务中尝试分类施策，① 体现了中义医保欺诈概念的纵向涵摄功能。

2. 立法语境的中义、超广义界定

我国关于医保欺诈最早的立法是《社会保险法》第 87 条、第 88 条规定的社会保险欺诈法律责任，缺乏社会保险欺诈的概念界定，所谓"以欺诈、伪造证明材料或者其他手段骗取社会保险基金支出"或"社会保险待遇"，只是对社会保险欺诈的粗糙描述。2021 年最新公布的《医疗保障基金监督管理条例》作为我国首部规制医保欺诈的行政法规，系统规定了不同主体在医保基金使用监管或被监管过程中的权力（利）、义务与法律责任。虽然没有对医保欺诈的概念予以明确的立法界定，但却在《条例》第 38 条、第 40 条和第 41 条等列举违法行为的

---

① 例如，四川省成都市在医保协议管理工作中，量化违规责任，实行层级和梯度管理。参见《国家医疗保障局办公室关于推介全国医疗保障经办精细化管理服务典型案例的通知》医保办发〔2020〕60 号［A/OL］. 国家医保局，2021-03-12.

法条中通过"以骗取医疗保障基金为目的"和"造成医疗保障基金损失的"语言表述，框定了医保欺诈概念界定三大要素：主观故意+客观行为+损害结果。比较而言，不同于欧美国家广义的医保欺诈，我国医保欺诈的界定限于虚假陈述、隐瞒真相的客观行为；有异于欧美国家狭义的医保欺诈，我国医保欺诈的界定不限于入罪制裁；而与欧美国家中义的医保欺诈相似，我国医保欺诈的界定纵向涵摄了轻重程度有别的骗取医保基金的行为。

就地方立法而言，我国规制医保欺诈的专门性地方立法并不多，《云南省医疗保险反欺诈管理办法》第 2 条将医保欺诈定义为："公民、法人或者其他组织在参加医疗保险、缴纳医疗保险费、享受医疗保险待遇过程中，故意捏造事实、弄虚作假、隐瞒真实情况等造成医疗保险基金损失的行为。"《楚雄彝族自治州医疗保险反欺诈暂行办法》第 3 条定义医保欺诈为："公民、法人和其他组织在参加医疗保险、缴纳医疗保险费、享受医疗保险待遇过程中，采取弄虚作假、隐瞒真实情况等的行为。"此外，《珠海市社会保险反欺诈办法》第 4 条规定，欺诈"是指公民、法人或者其他组织在参加社会保险、缴纳社会保险费、享受社会保险待遇过程中，实施弄虚作假、隐瞒真实情况等的行为"。上述地方立法中关于医保欺诈或社保欺诈的概念界定都采用了抽象的内涵定义方式，① 主体和弄虚作假、隐瞒真实的客观行为是上述三部地方立法的共同构成要素。不同之处在于，《云南省医疗保险反欺诈管理办法》增加了主观故意与行为结果（造成医疗保险基金损失）的构成要素。如果说《云南省医疗保险反欺诈管理办法》对医保欺诈的概念界定符合欺诈的本源构成（主观故意+客观行为），由于不限于入罪规制，属于中义的医保欺诈，那么，《楚雄彝族自治州医疗保险反欺诈暂行办法》

---

① 根据形式逻辑的一般理论，内涵定义与外延定义相对应。内涵定义通过事物的本质属性来定义词项，而外延定义则通过事物所组成的类来定义词项。

和《珠海市社会保险反欺诈办法》对医保欺诈的界定缺失了欺诈所具有的主观故意的关键构成要素，只以客观行为（弄虚作假、隐瞒真实情况）来廓清欺诈的边界，应该算是超广义的医保欺诈。① 虽然弄虚作假、隐瞒真实情况暗含了主观故意的要素，但也不能排除过失与无心之过情形的存在，因此，不附带主观故意的超广义欺诈具有客观归责之嫌，弊端在于否定了法律制裁的民主取向，是历史上公平、公正价值让位行政效率的陈旧观念的体现。②

综上，在立法语境中，我国多数地方立法界定了超广义的医保欺诈概念，注重欺诈行为的描述列举，忽略主观故意这一关键要素，是立法技术粗糙、不够精细的体现。而中央立法和少数地方立法界定了中义的医保欺诈，避免了超广义医保欺诈界定的弊端。而且，无论超广义医保欺诈还是中义医保欺诈皆将欺诈行为限于虚假陈述、隐瞒真相类型的违规违法行为。

3. 学术语境的超广义、中义界定

清晰的概念是一切学术研究的出发点和基础，我国学界对于医保欺诈概念的界定鲜有进行专题研究的，通常是作为反欺诈应对策略的必要前提予以阐释。梳理学界关于医保欺诈概念的研究成果，主要体现为两个面向的思路：

一是现行立法衍生的内涵表述，注重客观行为的抽象描述，实为超广义医保欺诈。例如，娄宇从《社会保险法》第87条和第88条中的"欺诈"用词入手，结合两个法条的表述，认为医保欺诈是指通过伪造证明材料或其他手段骗取医保基金支出的行为。③ 罗长斌从法学研究视角认为医保欺诈是行为人违反基本医疗保险法规，采用虚构事实或隐瞒

---

① 所谓超广义医保欺诈意在与前文所述欧美国家的广义医保欺诈相区别。
② 熊樟林. 行政处罚责任主义立场证立 [J]. 比较法研究, 2020（3）：142.
③ 娄宇. 规制基本医保支付欺诈行为的思考 [J]. 中国医疗保险, 2015（5）：9.

真相的方法骗取医保基金的行为。① 关于医保欺诈的上述两种界定虽然与我国现有立法内容相吻合，但是由于立法内容粗糙，导致衍生的医保欺诈概念的界定也不够精细，缺乏主观故意的构成限定，所界定的医保欺诈可归入超广义层面的欺诈，包括故意、过失、无心之过的虚假行为。

二是应然的学术研究式界定，概念内涵的表述较为丰富，通常以主观恶性、客观行为与行为后果的要素作为界定医保欺诈的内涵表达，可归为中义医保欺诈，只是在概念的内涵表述中存在着学科差异。例如，张新民从法律责任构成角度将医保欺诈界定为：行为人故意向医疗保险经办机构提供虚假情况或者在有法定说明义务时违反说明义务故意隐瞒事实，致使医疗保险经办机构在不真实的事实基础上做出错误的判断，并基于错误的判断对医疗保险基金做出处置的行为。② 此种医保欺诈的概念界定明显借鉴了民法界对欺诈的定义③，将医保欺诈行为过程分解为欺诈方的表意行为和被欺诈方因欺诈陷入错误判断进而所为的行政给付行为。按照民法规制思路，欺诈方的表意行为属于法定主义的侵权行为，应追究欺诈方的侵权责任，而因欺诈陷入错误判断所为的行为属于法律行为的效力认定范畴，是一种可撤销行为。然而，医保欺诈不能完全等同于民事欺诈，至少二者法律规制的侧重点不尽相同，医保欺诈的法律规制关注欺诈行为的制裁与医保基金损失的救济，而民事欺诈的法

---

① 罗长斌. 社会医疗保险诈骗行为的防范及对策 [J]. 武汉理工大学学报（社会科学版），2017 年（5）：14.

② 张新民. 社会医疗保险欺诈法律责任制度研究 [J]. 西南民族大学学报（人文社会科学版），2014（1）：90.

③ 最高人民法院《关于贯彻执行〈中华人民共和国民法通则〉若干问题的意见（试行）》（1988 年 4 月印发，2021 年 1 月废止）第 68 条规定：一方当事人故意告知对方虚假情况，或者故意隐瞒真实情况，诱使对方当事人做出错误意思表示的，可以认定为欺诈行为。

律规制重点在于因欺诈陷入错误判断所为行为的效力认定。而且，就我国当前法律制度而言，对医保欺诈以行政法、刑法规制为主，缺少民法规制的空间。陈起风从公共管理学科视角认为，医保骗保是指各类主体以非法占有、使用统筹基金为动机，利用制度缺陷与管理漏洞，采取欺诈手段而不当得利的违法行为。① 该定义侧重欺诈的根源表述——动机+机会（制度缺陷与管理漏洞），以及欺诈行为的定性——不当得利的违法行为，具有典型的非法学学科的特质。不当得利是一个专门的民法概念，具有完备的成立条件、类型与法律后果，该定义中的不当得利恐怕只限于顾名思义的层面。与上述学者的内涵定义方式不同，孙菊、甘银艳采用列举定义方式②，指出医保欺诈不仅包括个人或团体知情使用或提交包含虚假的或误导性信息的事实和材料给保险机构以获利的行为，也包含协助、教唆、诱使或与另一方串谋提交虚假材料而取得非法所得的行为。③ 该种医保欺诈的概念界定包括主观故意、客观行为与行为结果等要素，侧重对欺诈方行为的否定表述，符合医保欺诈认定构成基本要求，不过，该定义界定的医保欺诈仅限于积极欺诈的虚假陈述，忽视了隐瞒真相的消极欺诈。尽管上述研究成果对医保欺诈的界定各有不足，但是由于概念表述考虑到了主观故意限定下的客观行为，从而使医保欺诈区别于大多数的善意行为，同时，所界定的医保欺诈行为具有从轻微到严重的程度性，属于中义的医保欺诈。

　　综上分析，我国实务、立法与学界等语境多从中义层面界定医保欺

---

① 陈起风．"救命钱"沦为"唐僧肉"：内在逻辑与治理路径［J］．社会保障研究，2019（4）：43.

② 列举定义属于外延定义的一种方法，除此之外，外延定义还包括穷举定义、实指定义和递进定义等方法。参见陈波．逻辑学十五讲［M］．北京：北京大学出版社，2015：82.

③ 孙菊，甘银艳．合作治理视角下的医疗保险反欺诈机制：国际经验与启示［J］．中国卫生政策研究，2017（10）：29.

诈，类似于欧盟国家的中义医保欺诈，体现了概念纵向涵摄的功能，反映医保欺诈行为由轻微到严重的程度性特征。此外，从立法技术与语词应用的精细化考量，我国立法和学界尚存在从超广义层面界定医保欺诈，重视客观欺诈行为的表达，忽略主观故意的限定，难以区隔恶意违规违法行为与善意的无心之过行为，易发生客观归责的弊端。

（三）应然的相宜选择：众语境普适的中义医保欺诈

医保欺诈的概念界定并非无足轻重之事。零容忍打击医保欺诈已成为我国保障医保基金安全的首要任务，但是，是否所有造成医保基金损失的行为都是医保欺诈？医保欺诈认定的核心要素应该有哪些？是否有可能统一实务、立法、学术等不同语境对医保欺诈的界定？医保欺诈概念的适当界定或许能为这些问题提供解决思路。相较于欧美国家，我国医保建制起步晚，具备后发优势，对于医保欺诈的概念界定，我们可以吸取国外相关成果的经验教训，立足本国国情，确定相宜的界定思路。通过上文对欧美国家与我国关于医保欺诈概念界定的分析，我们认为，中义的医保欺诈可以作为我国当前实务、立法、学术等众语境普适的概念。理由如下：

首先，不同于广义医保欺诈横向涵摄的广谱性，中义医保欺诈主要指虚假陈述、隐瞒真相类欺诈，不包括贿赂、回扣等腐败行为，这种界定符合我国实务语境的执法认定，与我国当前的立法规范相吻合。按照我国现有立法规范，贿赂、回扣等行为属于腐败类犯罪，由刑法规制，如果将医保欺诈的概念横向涵摄贿赂、回扣等行为，显然与我国现有立法格局相冲突，无论从民众的接受度和适用的效率效果来看都不足取。

其次，有别于狭义医保欺诈的入罪规制，中义医保欺诈是一个纵向涵摄的总括性概念，包括从轻微到严重程度不同的违规违法行为，是故，规制对策的选择不能唯入罪是从，应当区分轻重程度，分类施策。

如此，也符合我国实务界的经验认知。①

再次，区别于超广义医保欺诈对主观故意的忽略，中义医保欺诈将主观故意作为概念内涵表达的关键要素，符合欺诈乃恶意欺诈的一般性认识，同时也契合国际打击医保欺诈的主流趋势。医保欺诈的本质是对诚信义务的违反，中义医保欺诈概念强调主观故意在归责体系中的关键地位，不仅是违反诚信义务的体现，也符合法律制裁的责任主义趋势。所谓责任主义是指"对于行为人的行为，只有在以责任能力以及故意或过失为要件能够对行为人进行非难时才肯定该行为人之责任的原则"②。责任主义"既是新近公法理论的一致主张，同时也是比较法上的常见规范"③。

最后，中义医保欺诈可以作为我国实务、立法与学术等众语境统一适用的概念。我国执法实务关注损害医保基金的虚假、隐瞒真相的行为，虽说打击的虚假行为多数具有主观故意，但也不排除无心之过和轻过失的存在，采用中义医保欺诈的概念，形成主观故意与客观行为的规范思路，有助于医保欺诈行为的准确认定，防止打击面过宽，伤害善意的大多数。在立法层面，随着我国医疗保障体制改革的不断深化，我国打击医保欺诈的法治化短板问题日益突出，立法建制处于起步关口，中义医保欺诈概念入法正当其时。中义医保欺诈的概念也符合我国学界多数学者对医保欺诈的界定。所以，中义医保欺诈能够作为实务、立法与学术等众语境统一适用的概念。

在内涵表述上，中义医保欺诈的概念可界定为：故意虚假陈述、隐

---

① 我国医保基金监管实务界已认识到医保违约违规甚至违法行为的轻重、性质差别较大，监管的侧重点应有所不同。参见黄华波. 加强医保基金监管和打击欺诈骗保工作的思考 [J]. 中国医疗保险，2019（3）：34.

② ［日］甲斐克则. 责任原理与过失犯论 [J]. 谢佳君，译. 北京：中国政法大学出版社，2016：1.

③ 熊樟林. 行政处罚责任主义立场证立 [J]. 比较法研究，2020（3）：142.

瞒真相以获取医保基金支付的违法行为。此定义以主观故意+客观行为（虚假陈述、隐瞒真相）+行为结果（获取医保基金支付）为核心构成要素，一方面明确主观故意可以避免客观归责之嫌，另一方面限定欺诈为虚假陈述、隐瞒真相的行为符合我国实务、立法与学术等众语境的普遍认知，而行为结果则指示了主观故意的对象；违法行为的否定评价具有勾连实然法律法规的功能，顺畅地连接了医保欺诈规制的法律法规适用，完备了从医保欺诈认定到法律责任追究这一事后规范的逻辑链条。

尽管明确了医保欺诈乃中义概念，我们仍将面临两个有待解决的问题：

一是医保欺诈认定中的主观故意如何判断？主观故意虽然能够避免医保欺诈概念界定的客观归责之嫌，但其判断并非易事。效率是执法实务的核心价值，有必要建立主观故意的判断方法或标准，防止给执法实务增添额外负担。例如，比利时医疗管理部门对于执法时发现的过度医疗或过度消费等行为首先予以通知警告，之后，如果再次发现同样的行为就按故意欺诈处理；而法国则根据医药机构、医疗服务人员等同类规模主体在同类地区的正常收支水平来确定异常值，进而认定是否具有主观故意。①

二是如何全方位保障医保基金的安全？中义医保欺诈限于虚假陈述、隐瞒真相类欺诈违法行为，而现实是损害医保基金的行为还包括有无心之过的错误、过度医疗（消费）的滥用以及贿赂、回扣等腐败行为。因此，明晰中义医保欺诈概念的同时有必要对损害医保基金的违约违规违法行为进行类型化规整，只有全领域全周期的法律规制才能最大限度地保障医保基金安全。

概念是抽象概括同类事物本质特征的思维方式，正确的概念应真实

---

① MIKKERS M, SAUTER W, VINCKE P, BOERTJENS J. Healthcare Fraud Corruption and Waste in Europe [M]. Hague：Eleven International Publishing，2017：163-180.

地反映事物的本质属性而与客观实在相统一。在医疗卫生领域，欺诈是一个大家都理解但却难以准确界定的概念。语境进路的分析有助于医保欺诈概念的界定反映客观实在。欧美国家在执法实务、学术研究等语境使用广义、中义层面的医保欺诈概念，而在立法语境则使用狭义层面的医保欺诈概念，无论广义、中义还是狭义诸层面，主观故意都是医保欺诈概念的核心构成要素。

与欧美国家不同，我国虽然部分相关立法和学者从超广义层面界定医保欺诈，但是就执法实务、多数学术研究乃至部分地方立法而言，主要还是从中义层面界定医保欺诈的。因此，立足于本国国情，借鉴国际医疗保险反欺诈的发展趋势，将中义层面的医保欺诈确定为我国众语境普适的概念具有合理性和可行性。与此同时，尚需明确欺诈行为主观故意构成要素的判断方法与标准，以提高执法实务的效率；厘定欺诈与错误、滥用、腐败的边界，构建损害医保基金之违约违规违法行为的类型体系，全领域全周期地保障医保基金安全。

二、基本医疗保险欺诈的特征：跨学科背景的典型呈现

特征是一个客体或一组客体特性的抽象结果。作为概念的描述，特征可分为专业领域决定的本质特征与此事物有别于其他事物的区别特征。虽说特质抽象的概念即是特征，但是为了基本医疗保险欺诈界定的清晰，还是有必要研习其具体特征内容的。基本医疗保险欺诈是一个跨学科的研究领域，其特征表现自带跨学科的色彩。

（一）主体的广泛性

不同于商业保险和养老保险、工伤保险等其他社会保险项目，基本医疗保险涉及主体众多，不妨从法律关系视角逐一梳理。基本医疗保险法律关系是围绕着第三方医保支付而形成的三角形结构。就我国实践而

言，基本医疗保险三角形结构以参保患者与定点医药服务供方之间的医疗合同关系为底边，医保经办机构与参保方之间的付款行政给付关系①、医保经办机构与医药服务供方之间的服务协议关系为两个侧边架构而成。具体言之，参保方包括登记缴费的参保自然人及其用人单位、第三人（如假冒参保人名义就医的或借用参保人医保卡就医的第三人或盗用参保人身份的第三人或犯罪团伙），医药服务供方包括定点医疗机构和定点零售药店，医保经办机构在医保支付领域属于政府授权的行政主体，②负责参保方医疗费用报销和定点医药机构医保账单费用补偿。除此，尚有医药或医疗设备供应商与定点医疗机构之间的药品或医疗设备采购合同关系，而国家和地方医保局则作为政府主管部门对上述主体行为的合规性进行监督和管理，保证基本医疗保险基金的安全和基本医疗保险秩序的正常运转。基本医疗保险多重法律关系决定了基本医疗保险欺诈主体的广泛性，从定点医药机构到参保方、医疗设备（药品、物资）供应商再到医保经办机构，几乎每一个法律关系主体都存在欺诈的风险。

（二）样态的繁复性

基本医疗保险欺诈主体的广泛性直接决定了其实践样态的繁复性。在医疗服务供方一侧，主要以执业资格欺诈与账单欺诈为主，所谓执业资格欺诈是指个人或组织为获得基本医疗保险领域的从业资格伪造职业资格证书或执业经历等行为；账单欺诈主要是指医疗服务人员凭借职业

---

① 所谓付款行政给付是指行政给付待遇以付款义务的履行为前提，在基本医疗保险领域，参保人缴纳医疗保险费是其求医问药时获得医疗支付的前提条件。参见杨华.医疗保险经办机构与被保险方之间的法律关系剖析［J］.长春工业大学学报（社会科学版），2012（5）：66.
② 虽然学界对于医保经办机构的性质和定位有着法人化治理应然模式的共识，但是在我国法律法规层面医保经办机构仍然是法律法规授权的行政主体。参见《社会保险争议处理办法》第2条第2款、《社会保险法》第83条第1款。

优势伪造、篡改实际诊疗费用账单的行为。在药店一侧，在国外一般是将药品处方拆分为若干小药包以求获得额外的费用补偿，在我国通常表现为串换药品名称等行为。在参保方一侧，主要表现为伪造虚假医疗票据或材料、冒名顶替等行为。在医疗设备（药品、物资）供应商一侧，通常表现为回扣、行贿等行为。在医保经办机构一侧则一般表现为受贿、滥用职权、玩忽职守、贪污等行为。由于医疗服务供方处于连接参保患者、医药或医疗设备供应商与医保支付方的核心地位，许多欺诈行为表现为合谋形式，如挂床住院、低标准住院、提供虚假票据、人情处方等。可见，基本医疗保险欺诈的样态既有单方行为也有合谋行为。随着我国医疗费用即时结算方式的改革，合谋欺诈渐成主流趋势，相较于单方欺诈，合谋欺诈涉及的链条更长，手段更为隐蔽，监管的难度也更大。①

（三）行为的投机性

基本医疗保险欺诈是一种典型的机会主义行为（opportunistic behavior）。作为贬义词，机会主义行为具有缺乏诚信的内涵，泛指为了自己或自己的团体获利益而牺牲更大利益的不道德的行为。② 在不同的研究领域，欺诈具有不同的含义和表现。在法律领域，机会主义是指出于自私自利的动机，故意操纵法律安排，达到本不应达到的目的。法律机会主义既包括违法犯罪行为也包括公认的不道德行为。前者如诈骗罪，后者如滥用，即利用法律漏洞或模棱两可之处谋取个人利益或某一特定组织的利益。医疗卫生领域具有较强的专业性和技术性，在法律法规之外，存在大量具有裁量空间的专业人员行为规则（如诊疗规范），符合

---

① 陈起风．"救命钱"沦为"唐僧肉"：内在逻辑与治理路径［J］．社会保障研究，2019（4）：43.

② WATHNE K H，HEIDE J B. Opportunism in interfirm relationships：Forms，outcomes，and solutions［J］. Journal of Marketing，2000（4）：36-51.

道德的合规行为并非界限分明，于是具有投机性的基本医疗保险欺诈较难根绝。

（四）关系的双方性

基本医疗保险欺诈虽然涉及主体众多，样态繁复，但是皆以医保基金为侵犯对象，发生在两个主体之间的法律关系之中，具有权利义务的相对性。以医疗机构提交虚假账单为例，无论是疾病诊断相关分组（DRGs）附生的低码高报，还是有参保患者参与的人情处方，都发生以基本医疗保险服务提供为前提，向医保经办机构呈报医疗服务账单，以获得医保基金补偿的医疗服务协议法律关系中，两造主体是医疗机构与医保经办机构，医疗机构违反了如实申报的协议义务。

（五）主观的过错性

基本医疗保险欺诈不仅仅是违规违法行为，还是可责性的违规违法行为，遵循"不是损害而是过错"使欺诈人承担不利法律后果的责任主义训诫。① 国际医疗保险反欺诈的立法和实践经验显示，违反诚信是医疗保险欺诈的本质属性，由此，建立在道义责任立场上的主观过错就成为医疗保险欺诈归责的重要判断标准，主观归责亦成为国际医疗保险反欺诈普遍确立的归责模式。正如黑格尔所说，"行为只有作为意志的过错才能归责于我"②。

上述基本医疗保险欺诈的特征是表征基本医疗保险欺诈特质的描述。本书从多学科的研究背景介入，以法学学科作为关注的重点，尝试对基本医疗保险欺诈的本质特征和区别特征进行归纳呈现。由于欺诈的多义性、医疗卫生领域的复杂性，以及笔者能力所限，本书呈现的基本

---

① 周汉华.论国家赔偿的过错责任原则［J］.法学研究，1996（3）：137.
② ［德］黑格尔.法哲学原理［M］.范扬，张企泰，译.北京：商务印书馆，1961：119.

医疗保险欺诈特征只具有典型性而非尽善性。

三、基本医疗保险欺诈的法律性质：基于不同法部门的比较

有效定义基本医疗保险欺诈只是完成了基本医疗保险欺诈界定的第一步，我们知道，欺诈行为不仅仅存在于基本医疗保险领域，如果从法律规制视域来看，欺诈存在于民商法、行政法、刑法、社会法等不同的法部门中，那么，不同法部门中的欺诈是异质的还是同质的呢？这个问题的回答直接决定着基本医疗保险欺诈的法律性质。

在中国特色社会主义法律体系中的七个主要法律部门中，欺诈的法律规制主要存在于除宪法类的其他部门法中。考虑到法律规制内容的相关性，本文将主要分析民商法部门、行政法部门、刑法部门与社会法部门中的欺诈规制。

（一）民商法部门中的欺诈

在民法部门中，欺诈是一个古老的法律语词，古罗马法时代的拉贝奥将欺诈定义为："一切为蒙蔽、欺骗、欺诈他人而采用的计谋、骗局和手段。"① 在主观上，欺诈有善意与恶意之分，法律仅仅追究损害他人利益的恶意欺诈。此后，随着民法刑法的分立，人们对民法中的欺诈研究越发精细，待到《德国民法典》出现法律行为这一精妙的法律概念后，欺诈的法律规制逐渐有了体系的架构。

当前，学界普遍认可欺诈有法律行为制度中的欺诈与侵权法上的欺诈之分。法律行为制度内部与欺诈有关的行为又有欺诈行为、受欺诈的表意行为和基于欺诈意图的意思表示行为之别。其中，欺诈行为强调虚假事实陈述特征，类同于事实构成行为，并非单纯的知的表示，属于法

---

① ［意］彼德罗·彭梵德. 罗马法教科书［M］. 黄风，译. 北京：中国政法大学出版社，1996：73.

定主义调整范畴，存在着法定的构成要件和法定后果。① 一方面，已经废止的最高人民法院《关于贯彻执行〈中华人民共和国民法通则〉若干问题的意见（试行）》第 68 条曾如此规定欺诈行为的构成要件："一方当事人故意告知对方虚假情况，或者故意隐瞒真实情况，诱使对方当事人作出错误意思表示的，可以认定为欺诈行为"；另一方面，欺诈行为的法律后果则归于表意行为的效力认定中。可见，欺诈行为是对欺诈者所为欺诈行为和受欺诈者所为错误意思表示行为过程进行描述的总括概念。受欺诈的表意行为是因他人欺骗行为陷于错误而为的意思表示，属于有瑕疵的法律行为，多数国家立法都是通过赋予撤销权来救济被欺诈的受害人，我国早期的《民法通则》规定该法律行为无效，②1999 年的《合同法》则从鼓励交易原则出发，对该瑕疵法律行为的规制进行了分流，以是否侵害国家利益为标准将其效力归属为无效与可撤销两种选择。③ 基于欺诈意图的意思表示行为是一种单方虚假意思表示行为，在传统民法中又称为"真意保留"，因欺诈行为人故意隐匿其心中的真意，而表示了与其真意不同的意思表示，故各国立法多强制该行为有效，以保护不知情的对方。综上，法律行为制度中的欺诈行为是一个事实行为，归属于法定主义调整范畴，具有构成要件与法律后果，而受欺诈的表意行为和基于欺诈意图的意思表示行为才属于真正的法律行为调整范畴，法律规制重点在于对表意行为的效力认定。

在民法中，欺诈不仅仅会引起法律行为效力的评价，而且也能成为

---

① 董安生．民事法律行为：合同、遗嘱和婚姻行为的一般规律 [M]．北京：中国人民大学出版社，1994：134.

② 《民法通则》第 58 条规定："一方以欺诈、胁迫的手段或者乘人之危，使对方在违背真实意思的情况下所为的民事行为无效。"

③ 《合同法》第 52 条规定："一方以欺诈、胁迫的手段订立合同，损害国家利益的合同无效。"第 54 条规定："一方以欺诈、胁迫的手段或者乘人之危，使对方在违背真实意思的情况下订立的合同，受损害方有权请求人民法院或者仲裁机构变更或者撤销。"

侵权行为之诉的原因。我国《侵权责任法》第 6 条规定："行为人因过错侵害他人民事权益，应当承担侵权责任。"具体言之，侵权法上的欺诈是指行为人通过欺骗或隐瞒等手段故意从事的不法侵害他人生命、身体、健康、自由、所有权或者其他权利者，对被害人负赔偿损害责任的行为。其中，财产欺诈最为常见。不同于法律行为的效力调整模式，侵权法上的欺诈属于法定主义调整模式，存在着法定的构成要件和法定的责任后果。而法律行为制度中的欺诈行为也属于法定主义调整范畴，侵权欺诈与之不同之处在于欺诈行为人的欺诈行为造成了实际的损害后果，这也符合"无损害无侵权"的责任认定原则。当前我国规制侵权欺诈最为典型的立法当属《消费者权益保护法》，该法第 55 条规定，经营者提供商品或者服务有欺诈行为的，应当按照消费者的要求根据其所购商品价款或接受服务费用的三倍增加其受到的损失赔偿，经营者明知商品或者服务存在缺陷，仍然向消费者提供，造成消费者或者其他受害人死亡或者健康严重损害的，受害人除有权要求经营者依法赔偿损失外，还有权要求所受损失二倍以下的惩罚性赔偿。

　　除了民事欺诈外，商业欺诈亦不鲜见。证券法、破产法、保险法等都有关于欺诈的专项规定。与民法不同，为维护商业发展安全与秩序，商法具有更多的公法因素，对商业欺诈的法律规制重点多关注对欺诈行为人的法律责任追究，可以说，商业欺诈的认定与追责在某种意义上又回归了古罗马法时代拉贝奥对欺诈的界定。

　　鉴于商业保险与社会保险具有一定程度的同质性，本文重点分析商业保险欺诈（一般简称保险欺诈）。虽然学术界对保险欺诈的内涵有不同的界说①，但是基于立法解释论以及权威机构的结论来看，商业保险

---

① 　学术界认为保险欺诈的内涵可以有投保方的单方欺诈说、投保方与保险人的双方欺诈说以及不拘于投保方和保险人的广义欺诈说。参见边文霞. 保险欺诈问题博弈研究 [D]. 北京：首都经济贸易大学，2005.

欺诈主要指投保方（包括投保人、被保险人与受益人）的单方欺诈。我国《保险法》第176条规定："投保人、被保险人或者受益人有下列行为之一，进行保险诈骗活动，尚不构成犯罪的，依法给予行政处罚：（一）投保人故意虚构保险标的，骗取保险金的；（二）编造未曾发生的保险事故，或者编造虚假的事故原因或者夸大损失程度，骗取保险金的；（三）故意造成保险事故，骗取保险金的。保险事故的鉴定人、评估人、证明人故意提供虚假的证明文件，为投保人、被保险人或者受益人进行保险诈骗提供条件的，依照前款规定给予处罚。"在上述法条中，商业保险欺诈的主体是投保人、被保险人或受益人；欺诈行为是故意虚构保险标的、编造未曾发生的保险事故，或者编造虚假的事故原因或者夸大损失程度、故意造成保险事故；欺诈目的是骗取保险金。在1992年召开的蒙特利尔国际保险学术会议上，保险欺诈被定义为："是一个故意利用保险合约谋取利益的行动，这一行动给予被保险方的不正当目的。"我国全国保险业标准化技术委员会认为保险欺诈是：投保人、被保险人或受益人故意虚构保险标的，在没有发生保险事故的情况下谎称发生了保险事故，或者故意制造保险事故，或者在保险事故发生后以伪造、编造的有关证明、资料和其他证据来编造虚假的事故原因或夸大损失程度，向保险人提出赔偿或给付请求的行为。① 综上，商业保险欺诈的特征主要有：一是欺诈主体为投保方（包括投保人、被保险人与受益人）；二是欺诈行为为投保方单方表示行为，具体表现为虚构保险标的、编造未曾发生的保险事故或者编造虚假的事故原因或者夸大损失程度、故意造成保险事故，实际上是民事欺诈的告知对方虚假情况或者故意隐瞒真实情况规定的单行法的具体细化；三是主观上有骗取保险金的故意；四是法律后果表现为对投保方欺诈行为的单独评价，这一

---

① 全国保险业标准化技术委员会. 保险术语［S］. 北京：中国财政经济出版社，2007：106.

点与民事欺诈的分层次评价不同。

（二）行政法部门中的欺诈

尽管在基本理念上，行政法经历了由控权到平衡的发展过程，但仅就欺诈的法律规制来看，行政法的相关内容侧重于对欺诈行为人的责任追究，更多地体现了对行政管理秩序的维护。

行政法领域中的欺诈主要是指行政主体在所为负担行政与授益行政的过程中，行政相对人的欺诈行为。我国现有行政立法并未对行政相对人的欺诈行为予以概念界定，而是以"法律责任"的立法章节予以规制的，涉及的法律条文主要有《税收征收管理法》第 63 条、《广告法》第 37 条、《公司法》199 条、《商标法》57 条、《反不正当竞争法》第 21、24 条等。具体言之，在负担行政中，根据我国现有立法，欺诈行为主要表现为纳税人的偷税行为；发布虚假广告；公司发起人或股东虚假出资行为；伪造、擅自制造他人注册商标标识或者销售伪造、擅自制造的注册商标标识的行为。在授益行政中，欺诈行为表现为相对人以欺诈手段所提出的申请行为，是一种重大违法即无效瑕疵的相对人行政法行为。① 可见，行政法领域中的欺诈是行政相对人为了应付行政管理或谋求行政授益故意而为的虚假陈述、隐瞒真相的行为。与民事欺诈的分类调整的繁复规则不同，行政法领域的欺诈认定标准较低，强调欺诈虚假性的客观表现，一般不考虑损害后果的存在，旨在维护行政管理秩序的正常运转。

（三）刑法部门中的欺诈

欺诈在刑法中为一系列欺诈性犯罪所涵摄，② 通常表述为"诈骗"

---

① ［日］盐野宏. 行政法［M］. 杨建顺，译. 北京：法律出版社，1999：248.
② 按照我国现有刑法，欺诈性犯罪包括一般诈骗罪与特殊诈骗罪，后者又包括合同诈骗罪、贷款诈骗罪、集资诈骗罪、保险诈骗罪等。

的罪名，最为典型的是一般诈骗罪。学理上将一般诈骗罪界定为以非法占有为目的，使用欺骗方法，骗取他人数额较大财物的行为，而理论与实务界则普遍从客观特定的发展过程具体化诈骗罪的构造：行为人实施欺诈行为→对方陷入或维持认识错误→对方基于认识错误处分财物→行为人取得财物→对方遭受财产损失。① 不同于民法对民事欺诈的分层评价，欺诈性犯罪中的欺诈行为也回归了古罗马时期的欺诈内涵，并为刑法所单独评价。与民法中法律行为制度层面的欺诈行为不同，诈骗罪中的欺诈行为因导致受害人遭受财产损失的结果从而转化为诈骗罪的规制对象；而与民法的侵权欺诈相比较，单从表面构成要件上似乎难以将侵权欺诈与诈骗罪区分开，此时，主观上是否具有非法占有为目的与财产损失是否达到一定额度就成为认定欺诈行为罪与非罪的关键。

（四）社会法部门中的欺诈

社会法以扶助弱者、促进公平、追求实质正义为其功能，是保障社会成员的基本生存条件、经济社会文化类人权、追求实质性公平的法律类群，劳动法与社会保障法是其核心内容。② 欺诈在社会法部门中主要表现为雇佣欺诈与授益行政中的欺诈两大类。前者为劳动法所规范，我国《劳动合同法》第 26 条规定：以欺诈、胁迫的手段或者乘人之危，使对方在违背真实意思的情况下订立或者变更劳动合同的劳动合同无效或部分无效。这一规定明显借鉴了《民法通则》与《合同法》的相应规定，从而使雇佣欺诈的内涵可视为民事欺诈内涵的延伸。

授益行政中的欺诈为社会保障法所规制，《社会保险法》是我国目前社会保障的核心立法，该法第 87 条、第 88 条与第 92 条专项规

---

① 张明楷认为诈术、欺诈、诈欺与欺骗只是称谓不同，内涵一致，故本书将原引文中的欺骗行为换为欺诈行为，意在保持行文前后的统一。参见张明楷. 论诈骗罪的欺骗行为［J］. 甘肃政法学院学报，2005（5）：2.

② 陈布雷. 社会法的部门法哲学反思［J］. 法制与社会发展，2012（4）：35.

定了社会保险欺诈的主体、行为与法律后果。本书将在下文予以具体阐述。

通过对不同法律部门中欺诈内容的分析,我们发现,民商法部门中欺诈的规制具有本源意义,而民商欺诈又可以分为一般欺诈与特殊欺诈两种,前者是指效力认定的法律行为层面的欺诈,后者则指责任追究的法定主义层面的欺诈。法定主义层面的欺诈覆盖范围较广,不仅包括民事侵权欺诈与商业欺诈,而且可以推而广之,包括其他法律部门中的欺诈行为,此种欺诈只需具有古罗马时期的"一切为蒙蔽、欺骗、欺诈他人而采用的计谋、骗局和手段"原初含义就足够,对其规制也主要是法律责任追究的否定性后果。

基本医疗保险欺诈属于社会保险欺诈范畴,是一种特殊欺诈,属于法定主义调整范畴,其法律规制的重点应放在对欺诈行为人的法律责任追究上。同时,基本医疗保险欺诈的侵害对象只能是医保基金,其日常收支事务的对外主体是医保经办机构,医保经办机构因受欺诈而做出的支付医保待遇行为的效力认定与欺诈行为人的责任追究关系密切,也是需要考虑的问题。

四、基本医疗保险欺诈的边界:相关概念的厘清

(一)道德风险、欺诈与诈骗:属种概念的关系

无论是商业保险还是社会保险,保险欺诈与道德风险、保险诈骗等语词经常见之于学术界与实务界,皆是指向投保人、被保险人、受益人、医疗机构乃至保险人等主体有违诚信的不良企图及行为。然而,对于三者的区别,无论学术界还是实务界都不甚明了,混同使用的情形并不鲜见。本书立足于社会保险领域(基本医疗保险属于社会保险的重要内容),尝试厘清保险欺诈与道德风险、保险诈骗的关系。

1. 保险欺诈与道德风险

（1）概念界定不同

如前文所述，社会保险欺诈是指社会保险法律关系相关者或非相关的其他组织、个人故意采取虚假告知或隐瞒事实真相等手段骗取社会保险基金的行为。

在学术界，虽然真正对道德风险的系统研究始于医疗保险，但是，社会保险道德风险的界定却具有明显的学科差异性。通常，道德风险是作为一个经济哲学范畴为经济学界广为讨论，诺贝尔经济学奖获得者阿罗（Kenneth Joseph Arrow）在考察医疗市场的不确定性时率先提出了道德风险的概念，即"从事经济活动的人在最大限度地增进自身效用的同时做出不利于他人的行动"①。在经济学界，道德风险的外延多限于信息不对称基础上的过度行为（如患者的过度医疗消费、医方的过度医疗服务），这些过度行为的实施人通常不需要承担法律责任。② 法学界对社会保险道德风险的研究不多，在《布莱克法律词典》中，道德风险（moral hazard）被收录在"保险"（insurance）词条项下，通常指源自某种不诚实、疏忽、精神失常等精神状态（mental attitude）的行为，在保险中，被保险人为获得保险金故意毁坏保险财产或放任保险财产被毁坏的行为就属于道德风险。③ 可见，经济学界的道德风险只是一种不需要承担法律责任的过度行为，而法学界的道德风险则具有多层次性，包括合法但不道德的行为、一般违法行为、犯罪行为等，而后两者具有明显的法律责难性。

---

① 赵曼，吕国营. 社会医疗保险中的道德风险［M］. 北京：中国劳动社会保障出版社，2007：21.

② ［美］Brian H. Bix. 牛津法律理论词典［M］. 邱邵继，等译. 北京：法律出版社，2007：148.

③ GARNER B A. Black's Law Dictionary (Eighth Edition)［Z］. Eagan：Thomson West, 2004：736.

仅就法学研究视角来看，在概念界定方面，社会保险欺诈与社会保险道德风险为种属关系，前者是种概念，后者为属概念。

（2）适用语境不同

所谓的适用语境是指语词经常被使用的领域，主要包括立法与学术研究两方面。道德风险不是法律术语，在学术研究领域，经济学相关的研究成果颇丰，法学界以道德风险为主题的学术研究成果鲜见。保险欺诈虽然不是严格的法律术语，但是，"欺诈"一词可见《民法典》的相关立法条文中，法学界对保险欺诈的研究成果多集中在商业保险领域。近年来，随着我国社会保险事业的发展壮大以及《社会保险法》的出台，社会保险领域的保险欺诈研究逐渐受到关注。

总之，保险欺诈与道德风险并不能等同视之。首先，二者概念的外延不同，从法学视角来看，保险欺诈指向一系列违法（甚至犯罪）行为，道德风险则范围较广，既包括保险欺诈，也包括利用制度缺陷最大限度增进自身效用的过度行为，而后者通常难以为法律所规制。其次，学科研究边界不同，保险欺诈为法学研究对象，道德风险则多为经济学、管理学等非法学科所关注。

2. 保险欺诈与保险诈骗

保险欺诈与保险诈骗都属于违法行为，对于二者的关系，学界尚无定论，总结起来，共有两类观点：一类观点认为保险欺诈与保险诈骗属于并列关系。而对并列关系的解读又有两种不同的认识：一是认为保险欺诈为狭义的实然概念，相对于民事法律而言，属于民事法律的调整范畴，保险诈骗则属于刑事法律调整范畴；二是认为根据现有立法规定，尽管在客观上二者都表现为虚构事实、隐瞒真相的欺骗行为，但在主观上则具有本质区别，诈骗行为人必须具有非法占有目的，而欺诈行为人则不必具有非法占有目的而是具有其他不法目的。① 另一类观点认为保险欺诈与保险诈骗属于包容关系，亦即，保险欺诈为广义的应然概念，包括一般欺诈和严重欺诈，严重欺诈即为保险诈骗。② 在社会保险领域，无论是学术研究还是地方立法实践，皆从包容关系角度对待保险欺诈和保险诈骗。为保持同一领域学术研究的统一口径，本书亦从包容关系角度看待保险欺诈和保险诈骗。在此前提下，社会保险欺诈与社会保险诈骗的区别如下：

（1）违法边界不同

同为违法行为，社会保险欺诈所违之法涉及行政法、社会法与刑法多部门，而社会保险诈骗则仅与刑法相关。2014 年全国人大常委会关于《刑法》第 266 条做出解释："以欺诈、伪造证明材料或者其他手段骗取养老、医疗、工伤、失业、生育等社会保险金或者其他社会保障待遇的，属于刑法第二百六十六条规定的诈骗公私财物的行为。"《刑法》第 266 条规定的罪名是一般诈骗罪，因此，社会保险诈骗归属于刑法中的一般诈骗罪。

（2）法律责任不同

根据我国现有立法，社会保险欺诈行为将导致行政责任与刑法责任的追究。其中，行政责任主要表现为责令退回、解除服务协议、罚款、依法吊销执业资格等行政处罚以及行政处分；我国现有《刑法》并未针对社会保险欺诈规定专门罪名，不过，2014 年全国人大常委会对《刑法》第 266 条规定的一般诈骗罪做出权威解释，将社会保险欺诈纳入其中，至此，社会保险欺诈行为严重触犯刑法的，按照一般诈骗罪论处。可见，社会保险欺诈是一个属概念，只有当欺诈行为严重，需要追

---

① 陈信勇，程敏. 论社会保险欺诈的刑法规制 [J]. 贵州师范大学学报，2006（4）：18.

② 袁碧华，袁继尚. 投保方保险欺诈民事责任制度研究 [J]. 广东金融学院学报，2012（2）：79.

究刑事责任之时，才称之为社会保险诈骗，并为现有《刑法》的一般诈骗罪所包容。

对于作为法律术语的保险诈骗，专门指向商业保险领域中的严重违法犯罪行为，《保险法》第176条、《刑法》第198条分别规定了保险诈骗的行政责任和刑事责任。

综上，在社会保险领域，保险欺诈与保险诈骗仅仅是在语词上标示着欺诈行为的轻重程度，并使之与行政责任与刑事责任相连接。然而，仅从构成要件来看，尚不足以区分保险欺诈与保险诈骗，① 因此，关键的问题还在于如何确立社会保险欺诈行为的罪与非罪标准。

总之，在社会保险领域，道德风险、保险欺诈与保险诈骗彼此之间是属种关系。即，道德风险是属概念，保险欺诈与保险诈骗是种概念，而保险欺诈与保险诈骗彼此之间也是属种概念，保险欺诈为属概念，保险诈骗是种概念。从外延上来看，道德风险与保险欺诈、保险诈骗之间是一种同心圆式的包容关系，道德风险包容保险欺诈，保险欺诈包容保险诈骗。

（二）浪费、错误、滥用、狭义欺诈与腐败：不当行为的混杂与厘清

在医疗卫生行业对导致医保基金不当支付的行为有多种称呼，较为常见的有浪费、错误、滥用、欺诈、腐败等。例如，非营利性组织"欧洲医疗欺诈和腐败网络"在其会议名称、文件中，经常将欺诈和腐败并称，而其2017年出版的阶段性著作成果的名称是《欧洲的医疗欺诈、腐败和浪费》；美国卫生和公众服务部的官网及相关文件中，欺诈与滥用并用，有时也将欺诈、滥用和浪费并称。可以说，由于欺诈

---

① 在社会保险领域，从责任追究角度来看，保险欺诈与保险诈骗的构成要件都可以如下阐述：（1）行为人为社会保险法律关系双方主体和社会保险非法律关系其他主体。（2）行为人实施了伪造证明材料或者其他伪伪手段。（3）行为人主观上具有故意性。（4）欺诈行为导致社会保险基金遭受损失。

存在程度性,① 合法与违法之间存在较大的灰色空间,加之多重语境适用的差异,致使欺诈与浪费、错误、滥用、腐败等概念常常混淆不清,国外的相关文献虽然也有对上述概念进行区分解释的,但多为只言片语,无法做到清晰厘定。

国内对基本医疗保险反欺诈的重视刚刚开始,欺诈骗保是打击基本医疗保险欺诈的政府文件、宣传教育和实践行动的通常用语,而贿赂等腐败犯罪则往往发生在医保行政部门、医保经办机构、定点医药机构及其工作人员行使职权的场合。总的来说,我国基本医疗保险反欺诈尚处于对违法犯罪行为实施高压严打阶段,尚未虑及根据欺诈的程度性进行精细化的区别应对,更遑论相关概念的厘清。

欺诈无国界,随着我国全民医保的实现,欧美国家医疗保险反欺诈过程中出现的导致医保基金不当支付的各种行为称呼混杂不清的现象也会在我国出现,厘定欺诈与浪费、错误、滥用、腐败等概念的内涵与逻辑关系将有助于廓清概念间的使用边界,进而为基本医疗保险欺诈的法律规制扫清障碍。

虽然各国立法与执法对欺诈与浪费、错误、滥用、腐败等概念的使用较为混乱,但是对于这些概念内涵的共识性还是可以追寻到的。

1. 浪费、错误、滥用、狭义欺诈与腐败等概念的内涵

欺诈概念的内涵前文已阐述,下面着重介绍浪费、错误、滥用、腐

---

① 关于欺诈的程度性,根据笔者收集到的资料,学界主要有三种理解:一是经济学视角下可计算的欺诈造成的损失率和欺诈的发生频率,参见 BUTTON M, GEE J. The scale of health-care fraud: A global evaluation [J]. Security Journal, 2012 (25): 76-87;二是法学视域下判断民事欺诈与诈骗罪的标准:是否达到使他人产生认识错误并处分财物的程度,参见陈兴良. 民事欺诈与刑事欺诈的界分 [J]. 法治现代化研究, 2019 (5): 9;三是法学视域下确定民事、行政等非刑事裁与刑事制裁对应的欺诈标准:欺诈对调整性法律关系及其法律秩序的破坏或者侵犯程度,参见田宏杰. 行政犯的违法性 [J]. 法学家, 2013 (3): 54. 本书的分析建立在第三种理解基础上。

败等概念的内涵。

　　浪费（waste）本是一个生活用语，剑桥网络词典将浪费定义为：对金钱、物品、时间、能量和能力的不必要或错误使用。① 2008 年美国新英格兰医疗保健研究所（现更名为健康创新卓越网络）将浪费定义为：在不降低医疗质量的情况下可以消除的医疗开支。② 此定义得到了某些欧洲国家和国际组织的认可和践行。例如，比利时的医疗评估和检查部使用此定义创立了"浪费类型"模式，梳理了错误、滥用、欺诈和腐败的关系。该"浪费类型"模式被 EHFCN 组织授予"最佳实践"的称呼，并引用成为该组织向欧洲各国大力推广的"浪费类型矩阵"模型。作为一个总括性概念，浪费可以分为积极浪费和消极浪费两种类型。积极浪费（active waste）是指由于腐败等具有主观过错的违法行为引发的浪费，通常认为知识或信息的透明化有助于消除腐败；消极浪费（passive waste）是指由于专业技术和行政管理无能导致的低效率。有学者估算，至少 82% 的浪费是消极浪费。事实上，无能和腐败往往互补。一方面，无能的原因是由于腐败比较专业技能、行政管理投资具有更大的优势，另一方面，当无能盛行时，腐败可能会变得更加普遍。因此，有学者提出，对公共采购人员的专业性投资确实可以阻止或最大限度地减少腐败。③

　　腐败（corruption）是政治学和经济学更为关注的概念，反腐败也是当今世界经济性规制与社会性规制领域的主流话语。从含义来看，腐败有一系列定义，取决于专业、技术和职业领域。而从公共治理角度而言，腐败有广义和狭义之分。广义腐败典型如国际上公认的"透明国

---

① Waste［EB/OL］. Cambridge Dictionary，2019-06-12.

② New England Healthcare Institute. Waste and inefficiency in the U.S. Healthcare System［R/OL］. JAMA Network，2020-06-15.

③ MIKKERS M，SAUTER W，VINCKE P，BOERTJENS J. Healthcare Fraud Corruption and Waste in Europe［M］. Hague：Eleven International Publishing，2017：50.

际"（Transparency International）组织给出的定义：滥用委托的权力谋取私利。① 亦即汉语中的"以权谋私"。狭义腐败典型如 EHFCN 的定义：在第三人参与下滥用权力非法获得任何利益。② 广义腐败与狭义腐败的区别在于是否限于违法行为与是否有第三人参与。作为一个多义词，腐败并没有一个结论性的定义，皆是由语境所决定的可行性的定义。在国际组织的相关文件中，通常采用广义腐败作为一个总括性概念来囊括公共治理领域中的各种违规违法的败德行为。例如，"透明国际"组织 2006 年发布的《全球腐败报告：健康》与欧洲委员会 2013 年和 2017 年分别发布的《医疗行业腐败问题研究报告》等都采用了广义腐败的含义。

滥用（abuse）亦是一个多义词，在医疗保险反欺诈领域，滥用的含义往往包括行为上的曲解规则、结果上导致不必要的医疗费用支出等内容。例如，EHFCN 将滥用解释为：通过故意扩大规则或准则或利用规则或准则的缺失，不公正地获得任何性质的利益。③ 该定义中的规则应该包括法律法规甚至各种医疗规范，准则主要指循证医学指南（evidence-based medicine，EBM）和善良家父原则（bonus pater familias，BPF）。循证医学指南是指"慎重、准确和明智地应用当前可得最佳研究证据，同时结合临床医师个人的专业技能和长期临床经验，考虑患者的价值观和意愿，将三者完美地结合在一起，制订出的具体治疗方案"。④ 善良家父原则源自古罗马法，是指行为人应尽到一个谨慎、勤

---

① What is corruption [EB/OL]. Transparency International，2019-08-19.

② the EHFCN Waste Typology Matrix [EB/OL]. European Healthcare Fraud &Corruption Network，2020-03-18.

③ Fighting Fraud & Corruption in Healthcare in Europe：a work in progress（2016）[R/OL]. European Healthcare Fraud &Corruption Network，2020-03-18.

④ 俞佳洁，李琰，陈雯雯，李幼平. 循证医学的产生与发展：社会需求、学科发展和人文反思共同推动 [J]. 中国循证医学杂志，2019（1）：108.

勉之人所应尽的注意，没有尽到此种注意即为过错。实务中滥用规则的典型例子有"将不符合医疗保险的报销项目替换为符合医疗保险的保险项目"，或者"医院优化其发票系统中允许的默认错误率"；滥用准则主要指过度医疗，典型例子有"明知而故意在没有循证医学指南指征的情况下进行心电图检查并计费"。美国 HHS 下属的医疗照顾和医疗补助中心（Center for Medicare &Medicaid Services，HHS-CMS）官网的合规资料显示，滥用是直接或间接导致联邦医保计划不必要费用支出的行为，包括不向病人提供医疗上必要的服务或不符合专业认可的医疗标准的任何做法。① 实务中的典型例子有："不必要的医疗服务""服务或用品收费较高""滥用账单报销的代码，如低码高报或拆分编码"等。虽然欧美关于滥用的定义侧重点不同，但皆指向曲解医疗服务规则或准则导致的过度医疗、过度消费以及其他违规行为。滥用行为极易产生违规和违法边界不清的灰色空间，对规制能力有较高的要求。

　　错误（error）是一个中性词，非负面评价术语，在导致医保基金不当支付的行为中，错误是指无意中违反规则或准则导致获得非法利益，西语中一般将其称为无心之过。欧美国家对于导致医保基金不当支付的行为皆采用主观归责的责任主义②，以主观过错作为归责的前提，错误不具有主观过错，缺少可责难的正当理由，不属于法律制裁的对象。不过，由于错误的后果往往与滥用、欺诈的后果相同，如将不存在医疗服务申报账单补偿、低码高报等，而主观上过错的证明并非易事，这就需要在立法中确立易于操作的规则（如通过规定错误的次数来推定主观上状态）和执法中提高规制能力。

----

① Medicare Fraud &Abuse：Prevent，Detect，Report［EB/OL］. CMS Medicare Learning Network，2020-05-20.

② 所谓责任主义是指对于行为人的行为，只有在以责任能力以及故意或过失为要件能够对行为人进行非难时才肯定该行为人之责任的原则。参见王贵松. 论行政处罚的责任主义［J］. 政治与法律，2020（6）：3.

2. 浪费、错误、滥用、狭义欺诈与腐败等概念的逻辑关系

浪费、错误、滥用、欺诈、腐败是基本医疗保险反欺诈过程中经常混淆不清的几个概念，上述概念内涵的厘定，有助于把握损害医保基金安全诸种不当行为的本源意义，而历时性的脉络的梳理则有助于了解诸种不当行为间的逻辑关系。

从欧洲国家或组织的医疗保险反欺诈发展历程来看，人们对侵犯医保基金安全行为的认识在横向涵摄面上是一个由欺诈到腐败再到浪费的扩张过程，而在纵向涵摄面上则是一个由欺诈到滥用再到错误的精细化的分层规制过程。在医疗保险反欺诈的初期，人们更关注对欺诈的规制，曾经将无主观过错限定的广义欺诈作为总括性概念①，试图涵盖所有侵犯医保基金安全的行为。然而，概念一旦泛化使用就容易无当，何况无论生活用语还是法律术语，欺诈定义都自带主观过错为其内容，于是，欧洲各国或国际组织在概念使用时又还原了欺诈的本源含义，在主观过错的限定下使用广义欺诈和狭义欺诈。同时又将腐败作为总括性概念，意图涵摄那些具有主观过错，存在合法但不合理、违规、违法等不同性质的败德行为，如利益冲突（conflict of interest）②、影响力交易（Trading in influence）③、旋转门（revolving door）④、贪污贿赂、欺诈等。在欧洲，广义腐败包含狭义欺诈，而狭义腐败则与狭义欺诈并列使

①　如"欧洲医疗欺诈和腐败网络"组织官网上还留有组织创立初期对欺诈的定义，是一种无主观过错限定的广义欺诈。

②　利益冲突涉及公职人员的公共职责与私人利益之间的冲突，其中公职人员具有私人身份利益，可能不当地影响其履行公职和职责。

③　影响力交易是指一个人为了换取他的忠诚、金钱或任何其他物质或非物质的不正当好处而滥用他对第三方（个人、机构或政府）决策过程的影响力。

④　"旋转门"一词指的是立法者和监管者与受立法和监管影响的行业之间的人员流动。旋转门腐败是指私营部门和政府之间可能发展出一种不健康的关系，这种关系建立在给予互惠特权的基础上，而这种特权可能导致监管俘获（capture）。

用，所以有学者指出，腐败与欺诈是一枚硬币的两面。① 此后，随着医疗保险欺诈的损失率和发生频率的可计算性的实现，以及风险评估理念和技术的应用，人们发现除了腐败和欺诈以外，浪费也是导致医保基金损失的重要原因。根据"欧洲医疗欺诈和腐败网络"组织发布的文件《打击欧洲医疗卫生领域的欺诈和腐败：正在进行的工作》，浪费导致的损失占比全部医疗卫生费用支出的30%，其中，主观故意的积极浪费占比全部浪费损失的40%，而在积极浪费致损中，欺诈导致的损失为15%，腐败导致的损失为40%，滥用导致的损失为45%。基于此，包容性强大的浪费开始作为总括性概念在"欧洲医疗欺诈和腐败网络"组织的各种会议、文件、专著成果中使用。同时，根据主观善恶与侵害程度依循错误、滥用、欺诈（狭义）、腐败的不同层次架构精细化的规制体系。

与欧洲经历相似，美国医疗保险反欺诈事业也经历了由对欺诈和滥用的严厉打击到不当支付总括性概念凝练的过程，同时，根据主观过错和具体原因初步搭建分层次应对的逻辑体系。在美国，有关医疗保险欺诈的两部重要立法《虚假陈述法》和《医疗保险携带与问责法》将医疗保险欺诈确定为明知而故意以政府公共医疗保险计划为侵犯对象的违法行为，而滥用虽无立法界定，但也以主观上故意来归责，可以说，欺诈和滥用一直是美国医疗保险反欺诈重点打击对象。2002年《不当支付信息法》颁布，意在强化联邦政府各机构的财务支出谨慎责任，减少浪费性支出。在该法中不当支付被定义为：任何本不应支付的付款或金额不正确的付款，包括重复付款、给不符合条件的受益人付款或给不符合条件的服务付款、给不存在的服务付款等。不当支付针对的是所有

① MIKKERS M, SAUTER W, VINCKE P, BOERTJENS J. Healthcare Fraud Corruption and Waste in Europe [M]. Hague：Eleven International Publishing, 2017：50.

联邦机构的财务支出计划，Medicare 和 Medicaid 等公共医疗保险计划自然属于其范围。可以说，《不当支付信息法》确立了不当支付这样一个总括性的概念，不仅涵盖具有主观过错的欺诈和滥用，而且还包括失误所致的错误和低效率导致的浪费，错误和浪费皆无须具有主观过错。区别于欧洲各国或国际组织的医疗保险反欺诈事业，美国医疗保险反欺诈一般以具有主观过错的欺诈和滥用作为打击对象，实施相应的法律制裁，较少混杂腐败的概念及其行为表现，盖由美国医疗卫生从业者或相关组织皆为私营属性之故。

3. 浪费、错误、滥用、狭义欺诈与腐败等概念厘清的意义

医疗保险反欺诈是一个世界性议题，世界卫生组织曾将医疗卫生领域中的浪费、腐败和欺诈视为导致医疗无效的十大因素之一。[①] 从国际打击医疗保险欺诈的各种资料来看，导致医保基金损失的不当行为有诸多概念，这些概念之间并非边界清晰、关系明了，而厘清相关概念的含义和逻辑关系具有如下意义：

（1）有助于构建层次有别的规制体系

导致医保基金损失的不当行为可以根据损失结果与医疗保险管理秩序被破坏或侵犯的程度从轻到重依次排序为错误、滥用、欺诈和腐败。包容性较强的浪费与不当支付则可以作为总括性概念来使用。如此层次性的结构有助于有针对性地选择规制路径，例如，错误与滥用对应合规治理路径，滥用、欺诈与腐败适宜法律制裁路径。由于滥用多属于灰色空间，可根据实际情况确定合规治理或法律制裁路径的选择。

（2）有利于明确法律制裁的对象和重点

法律制裁是惩戒违法行为、发挥威慑力的重要武器，在法律体系中属于保护性规则，其适用以违法性和有责性为前提。在诸多概念中，滥

---

① Financing for Universal Coverage ［EB/OL］. The World Health Organization，2020-03-20.

用、欺诈与腐败兼具违法性和有责性，应为法律制裁的对象，而欺诈和腐败又由于主观恶性和危害后果的严重性当为法律制裁的重点。

（3）有助于搭建协同共治的交流平台

医疗行业具有不断更新、变革的特质，与之相伴的医疗保险欺诈等不当行为亦是常变常新，这需要反欺诈组织建立一个"更有回应性的反应系统"①，而建立在制度化基础上的协同共治方能提高反欺诈组织的回应能力。界清浪费、腐败和欺诈这些横向涵摄总括性概念的历史与逻辑关系，明晰纵向涵摄中错误、滥用、欺诈和腐败的分层规制体系，目的在于创建医疗保险反欺诈实践的共同标准，搭建反欺诈组织协同共治的交流平台，提高医疗保险反欺诈的效率和效果。

五、小结

"欺诈，有以意思表示瑕疵而被撤销者，有为侵权行为而生损害赔偿责任者，有为犯罪行为而应受刑事上之裁判者。三者相辅相成，始可预防、压制诈欺，而保护及救济受诈欺人，既不必相排斥，亦不必相伴也。"② 表现形式的多样性、社会危害程度的多层次性以及表现样态的与时俱进是欺诈的本质特征，而基本医疗保险欺诈又具有医学专业性、医保关系复杂性的自身特点，这决定了基本医疗保险欺诈的法律规制是一个系统工程，不仅需要借助多学科的研究视角、理论与方法，而且尚需在法学理论上对基本医疗保险欺诈的概念界定予以廓清，以明晰基本医疗保险欺诈的边与疆，从而为基本医疗保险欺诈的类型化、规制路径选择和反欺诈实践奠定基础和予以指导。

---

① 唐贤兴. 中国治理困境下政策工具的选择 [J]. 探索与争鸣，2009（2）：31.
② 史尚宽. 民法总论 [M]. 北京：中国政法大学出版社，2000：424.

第三章　类型化进路中基本医疗保险欺诈的定位

　　概念与类型是人类思维的两种主要方式。概念思维是通过穷尽地描述主要特征来涵摄对象，概念的边与界通过单向的归纳思维予以明晰，概念涵摄对象时呈现非此即彼的、非黑即白的标准样态，因此，概念思维具有抽象性、封闭性和固定性的特征。不过，当抽象的一般概念及其逻辑体系不足以掌握生活现象或意义脉络的多样表现形态时，大家首先会想到的补助思考形式是"类型"。① 就法律体系化建设而言，概念思维对于外部体系的形成不可或缺，类型思维则对内部体系的形成居功至伟。② 类型思维是关于事物本质的思考，通过演绎与归纳双向度思考，类型思维有助于克服概念思维的"空洞化"效果，而且，类型思维具有层级性、开放性和组成内容非固定性三个特征，使得类型与具体事物的趋近有关。③

　　欺诈只是损害医保基金行为的一种类型，除此之外，尚有浪费、错

① ［德］卡尔·拉伦茨. 法学方法论［M］. 陈爱娥，译. 北京：商务印书馆，2003：337.
② 杜宇. 类型思维的兴起与刑法上之展开路径［J］. 中山大学法律评论，2014（3）：147.
③ ［德］卡尔·拉伦茨. 法学方法论［M］. 陈爱娥，译. 北京：商务印书馆，2003：347.

误、滥用、腐败等多种行为类型。基本医疗保险欺诈的类型定位取决于损害医保基金行为的类型化整理，由此可以厘清基本医疗保险欺诈的内涵、构成与规制路径。

一、类型化进路中基本医疗保险欺诈定位的意义

2020 年 3 月，伴随抗击新冠病毒全国战役的初步告捷，中共中央国务院发布《关于深化医疗保障制度改革的意见》，提出健全严密有力的基金监管机制，织密扎牢医保基金监管的制度笼子，以零容忍的态度严厉打击欺诈骗保行为，确保基金安全、高效、合理使用。基本医疗保险欺诈是学术界和实务界对欺诈骗保行为的规范称呼。如何对基本医疗保险欺诈进行法律规制是我国当前亟须解决的现实问题。法律法规是规制正当性的权威之源，而我国关于基本医疗保险欺诈的相关法律法规并不多，较为典型的立法有《社会保险法》与《医疗保障基金使用监督管理条例》两部立法，外加一部全国人大常委会的立法解释，分别代表了不同时期我国对基本医疗保险欺诈的认识与立场。

2011 年 7 月实施的《社会保险法》，只有第 87 条、第 88 条两个法条规定了欺诈的主体、行为和行政制裁，从法律责任的角度对基本医疗保险欺诈的规制给出了框架性的规定。2014 年全国人大常委会关于《刑法》第 266 条的立法解释将以欺诈、伪造证明材料或者其他手段骗取医疗、生育等医保基金的行为定性为诈骗公私财物的行为，从而填补了基本医疗保险欺诈刑法规制的空白。2021 年 2 月，国务院公布《医疗保障基金使用监督管理条例》，从全领域、全流程角度规制损害医保基金的违约违规违法行为，其中，欺诈被定位为具有骗取医保基金的主观故意并造成医保基金实际损失的违法行为。① 除了欺诈，该条例还规

---

① 参见《医疗保障基金使用监管条例》第 38 条、第 40 条和第 41 条。

定了非欺诈类的违规行为以及贿赂、腐败等损害医保基金的违法行为。综上可知，我国对损害医保基金行为的规制经历了严打欺诈到全领域规制违约违规违法行为的过程，反映了法律规制视野的日益开阔与规制策略的不断升级。

德国法学家阿图尔·考夫曼在其类型理论中强调：对事物本质的思考是一种类型学的思考，而事物的本质恰是事实与规范的连接中介。①在全领域规制时代，损害医保基金行为的类型化整理极为必要，而基本医疗保险欺诈在类型化整理中的定位则有助于欺诈行为与法规范适配，从而明确欺诈行为的法律属性，构建应对的法律框架。②

综上，基本医疗保险欺诈的定位尚需被放置于损害医保基金行为类型化进路中予以框定，其意义如下：

（一）弥补概念思维的抽象性不足

作为详尽描述对象主要特征的归类思维，概念思维具有抽象归纳的单向度性、界定范围的封闭性、逻辑上的精确性及评价上的形式性等特征。③就概念思维而言，基本医疗保险欺诈的特征无非围绕主体、目的、行为与后果等方面展开。而医疗卫生行业复杂多变，损害医保基金的行为多种多样，欺诈概念无法涵摄全部。而且，概念的单向度抽象难以反映基本医疗保险欺诈鲜活的现实样态，封闭范围的概念界定无法跟随医疗卫生行业及医疗保障体制的发展与变革，逻辑上的精确性无法区分"不必要的医疗服务"这类介于合法与违法之间灰色地带的不当行

---

① ［德］考夫曼. 类推与事物本质［M］. 吴从周，译. 台北：台湾学林文化事业有限公司，1999：109.

② 这种适配既有立法层面的法理与生活事实的调适，亦包括法律发现层面的既有法规范与生活事实的调适。参见刘士国. 类型化与民法解释［J］. 法学研究，2006（6）：13.

③ 杜宇. 类型思维的兴起与刑法上之展开路径［J］. 中山大学法律评论，2014（3）：156-158.

为，评价上的形式性无法显示基本医疗保险欺诈规范的意义脉络。当一般性的抽象概念及其逻辑体系不足以掌握生活现象或意义脉络的多种表现形态时，类型化即成为补助的思考形式。① 类型化思维更趋近于具体现实，具有归纳和演绎的双向度性、体系的开放性、逻辑的模糊性以及意义性的评价，恰恰契合繁杂多样且多变的医疗卫生实践。

（二）赋予描述性分类以规范性评价

不同于对生活现象简单的白描式分类，类型化是对分类的制度化过程，除了初级临摹式的描述外，类型化尚需建构意义脉络的解释理论，即类型化体系内部的规范性。② 在现实生活中，损害医保基金行为涉及主体众多，表现形式多样③，描述性分类冗长难述，且易挂一漏万，唯有规范性的类型化过程才能将复杂的基本医疗保险欺诈实践予以简化，在描述和解释之间寻求"最大公约数"④，以呈现类型体系的意义同一性与整体直观性。当前我国学术界和实务界对损害医保基金行为的类型划分与描述性的分类无异，且多限于欺诈行为。无论是按照基本医疗保险缴费、管理与支付的不同阶段⑤，还是依据定点医药机构、患者/参

---

① ［德］卡尔·拉伦茨. 法学方法论［M］. 陈爱娥，译. 北京：商务印书馆，2005：377.

② 尽管有学科差异，但大多数情况下，规范性与评价和价值判断相关，具体言之，规范性是将某些行为或结果指定为好的、可取的或允许的，而将其他行为或结果指定为坏的、不可取的或不允许的。

③ 英国国民医疗服务反欺诈管理局（NHS Counter Fraud Authority）的官方网站公布的医疗保险欺诈行为有123种。虽然我国国内官方和学界尚无统计数据，但是，根据人民日报网络版、国家医疗保障局发布的《医疗政策问题手册》以及关于医保基金监管的各地方性立法，目前实践中我国损害医保基金行为类型近30种。当然，上述数据都是对现实直观描述性的原始统计。

④ 张豫洁. 新兴规范的国际扩散路径——基于类型学的分析［J］. 国际政治研究，2019（2）：34.

⑤ 孙建才. 社会医疗保险欺诈治理的探索与思考［J］. 中国医疗保险，2017（12）：26-29.

保人与医保经办机构的不同主体①，基本医疗保险欺诈行为的种种列举都是对现实的直观描述，缺少意义脉络的规范性。

（三）启动基本医疗保险欺诈法律规制体系建设

基本医疗保险欺诈是一种典型的有害行为，其法律规制的关键在于将基本医疗保险欺诈与法规范适配，衔接经验实践与理性规范，实现反欺诈的法治治理。类型与规范在逻辑层次上皆处于"中等抽象程度"的地位，具有相似的连接抽象理念与具体现实的体系功能，能够通过规整杂乱的现实生活实现经验世界与价值世界的沟通。② 类型化研究是将现实中损害医保基金行为的多种表现形式进行中等程度的归纳抽象，形成具有规范意义的类型序列，每种类型再通过概念、构成与法规范连接，这种连接是法律现实化过程，既包括法规范的形成过程，也包括法规范的适用过程。具体而言，对于基本医疗保险欺诈法律规制体系的构建，既要将实存的基本医疗保险欺诈行为与实然法规范连接，又要考虑应然法规范的补遗。所以，类型化进路的研究是基本医疗保险欺诈法律规制体系建设的起点。

（四）统一基本医疗保险欺诈协同共治的交流标准

实践中，基本医疗保险欺诈的表现形式林林总总，不一而足，只有想不到，没有做不到。众多的地方立法对医疗保险欺诈行为的规定没有统一标准，详尽描述有余，抽象归纳不足，而欺诈是不分地域的，国际医疗保险反欺诈的经验表明，协同共治是成功打击医疗保险欺诈的不二之选。反欺诈的协同共治不仅仅指不同地区之间的经验分享，还包括执法部门内部、执法部门与司法部门之间的协同与联动，以及执法部门与

---

① 参见《天津市基本医疗保险规定》《安徽省基本医疗保险监督管理暂行办法》。

② 杜宇. 刑法学上"类型观"的生成与展开：以构成要件理论的发展为脉络 ［J］. 复旦学报（社会科学版），2010（5）：84.

社会组织或个人之间的协同共治。损害医保基金行为的类型化进路通过规整包括欺诈在内的违规违法行为，能够统一欺诈行为的规范性表达，有助于反欺诈的合作交流。

综上，损害医保基金行为的类型化进路有助于基本医疗保险欺诈的定位与法律规制的路径选择，而摆在我们面前的现实问题是：如何在损害医保基金行为类型化研究中明晰欺诈的定位？或许比较分析的视角能够带来有益的启示。

二、比较视域下损害医保基金行为的类型化模式与评价

在打击医疗卫生领域中欺诈、滥用、浪费、腐败等行为的国际实践中，损害医保基金行为的类型归纳经历了从描述性经验类型到规范性理念类型的发展过程①，至今尚处于未成熟的探索阶段。由于医疗保障体制不同，政治、经济和文化背景存在差异，致使各国损害医保基金的表现形式难以划一。本文选择医疗保障立法建制时间早、经验较为成熟的欧美国家以及相应国际组织作为比较对象，归纳损害医保基金行为的类型化模式，明晰欺诈在类型体系中的定位，分析其优劣，以期为我国损害医保基金行为类型化的模式选择及基本医疗保险欺诈的类型定位提供借鉴。

（一）不当支付类型模式

美国医疗卫生支出以国内生产总值近 18% 的占比高居世界榜首，其中约 30% 的支出是浪费，而医疗保险欺诈和滥用支出在全部浪费支

---

① 描述性经验类型即经验类型，是指在经验的意义上被把握，而且以尽可能符合现实的方式来描述生活现象为目标而建立的类型；规范性理念类型即规范类型，是在经验类型的基础上，进一步予以目的论的规范评价而形成的理念类型。参见杜宇．"类型"作为刑法上之独立思维形式——兼及概念思维的反思与定位 [J]. 刑事法评论，2010（1）：206-243.

出中占了三成。① 打击欺诈和滥用一直是美国联邦政府和各州政府维护医保基金安全的首要工作。自 1977 年《医疗照顾与医疗补助反欺诈和反滥用修正案》实施以来，欺诈和滥用一直是美国损害医保基金行为的统称。然而，立法并未明确欺诈和滥用的概念和区别。而在实施具体法律规制时，虚假陈述、回扣和自我转介是《虚假陈述法》《反回扣法》与《医生自我转介法》等单行法规进行法律制裁的主要行为类型。

2002 年《不当支付信息法》实施，不当支付被定义为是任何本不应支付的付款或金额不正确的付款，包括多付款项（overpayment）或不足付款（underpayments），欺诈和滥用随之成为不当支付的子类型。在美国 HHS 内设的医疗照顾与医疗补助服务中心针对医疗服务供方的合规指导文件中，将不当支付视为一个上位总括性概念，而下位具体类型概念包括错误、浪费、滥用和欺诈四种。

从定义和实例来看，错误是指由于非故意的操作失误导致的不当支付，例如，DRG 疾病诊断组支付模式下的不正确编码；浪费是指医疗行业管理和诊疗流程的无效率导致的医保基金的不当支付，例如，要求进行过多的诊断检查。由于错误与浪费都没有任何主观上的恶性，因此二者的法律规制多以合规为核心的自我规制为主。

滥用是指直接或间接导致医保基金不必要的支出，包括没有为病人提供必要的医疗服务或没有达到专业认可的诊疗标准的任何做法。例如，不必要的医疗服务账单；医疗服务或用品收费过高；申请支付补偿时滥用编码，如低码高报（upcoding）或分解编码（unbundling）。② 滥

---

① SHRANK W H. Waste in the US Health Care System Estimated Costs and Potential for Savings [J]. JAMA, 2019, (15): 1501-1509.

② 滥用代码通常发生在疾病诊断组 DRG 的支付模式中，低码高报是指医疗服务供方为某项治疗活动获得高额费用支付补偿而分配不准确的计费代码，分解编码是指将一组本应由单个综合代码覆盖的医疗服务分拆为多个代码账单，以获取更高的支付补偿。需注意的是，如果低码高报和分解编码是无意所为，则不属于滥用，而是错误。

用的本质是曲解规则，即故意利用诊疗规则的漏洞或弹性解释谋取私利。严重的滥用行为与欺诈无异，会遭受刑事制裁或民事制裁。

欺诈是指导致获取非法利益的故意欺骗或虚假陈述，包括明知违法而故意提交或导致提交虚假申请或歪曲事实以获得无权享有的医保基金补偿，明知违法而故意索取、接受、提供或支付回扣、贿赂等报酬以诱导或奖励能获得联邦医疗保险计划支付项目的转介，以及对联邦医疗保险计划指定项目的任何转介。实践中的欺诈实例有：故意以高于实际提供医疗服务或病历记录中的医疗服务的复杂程度开出医疗服务费的账单；故意为未提供的服务、未提供的用品或二者兼而有之开出账单或伪造已提供的相关记录；故意为病人开出不必要的医疗用品或服务的处方；支付给联邦医疗保险计划受益人转介费；对未能遵守预约的病人开出医疗保险计费单。欺诈属于典型违法行为，将面临民事、行政和刑事制裁。

综上，不当支付类型模式下欺诈是最严重的违法行为，而滥用至极端就会转化为欺诈，实践中，医疗保险的欺诈与滥用难以区分，通常要综合考量具体事实、主观心理状态和环境等因素。因此，美国执法实务界乃至学术界往往将医疗保险欺诈和滥用合并统称，泛指一切违反诚信导致医疗保险计划不当支付的违法行为，法律规制以民法、行政法与刑法等规制为主。

表 3.1　美国不当支付类型模式的子类型：一般定义和实例

错误	无意中的操作失误（mistake）导致的不当支付 实例：DRG 疾病诊断组支付模式下的低码高报、分解编码
浪费	医疗行业管理和诊疗流程的无效率（inefficiencies）导致的医保基金不当支付 实例：要求进行过多的诊断检查
滥用	曲解规则导致医保基金不必要的费用支出 实例：提供不必要的医疗服务或没有达到专业认可的诊疗标准
欺诈	导致获取非法利益的故意欺骗或虚假陈述 实例：明知违法故意提交虚假账单、回扣、违法转介

表中资料来源于美国医疗照顾与医疗补助服务中心官方网站 https：//www. cms. gov/Outreach-and-Education/Medicare-Learning-Network-MLN。

在美国，不当支付类型模式成型时间不长，目前也只是出现在卫生和公共服务部内设的医疗照顾与医疗补助服务中心对医生合规培训的资料中。① 从属性来看，不当支付类型模式属于规范的理念类型，具有规范分类、区别规制的特点。详言之，诚信（integrity）是美国医疗保险体系一直强调的道德基准和法律原则，在诚信基础上衍生出合规义务，违反合规义务将导致不当支付，不当支付中的错误和浪费不具有主观恶性，属于无心之过，可容忍，可原谅，以合规为核心的自我规制是首选的规制应对；而滥用和欺诈具有主观恶性，行为人故意违法，非法律制裁不足以警示和威慑。不当支付类型模式的优势在于规范的理念类型很好地连接了实存的不当支付样态与实然的法规范，而对不当支付按照违反诚信的轻重程度分层级的法律规制应对更具有合理性和公平性，既便于执法操作，又利于宣传教育。不过，该种模式也有其自身的不足，首先，分层级法律规制的关键取决于主观恶性的判断，而这并非易事；其次，由于美国打击医疗保险不当支付的法律法规、专项计划繁多庞杂，内容交互重叠，致使错误、浪费、滥用与欺诈四种子类型的界限模糊，而欺诈和滥用的认定过于泛化，呈现一刀切式的严苛规制，使分层规制的优势难以体现。

（二）浪费类型模式

在欧洲，欺诈和腐败曾经被视为反欺诈和反腐败部门可能遇到的一切异常情况。由于没有细化分类和规范阐释，加之医疗卫生行业所涉主体众多，关系复杂，疾病与医疗结果的不确定性以及信息的不对称性，

---

① Medicare Fraud &Abuse：Prevent，Detect，Report［EB/OL］. CMS Medicare Learning Network，2020-05-20.

使得人们非常忌讳将欺诈和腐败与医疗卫生行业关联，不合理支付或不正确支付是早些时候对欺诈和腐败的另外称呼。然而，观念上的避讳无法阻挡欺诈和腐败在医疗卫生行业的肆虐和掠夺。据统计，1997 年至 2013 年期间，欧洲各国平均医疗费用支出占国内生产总值的 9%，而因错误和欺诈等不当行为导致的损失约占医疗费用支出总额的 6.19%。①2005 年，以欧洲各国的医疗卫生反欺诈组织为成员组建的 EHFCN 正式成立。作为一个非营利的社会组织，EHFCN 致力于为打击医疗卫生领域中欺诈、腐败和浪费行动中成员国间的合作提供支持，意在整个欧洲的医疗卫生系统中创造真正的反欺诈和反腐败文化。由于各国对医疗卫生欺诈的认定标准不同，导致反欺诈合作中的经验交流、数据分享遭遇瓶颈，效果不佳。如何确定医疗保险欺诈认定的统一标准一直是 EHFCN 探索解决的关键问题。

2009 年，汤森路透公司（Thomson Reuters Corporation）发布《来自美国医疗卫生系统的 7000 亿美元的浪费从何处削减》的白皮书，② 该书不仅引用了新英格兰医疗卫生研究所（New England healthcare Institute）对浪费的定义，③ 而且将浪费具体划分为行政系统效率低下、医疗服务供方效率低下和错误、缺乏医疗合作、不合理使用医疗资源、可预防的疾病和可避免的治疗、欺诈和滥用六种类型。这种类型化的探索方法给 EHFCN 极大启发。2012 年，EHFCN 在欺诈和腐败之外增加了浪费的概念。2013 年，EHFCN 浪费类型矩阵图（the EHFCN Waste Typology Matrix）成型公布，正式确立了浪费类型模式，同时要求成员在本国推广、实践该类型模式。

---

① LEE J, BUTTON M. The Financial Cost of Healthcare Fraud 2015 [R/OL]. Center for Counter Fraud Studies of University of Portsmouth, 2020-02-15.
② 汤森路透是一家跨国大众媒体及资讯提供商，由汤森公司 2008 年并购英国的路透集团而成立，总部设在加拿大多伦多，是加拿大"最重要的企业品牌"。
③ 浪费是指在不降低医疗卫生质量的前提下可以消除的医疗卫生支出。

　　浪费类型模式以浪费作为损害医保基金行为的总括性类概念，从实践经验归纳出两种行为类型：违反规则的不正确服务账单、不遵守循证医学（Evidence-based medicine，EBM）指南或善良家父（bonus pater familias，BPF）标准的不合理服务或过度消费，而在两个行为类型下根据主观善恶及程度依序确立错误、滥用、欺诈和腐败四种违规或违法行为。利用横纵坐标轴可以形象描述为：在类型化的坐标轴上，横轴上并列违反规则的不正确服务账单、违反循证医学指南或善良家父标准的不合理服务或过度消费两种行为类型，属于来自经验的类型归纳，纵轴上依主观善恶及轻重程度依次排序为错误、滥用、欺诈和腐败四种行为类型，属于具有规范属性的理念类型。经验类型的直观化与理念类型的规范性相结合能够快速认定各种浪费行为的法律属性，进而明确其法律规制的方向与内容。

　　从定义和示例来看，错误是指无意中违反规则而不公正地获得利益，例如，非故意地申请未曾提供的医疗服务账单；滥用是指故意扩张解释规则或利用规则的漏洞而不公正地获得利益，例如，在没有医疗指征（medical indications）的情况下提供医疗服务并生成账单；欺诈是指故意违反法律法规而获得利益，例如，原本未提供医疗服务却故意按已提供医疗服务申请账单；腐败是指在第三方参与下滥用权力而非法获取利益，例如，为了获得制药企业的回扣，故意给病人开出不必要的药品。

表 3.2　EHFCN 浪费类型模式的子类型：一般定义和实例

不正确账单	不合理服务/过度消费
（规则）	（循证医学指南/善良家父原则）

错误　　无意中违反规则而不公正地获得利益
　　　　实例：无意中提交未曾提供的医疗服务账单

续表

不正确账单	不合理服务/过度消费
（规则）	（循证医学指南/善良家父原则）

濫用　故意扩张解释规则或利用规则的漏洞而不公正地获得利益
　　　实例：在没有适应证情况下提供医疗服务

欺诈　故意违反法律法规而获得非法利益
　　　实例：原本未提供医疗服务却故意按已提供医疗服务的账单

腐败　第三方参与下滥用权力而获取非法利益
　　　实例：故意给病人开出不必要的药品以获取医药公司的回扣

表中内容来自"欧洲医疗欺诈和腐败网络（EHFCN）"网站资料，https://www.ehfcn.org/what-is-fraud/。

根据2016年EHFCN的统计资料，浪费导致医疗卫生费用支出占比欧洲全部医疗卫生费用支出的30%，而故意浪费行为导致医疗卫生费用支出占比所有浪费支出的40%。进一步细分，这40%的占比当中，滥用占45%，欺诈占15%，腐败占40%。由于具有不同程度的主观恶性，滥用、欺诈和腐败又被称为违反诚信的行为，是法律规制的重点。与不遵守循证医学指南或善良家父标准的不合理服务或过度消费子类型对应的滥用、欺诈和腐败属于道德与法律、合法与非法等界限模糊的灰色区域，不同属性的子类型之间并非泾渭分明，而是流动的、和缓的，乃至重叠的，如此，主观恶性轻重程度的判断就成为如何进行法律规制的重要标准。

就具体法律规制而言，无心之过的错误以合规规制为主，主要包括行为主体的自我规制和政府的行政指导以及民法上的返还钱款；滥用虽然具有主观上的故意，但是医疗卫生规则的漏洞和过于宽泛的解释是产生滥用的根本原因，因此，对滥用的法律规制取决于具体行为表现，例如，医院将欺诈优化为医疗报销系统允许出现的一定比例的错误，对其法律规制要考虑修改医疗费用报销规则，而医生使用不具有良好生产规范（Good Manufacturing Practice，GMP）标志的仪器为病人做心电图并提交账单申请或供应商明知有便宜的成品却为逐利额外定制矫形器并提交账单申请，对其法律规制涉及具体行为人的行政制裁和民事制裁，如警告、罚款、纪律处分以及返还钱款。至于欺诈和腐败则属于严重的违法行为，行为人具有相当程度的主观恶性，对其法律规制须视行为类型和主观恶意程度，处以返还钱款、纪律处分、行政罚款、刑事罚金与监禁等制裁。

浪费类型模式是 EHFCN 自成立以来较为重要的成果之一，该类型模式具有经验规整和规范构造的特点，符合类型学"基于经验的类型构建"思路。[①] 该类型模式的优势在于完整、逻辑自洽地架构了以理念类型为核心的浪费类型体系，该体系内部不仅具有开放性、流动性，而且增加了规范性的价值评价元素，便于对形形色色的损害医保基金行为进行快速的归类认定，进而明确相应的法律规制。作为一种优良的类型化成果，浪费类型模式已在比利时、荷兰和波兰等国得到不同程度的推广和适用。

（三）广义欺诈类型模式

在医疗保险领域，欺诈因适用语境不同，存在着广义、中义和狭义之分。其中，广义欺诈泛指一切损害医保基金的违法行为，广义欺诈类型模式以英国最为典型。

基于贝弗里奇报告建立的英国国民医疗服务体系（National Health Service，NHS）以统一税收为资金来源，实施普享式的全民免费医保，

---

① 所谓基于经验的类型构造遵循确定分析维度、分组分析经验规则、分析意义脉络和类型构造、描述构造类型的特征 4 项规则。参见 KLUGE S. Empirically Grounded Construction of Types and Typologies in Qualitative Social Research［J］. Qualitative Social Research，2000（1）：14.

实行分级医疗体制，由全科医生提供初级医疗服务，专科医生提供二、三级医疗服务，25%的全科医生和全部的专科医生及其他职员皆为 NHS 雇员，其他全科医生则是通过与 NHS 签订承包合同以供应商的身份来提供 NHS 服务。英国官方用语中的欺诈是一个广义概念，泛指虚假陈述、隐瞒实情和滥用职权以及贿赂、腐败等一切经济犯罪。英国国民医疗服务体系每年因为欺诈导致的损失高达 12.7 亿英镑，不遗余力地打击欺诈一直是英国国民医疗服务体系的重要内容，有学者连续多年对 NHS 的欺诈损失率进行测量，按照全球医疗卫生欺诈 4.57%的平均损失率，英国 NHS 的欺诈损失率的最低值和最高值在 1998—2002 年、2002—2006 年、2007—2008 年、2009—2014 年的区间内分别为 5.10%~6.72%、1.60%~3.90%、2.00%~9.30%、2.94%~3.49%[1]，足见反欺诈的力度和显著成效。

在英国，广义欺诈不仅仅指《反贿赂法》《反欺诈法》等单行法中的贿赂、狭义欺诈、腐败等具体的经济犯罪，也包括一切以 NHS 为受害对象的违法行为。NHS 反欺诈局（Counter Fraud Authority）官方网站上根据主体差异和制度关涉性将广义欺诈划分为 NHS 雇员欺诈、NHS 供应商欺诈、NHS 病人欺诈、第三方欺诈以及 NHS 制度漏洞引发的欺诈 5 种子类型，每种子类型项下又有三个层次的次子类型的划分，最后层次的子类型完全是对医疗卫生欺诈实践的经验描述。2014 年至 2015 年期间，NHS 官方数据显示，就已经发现的欺诈案件数量来看，NHS 雇员欺诈案件数量占全部欺诈案件数量的 59%，虚假病假申请是 NHS 最常见的欺诈行为；其他子类型的欺诈案件数量分别是：病人欺诈占 31%，第三方欺诈占 5%，供应商欺诈占 4%，NHS 制度漏洞引发的欺

---

① LEE J, BUTTON M. The Financial Cost of Healthcare Fraud 2015 [R/OL]. Center for Counter Fraud Studies of University of Portsmouth, 2020-02-15.

诈占 1%。①

表 3.3 英国广义欺诈类型模式的子类型：一般定义和实例

NHS 雇员	为 NHS 工作的个人或组织，包括受薪雇员、退休雇员、合同雇员（如全科医生、牙医、药剂师、眼镜商等） 实例：为虚构的或已故的患者开处方
NHS 患者	从 NHS 获得医疗服务或药品的患者 实例：篡改、伪造处方或假冒他人获得医疗服务或药品
NHS 供应商	向 NHS 提供医疗用品、设备或服务的个人或组织 实例：贿赂、虚假的报价和投标、价格操纵
第三方	与 NHS 无关联但欲从中获利的个人或组织 实例：假借 NHS 名义的电话诈骗、伪造政府采购卡并非法使用
NHS 制度	与 NHS 财务、绩效、激励和惩戒有关的欺诈 实例：故意伪造业绩记录、篡改财务账目以优化业绩

内容来自英国 NHS 反欺诈局（Counter Fraud Authority）官网资料的整理，https：//cfa. nhs. uk/。

英国的广义欺诈类型模式是典型的经验类型模式，具有多种标准结合、内容庞杂的特点，其优势在于能够包罗医疗卫生实践中所有有害于 NHS 利益的违规和违法行为，从低码高报、虚假账单等典型的医疗保险支付欺诈到 NHS 退休雇员对退休金的诈骗，子类型数量高达 123 种。此外，将医疗卫生实践中的具体欺诈行为予以描述性的类型呈现，有助于执法便利，民众能够按图索骥式地识别和举报欺诈行为。不过，这种经验类型模式也存在明显的不足，即经验描述有余，理论抽象不足，相当于定制了 NHS 雇员、NHS 供应商、NHS 病人、第三方以及 NHS 制度的 5 个大抽屉，实践中各种欺诈行为都可以塞进去，而 5 个子类型之间

---

① MIKKERS M，SAUTER W，VINCKE P，BOERTJENS J. Healthcare Fraud Corruption and Waste in Europe ［M］. Hague：Eleven International Publishing，2017：144.

的意义脉络的规范性无从体现，类型化在连接实存欺诈行为与实然法规范过程中的意义难以实现。

（四）腐败类型模式

近年来，欧盟层面日益重视对医疗卫生领域腐败的研究和打击，欧洲委员会先后于2013年、2017年发布《医疗卫生领域腐败研究》的报告，确立了以腐败为损害医保基金进行为的总括性类概念，医疗服务贿赂、采购腐败、不正当的营销关系、滥用职位和关系网、不正当的账单申请、欺诈和贪污为具体子类型的类型化研究进路，认为欧盟成员国医疗卫生部门都存在腐败问题，但是腐败的子类型和普遍程度各国不尽相同。

在腐败类型模式中，医疗服务贿赂、欺诈和贪污这三种子类型在欧洲各国通常被认定为经济犯罪，其法律规制的立法模式既有普通刑法的规制，例如，英国的《反欺诈法》《反贿赂法》，比利时的《刑法典》，波兰的《刑法典》中的专项条款，亦有医疗卫生领域的一般法规制，如荷兰的《医疗卫生市场规制法》，还有专项立法规制，例如，比利时《社会刑法典》规定的社会欺诈犯罪。而采购腐败、不正当的营销关系、滥用职位和关系网、不正当的账单申请四种子类型皆处于类型化内部体系的灰色区域，个人腐败与机构腐败交织混同，难以区分合法与非法、道德与不道德的明确界限，结合实践中的具体样态，明确不同子类型的法律属性和法律规制尚处于探索阶段。

腐败类型模式属于规范的理念类型，具有视野的宏观性、责难的多层次性以及认定的模糊性等特点。其优势在于全面考量损害医保基金的各种因素，以确定相应的治理对策；其不足亦明显，由于关涉了法律、规则乃至观念价值等多层次考量，极易陷入道德与法律、合法与非法的界分困惑中。

表 3.4 欧洲委员会腐败类型模式子类型：一般定义

医疗服务贿赂	为交换某种特权治疗而给予、索取或接受金钱或其他好处
采购腐败	从供应商处获得商品、服务和工程的全过程腐败
不正当营销关系	供应商与医疗服务供方或监管方之间与采购过程没有直接联系的互动
滥用职位和关系网	不当的高层互动，包括利益冲突、旋转门腐败、监管部门俘获
不当的补偿申请	虚假、不合理的账单申请
欺诈和贪污	欺诈是故意骗取他人获取非法利益；贪污是公职人员为私利非法挪用、使用或贩卖其受托管理的资金或财物。

内容源自 2013 年、2017 年欧洲委员会《医疗卫生领域腐败研究》报告。

综上四种类型模式虽具有典型性，但是并没有穷尽所有的医疗保险欺诈类型。从世界范围来看，医疗保险欺诈类型化进路的法律规制尚处于起步阶段，类型模式的选择既要考虑国际上医疗保险欺诈实践样态的共性，也要兼顾本国国情决定下医疗保险欺诈实践样态的特殊性。一方面，作为世界各国医疗卫生体制面临的共同顽疾，医疗保险欺诈的许多实践样态不分国别，如虚假发票、冒名顶替、回扣等，及时的经验分享有助于掌握医疗保险欺诈的国际动态，提高反欺诈工作的效率和效果；另一方面，由于各国的医疗卫生体制不尽相同，人们的价值观念、法律制度存在差异，导致医疗保险欺诈的实践样态或多或少具有本国的特殊性，是故，医疗保险欺诈类型模式的选择首先要从本国医疗保险欺诈的实践样态入手。

三、我国损害医保基金行为实践样态的考察

我国医疗保障制度一直处于深化改革的前进路上，随着基本医保的全民覆盖，保证医保基金的规范使用已成为我国医保基金监管的首要任务。2020 年国务院办公厅发布《关于推进医疗保障基金监管制度体系

改革的指导意见》，指出要"加大对欺诈骗保行为的惩处力度""综合运用司法、行政、协议等手段，严惩重罚欺诈骗保的单位和个人"，该种事后追责的规制格局必须以欺诈骗保的认定为前提，而欺诈骗保的认定恰是损害医保基金行为类型化的题中之义。

（一）损害医保基金行为表现与特点

由于医疗保险法律关系复杂，涉及主体众多，实践中损害医保基金的行为可谓五花八门，不胜枚举。笔者梳理了国家医保局发布的科普材料《医保政策问答手册》和《天津基本医疗保险规定》《安徽省基本医疗保险监督管理暂行办法》等地方立法、各级医疗保障局打击医保欺诈骗保专项行动中公布的典型案例以及最高法院裁判文书网上搜索到的相关裁判文书，从定点医药机构、参保人/患者与医保经办机构等主体角度，将我国损害医保基金行为典型的实践样态整理如下：

表5 我国损害医保基金行为典型样态

主体类型	行为表现
定点医药机构	虚构医疗；诱导住院、低标准住院；分解住院；挂床住院；重复收费；超标准收费；串换药品、耗材、诊疗项目；伪造医疗文书、票据；提供虚假发票；不合理医疗；为非定点医药机构提供刷卡记账；盗刷医保卡；虚假进销台账
参保人/患者	伪造医疗服务票据；出借医保卡；冒用他人医保资格；套取药品倒买倒卖；谎报伤因；虚构就业关系
医保经办机构	为不属于医保范围的人员办理医保待遇；违规支付医保费用；参与欺诈骗取医保基金

我国损害医保基金行为的实践样态在表现形式多样、主观恶性不一、危害程度不同等方面与欧美国家存在共性，同时也有自身的特殊性，表现为：

1. 合谋行为突出

不同于欧美国家合谋行为以医疗服务人员为主,我国损害医保基金的合谋行为既包括定点医药机构与参保人/患者、定点医药机构与医保经办机构工作人员、医保经办机构工作人员与患者/参保人等双方合谋,也包括双方定点医药机构、参保人/患者、医保经办机构工作人员三方合谋。例如,诱导住院、挂床住院、串换药品与诊疗项目、提供虚假发票、为非定点医药机构提供刷卡记账等欺诈行为都需合谋才能完成。医疗费用即时结算政策实施后,单方骗保难度增加,合谋骗保渐成我国损害医保基金行为的新趋势。[1]

2. 某些行为已成潜规则

损害医保基金行为与医疗保险事业相伴生,我国当前医疗保障制度仍然存在着城镇职工和城乡居民、门诊与住院、慢性病与普通病医保补偿的差异,利益失衡极易诱致过度医疗等损害医保基金行为。而在"放管服"改革背景下,社会办医门槛降速过猛,引致民营医疗机构数量非理性扩张。[2] 由于缺乏优势医疗资源,难以吸引患者就医,所以,许多民营医院将医保基金视为"唐僧肉",欺诈骗保行为屡禁不止。其中,伪造医疗文书是阴阳处方的惯用伎俩,即由医生通过虚增住院天数、虚开药品、虚增医疗项目等手段给患者开出两套贵贱处方,价格昂贵的处方用于报销医保,价格便宜的处方用于患者实际治疗。[3] 此外,医保支付机制也会影响损害医保基金的行为表现,例如,许多三甲医院的分解住院就是医疗机构在按病种付费的支付方式下,寻求收治医保危

---

[1] 陈起风. "救命钱"沦为"唐僧肉":内在逻辑与治理路径 [J]. 社会保障研究,
2019(4):46.

[2] 陈起风. "救命钱"沦为"唐僧肉":内在逻辑与治理路径 [J]. 社会保障研究,
2019(4):47.

[3] 例如,湖南省长沙普济医院 2013 年至 2016 年通过阴阳处方等手段骗取医保基金高达 1500 多万元。2020-01-18.

重患者与保证医院效益之间平衡的不得已做法。

随着区域点数法总额预算及按病种分值付费（DIP）和按疾病诊断相关分组（DRG）支付方式在我国各城市的试点，以及远程医疗的使用与推广，损害医保基金行为的实践样态势必翻新。

（二）我国损害医保基金行为类型化进路的缺失

损害医保基金行为实践样态复杂多变，对其进行类型化规整有助于连接损害医保基金行为与实然或应然的法规范，实现法治化治理。然而，从我国当前的立法、实务和学界研究来看，损害医保基金行为类型化进路尚未真正开启。

就立法而言，我国对损害医保基金行为的立法规制一直以打击欺诈骗保为核心。《社会保险法》第 87 条和第 88 条只是从"社会保险经办机构以及医疗机构、药品经营单位等社会保险服务机构"、参保人/患者等主体与"欺诈、伪造证明材料或者其他手段骗取"行为两方面概要地描述了欺诈骗保及相应的行政追责，初步架构了社会保险欺诈的法律规制框架。

2014 年全国人大常委会关于《中华人民共和国刑法》第 266 条的解释将"欺诈、伪造证明材料或者其他手段骗取"医保基金或待遇的行为定性为骗取公私财物行为，以一般诈骗罪入刑，从而明确了基本医保欺诈的刑法规制。由于框架性有余，具体化不足，上述立法与立法解释难以因应我国鲜活的医疗保障实践。至于地方立法，由于属于解释性、执行性规定，多是从参保人/患者、定点医药机构、医保经办机构等主体角度将实践中损害医保基金行为进行简单归类和直观描述。① 这种对事实的简单归类虽然便于执法操作和民众理解，但是却削弱了立法

---

① 参见《安徽省基本医疗保险监督管理暂行办法》《天津市基本医疗保险规定》《云南省医疗保险反欺诈管理办法》等地方性立法。

本应具有的抽象性和规范性；而且，描述性的事实罗列缺乏前瞻性，凸显了法规范滞后性的弊端。2021 年 2 月，国务院颁布《医疗保障基金使用监督管理条例》，规制对象由欺诈骗保扩充到非骗取类的违规违法行为、贿赂、侵占、挪用等全领域的损害医保基金行为。虽然该条例区分违法主体、违法行为分别设置相应的法律责任，能够满足执法效能的要求，但是，该条例对违法行为种类的条文规定仍显直观描述有余、抽象规整不足。①

行政执法是规制损害医保基金行为的主力军。2019 年由国家医疗保障局印发的《医保政策问答手册》面向广大群众，起到了医保政策宣传的作用。其中，针对医保基金监管，分别从定点医疗机构、定点药店、参保人员、医保经办机构工作人员等主体面向列举了 17 种损害医保基金行为，皆为实践样态的直观呈现，符合政策宣传的定位，容易为相关人员和民众所理解。

面对林林总总的损害医保基金行为，我国学界多关注欺诈行为的归纳整理，就现有的研究成果来看，主要有以下三个视角：一是选取典型基本医保欺诈行为进行罗列铺陈，分析其特征、原因并提出防范建议；② 二是从制度流程角度将基本医保欺诈划分为参保缴费欺诈、管理欺诈和待遇支付欺诈三种类型，并重点分析待遇支付欺诈中典型的基本医保欺诈行为及其规制对策；③ 三是从参保人员、定点医药机构和医保经办机构三方主体视角，结合实践中的典型案例，将基本医保欺诈划分为单一主体骗保和复合主体骗保两种大类型，进而剖析其各自的内在逻辑和治理路径。④ 综上研究成果，皆是将基本医保欺诈分类作为前提铺

---

① 参见《医疗保障基金使用监管条例》第 38 条、第 40 条。
② 参见李亚子，尤斌. 医疗保险骗保特征分析［J］. 中国社会保障，2015（2）：77.
③ 参见娄宇. 规制基本医保支付欺诈行为的思考［J］. 中国医疗保险，2018（5）：9.
④ 参见陈起风. "救命钱"沦为"唐僧肉"：内在逻辑与治理路径［J］. 社会保障研究，2019（4）：46.

垫，目的在于引出后文更重要的原因剖析和对策建议，类型划分并非学者研究的核心，而只是现实背景的概要叙述。

德国法学家考夫曼曾言："出自事物本质的思考即类型学的思考。"① 类型化是一种带有价值导向的探索进路，而当前我国无论立法、实务还是学术研究对损害医保基金行为只有简单的具象分类，尚无类型化的抽象规整。类型与具体事物的趋近有关，对于法及法学而言，更重要的是那些自始就包含规范性因素的类型。② 损害医保基金行为的法律规制只有在类型化进路下才有可能合理展开，而类型模式的选择是首先要解决的问题。

四、我国损害医保基金行为的类型模式选择与构造

（一）违反诚信：损害医保基金行为类型化的意义脉络和维度

每一种类型都基于属性组合的空间，空间中的每一种属性之间不仅具有经验上的相关性，而且也有意义脉络的联系。根据类型化的构造规则，分析维度和意义脉络是从经验现实到抽象规整的关键。③

违反诚信（integrity）是国际社会对损害医保基金违法行为的普遍共识。④ 在我国，诚信是一个多义词，既可以指当下力畅践行的社会主

① 林立. 法学方法论与德沃金 [M]. 北京：中国政法大学出版社，2002：147.
② ［德］卡尔·拉伦茨. 法学方法论 [M]. 陈爱娥，译. 北京，商务印书馆，2005：340.
③ KLUGE S. Empirically Grounded Construction of Types and Typologies in Qualitative Social Research [J]. Qualitative Social Research，2000（1）：14.
④ 在英语中，integrity 是指与个人品性相关的诚信、正直、廉洁，而 good faith 则是与精神状态相关的善意、诚实、不欺，损害医保基金行为除了虚假陈述、隐瞒真相的欺诈行为，还包括与正直、廉洁品性相关的贿赂等腐败行为，因此，integrity 诚信涵盖范围要较 good faith 诚信宽泛。可见，英语中诚信的语词表达具有内涵的差异，相应的汉语翻译必然存在着语境适用的多义性，但法学界似乎皆用 good faith 阐释诚信。上述关于 integrity 和 good faith 的释义参见元照英美法词典 [Z]. 北京：北京大学出版社，2013：710. GARNER B A. Black's Law Dictionary（Eighth Edition）[Z]. Eagan：Thomson West，2004：713.

义核心价值观，也可以指民法王国的帝王条款。在西方的公共治理领域，诚信被定义为符合社会普遍认可的道德价值观、规范的行为品质。违反诚信则是指违反社会普遍认可的道德价值观、规范的行为。① 违反诚信不仅仅是是非对错的认定，更重要的是通过违反诚信行为的类型划分有针对性地优化公共治理政策。虽然国际组织和理论界对诚信的类型整理各有差异，但是医疗卫生领域中的滥用、欺诈和腐败被普遍归为严重的、具有违法性的违反诚信类型。②

　　类型化不是简单的分组归类，而是将一定的意义脉络贯穿来自经验世界的各个属性的始终。我们将违反诚信作为我国损害医保基金行为类型化的维度和意义脉络，主要基于以下考量：首先，违反诚信一词本身就蕴含规范意义，具有明显的价值评价导向。诚信是一种是非善恶评判的价值观，在法学上，诚信又被称为诚实信用，即秉持诚实，恪守诺言。③ 而从词义结构来看，诚信由诚实和信赖构成，通常发生在双边法律关系中，此方的诚实是彼方信赖的基础，进而才能有良性运转的合同交易、证券交割、劳动给付、税务征收以及医保支付等。简单来说，违反诚信就是不诚实（dishonest）的行为，具有主观上的非善意以及道德上的可谴责性。就实质而言，违反诚信是此方凭借双边法律关系的存在，利用彼方的信赖，谋求私利的败德行为甚或违规违法行为。此外，类型化不是"非黑即白"的绝对概念界定，而是"或多或少"的程度

---

① LASTHUIZEN K，HUBERTS L. How to Measure Integrity Violations［J］. Public Management Review，2011（13）：385.

② 非营利组织透明国际（Transparency International）将违反诚信行为归纳为腐败、欺诈、滥用、规制者俘获、旋转门政治、挪用、勾结、裙带关系等。而荷兰有学者通过对警察系统的调研，将违反诚信规整为：腐败、欺诈和盗窃、遭质疑的兼职工作、滥用信息、对同事或他人的歧视或恐吓、滥用权力、浪费和滥用资源、犯罪行为。LASTHUIZEN K，HUBERTS L. How to Measure Integrity Violations［J］. Public Management Review，2011（13）：385.

③ 参见《中华人民共和国民法典》第7条。

排序，违反诚信以主观上的非善意为主要认定标准，而主观上的非善意是有程度差异的，如故意、重大过失、一般过失、轻微过失，可以说，违反诚信一词与类型化方法高度契合。

其次，违反诚信的分析维度能够涵盖损害医保基金行为类型化体系中的不同属性。违反诚信对行为是非对错的评价通常要结合主观善恶的考量，而从上文对损害医保基金行为类型化模式的阐释中可以发现，损害医保基金的行为并非都具有主观上的恶性，有些损害是由于无心之过导致，那么对于这些无意的错误，违反诚信如何体现一以贯之的意义脉络的作用呢？笔者认为，违反诚信不仅仅贯穿不诚实行为主观恶性程度评价的始终，而且也在类型构造过程中充当了客观评价与主观评价的划分标准。具体言之，针对所有损害医保基金的行为首先要进行客观评价，即判断行为是否违反法律、法规和诊疗规范，是否存在不合理的过度医疗，如果答案是肯定的，就进入主观评价阶段，考察行为人的主观意图①，一旦有充分证据显示行为人不具有主观恶性，则该行为就不属于违反诚信，可以按照错误来确定其法律规制路径。

综上，违反诚信既可以成为纵向不诚实行为主观恶性程度的评价尺度，也可以充当横向善恶意图行为的界分标准，因此，我们把违反诚信作为损害医保基金行为类型化的维度选择是合适的。

（二）浪费类型模式的选择与改良

比较上文介绍的四种类型化的典型模式，结合实际国情，我们认为浪费类型模式更为可取。首先，广义欺诈类型模式与腐败类型模式缺陷明显。广义欺诈类型模式包罗万象，只有实践样态的直观描述，缺乏规范性的抽象规整，子类型之间没有层次性和流动性，不是真正的类型

---

① 此处关于损害医保基金行为的主客观评价只是一个简化的流程勾勒，针对一般常规场景，不涉及违法阻却事由。

化，充其量是原始的、经验的、简单的分类组合，无法胜任连接实存样态与实然和应然法规范的作用。腐败类型模式从宏观政策优化角度审度医疗卫生领域的败德行为和违法违规行为，涉及道德谴责与法律责罚双层面，偏重于政府治理的应对，俨然是多学科共同努力下的宏大叙事，具有前瞻性、规划性和长期性的特质，非我国当前打击基本医疗保险欺诈亟须的应对指南。

其次，从国情考量，浪费类型模式优于不当支付类型模式。不当支付类型模式是对美国损害医保基金行为实践样态的抽象规整，表面上集中打击影响公共医疗保险基金支付环节的败德和违法违规行为，实质上子类型所涵盖的内容已囊括回扣、转介等欺诈的中间环节。从医疗卫生体制来看，美国没有覆盖全民的公共医疗保险，著名的 Medicare 和 Medicaid 只针对 65 岁以上的老人、残疾人、重病患者和低收入人群，大多数人只能通过购买商业医疗保险来自保。针对医疗保险欺诈和滥用行为，美国拥有完备的立法体系和强大的执法队伍。《虚假陈述法》《反回扣法》《医生自我转介法》是打击医疗保险欺诈和滥用的主要依据，此外还有《社会保障法》《健康保险可携带和问责法》《患者保护与平价医疗法》等对医疗保险欺诈严苛制裁的专项规定，以及关于邮件和电信诈骗等一般法的适用；美国 HHS 内部设有医疗照顾与医疗补助服务中心和监察长办公室，主要或专门负责打击医疗保险欺诈和滥用的执法工作，联邦政府每年都有高达数亿美元的反欺诈和滥用执法行动的专项拨款。诚信合规先行，法律制裁垫后是美国打击医疗保险欺诈和滥用的渐进路径。另外，美国是世界医院信息系统研发、应用的领跑者，2009 年《健康信息技术促进经济和临床健康法》（*the Health Information Technology for Economic and Clinical Health Act*，HITECH Act）颁布后，电子病历快速普及，当前约有90%以上的医院使用电子病历，保证了医疗数据的共享与交互，疾病诊断组（DRG）定额支付制的改革迫使医院采用计算机处理技术的信息系统，信息技术的采用也促进了远程医疗的日渐兴起。在医疗信息化的背景下，美国公共医疗保险欺诈的实践样态也不断翻新，例如，与编码技术有关的低码高报、分解编码等不当编码行为，身份窃取等电子病例类违法行为。从人群分布来看，美国公共医疗保险欺诈和滥用主要集中于医务人员和医疗设备供应商，在美国 HHS 监察长办公室的官方网站上公布的典型医疗保险欺诈和滥用案例基本上都与医院、医务人员以及医疗设备供应商有关。综上，美国医疗卫生体制独特，医疗保险欺诈和滥用是典型的白领犯罪，虽然打击力度日益强化，但是仍然无法阻遏医疗保险欺诈和滥用的愈演愈烈的势头。

相形之下，浪费类型模式更为优选。一方面，采纳浪费类型模式的比利时、荷兰和波兰等国家实施全民医疗保险政策，公立医院占很大比重，与我国国情相近。另一方面，欧洲国家的医疗体系堪称世界典范，在 2018 年的欧洲健康消费者指数（Euro Health Consumer Index）排名中荷兰、比利时分别位列第 2 位和第 5 位。在保证患者医疗服务可及性、公平性和高质量的同时，欧洲各国非常重视医疗卫生系统免受欺诈、腐败等行为的侵害，2005 年成立的非营利组织 EHFCN 旨在加强欧洲各国医疗卫生领域反欺诈的合作，强调经验的交流和互享。浪费类型模式是 EHFCN 对各国多样态的欺诈、腐败行为试图统一合作交流标准的多年探索成果。许多欺诈、腐败样态与我国医疗卫生实践中的违规违法行为相似，例如，非正式支付（informal payment）。① 此外，欧洲国家的医疗费用支出平均值是其国内生产总值的 9%，远远低于美国近 18% 的数值，与我国个位数的占比更为接近。总之，考虑到医疗保险全民覆盖的相近性、医疗卫生效果的优良性、违规违法行为的相似性，我们采纳欧

---

① 非正式支付就是患者私下里将一定数额的现金交给医生，以换取提前获得医疗服务或获得更优质的医疗服务。

洲的浪费类型模式作为我国基本医疗保险欺诈类型化模式的选择。

最后，阶段性与操作性视角下浪费类型模式的改良。虽说医疗保险欺诈与医疗保险事业相伴生，但是我国对基本医疗保险欺诈的法律规制真正产生实效的时间既不是 1998 年城镇职工基本医疗保险制度的建立，也不是 2011 年《社会保险法》的实施，而是 2014 年 4 月全国人大常委会对《刑法》第 266 条做出将欺诈骗取医保基金定性为一般诈骗罪的立法解释。[1] 不过通过司法裁判确证骗保入刑的后果并未在广大民众观念中得到共识，医保基金被视为唐僧肉，不占白不占，法不责众的侥幸心理仍然大行其道。2018 年 3 月国家医疗保障局成立后，打击基本医疗保险领域中的欺诈骗保行为成为其首要工作，各种形式的公众宣传、监督检查以及专项治理行动渐成常态，以零容忍的态度对欺诈骗保行为形成高压态势的打击。至此，我国真正开启了打击医疗保险领域欺诈骗保事业的序幕。

由于处于初启阶段，我国基本医疗保险反欺诈事业存在法律依据不足、执法队伍有待充实、执法专业化程度有待提高、跨部门协同治理有待强化等诸多问题，而且还面临着医疗保障制度的不断变革，因此，我们在采用浪费类型模式时应该考虑阶段的发展性和实务操作的便利性，以开放性和包容性的特质来改良 EHFCN 浪费类型模式。

具体言之，原版 EHFCN 浪费类型模式将医疗卫生领域中的浪费划分为不正确账单（违反规则）与不合理服务或过度消费（违反循证医学指南或善良家父原则）两大类型，继而根据主观无意或有意、恶性程度将损害或侵害医疗保险基金的行为依次排序为错误、滥用、欺诈和腐败，并分别对应不同的规制手段。而我国当前的实际情况是：规制基

---

[1] 截至 2018 年 12 月 31 日，笔者通过中国裁判文书网检索到关于基本医疗保险欺诈的典型案例 97 个，发现 2014 年 4 月之前司法裁判仅占 25%，而 2014 年 4 月以后的相关裁判数量高达 75%。

本医疗保险欺诈的法律法规较为匮乏，源自循证医学的临床路径管理模式刚刚开启，善良家父原则亦未取代法官们对"诊疗规范"的过度依赖，① 如此，我们不宜以行为的依据为标准对浪费进行类型划分，单从主观无意或有意、恶性程度对浪费予以类型化不失为简化可行且具有框架发展空间的改良路径。

（三）我国改良版浪费类型模式的具体构造

在医疗卫生事业中，国际上已对浪费的界定基本达成共识，即在不降低医疗卫生质量的前提下可以消除的医疗卫生支出。② 浪费是一个包容性很强的概念，考虑到本书的主旨在于医保基金的安全保障，因此我们需要对浪费的概念有一个范围的限定。简言之，基本医疗保险中的浪费是指损害医疗保险基金的各种不当支付，且消除不当支付并不会降低医疗卫生质量。

我国基本医疗保险浪费类型模式的具体构造不能为规制而规制，尚需兼顾基本医疗保险事业的根本目的。解除人民疾病医疗的后顾之忧是医疗保险事业的根本目的，遏制浪费与不降低医疗保障水平之间必须寻求平衡，既不能矫枉过正，亦不能纵容无为，提升基本医疗服务的实效性和价值性以保证人民的基本医疗需求才是我国开展基本医疗保险事业的初心，亦是归宿。

针对基本医疗保险实践中的各种欺诈骗保行为，我们以浪费作为总括性概念，根据违反诚信的脉络主线，按照无意与有意、主观恶性轻重程度将损害医保基金的浪费行为划分为错误、滥用、欺诈和腐败四种子

---

① 根据《中华人民共和国民法典》第 1222 条第 1 项规定，我国司法系统对医疗过失判定存在以"诊疗规范"为中心的弊端，导致善良家父、理性人等这类客观医疗注意义务的边缘化。参见熊静文. 诊疗规范中心论与医疗过失的判定 [J]. 浙江社会科学，2019（7）：38.

② Fighting Fraud & Corruption in Healthcare in Europe：a work in progress（2016）[R/OL]. European Healthcare Fraud &Corruption Network，2020-03-18.

类型。由于这四种类型皆具有规范属性，因此，本书将从定义、实例、构成要件、法律规制应对等方面逐一剖析。

1. 错误

错误是一个多义概念。从语词含义来讲，错误是指不正确、与客观实际不符。① 英语中的错误（error）来自拉丁语，韦伯（Merriam Webster）词典中错误有三层含义：无知（ignorant）或轻率（imprudent）地偏离行为准则的行为或状态；无意中（unintentional）偏离事实或准确度的行为；由于无知（ignorance）、不足（deficiency）或意外（accident）而偏离或未能达到应有判断的行为。上述词源定义或从认知原因或从行为客观呈现两方面界定错误，皆具有明显的价值评价色彩。

法律意义上的错误是一个具有丰富的理论维度和交织着实践困惑的概念。典型如民法关于意思表示错误和刑法上的认识错误。民法上的意思表示错误是指表意人内心的效果意思与表示行为不一致，且该不一致不为表意人所自知，② 由此产生意思表示行为的可撤销或无效结果。而刑法上的认识错误是指行为人对自己的行为的刑法性质、后果和有关事实情况的不正确认识，包括法律认识错误和事实认识错误。从功能角度来看，民法上的意思表示错误旨在救济表意人，使其摆脱因自身错误而生成的民事法律行为的束缚，是对错误表意人自由意志的维护。刑法上的认识错误旨在考量行为人是否因为自己的法律错误和事实错误免除刑罚或减轻刑罚，"不知事实无害，不知法律有害"的古老规则衍生了广为流传的"不知事实免责，不知法不免责"格言。③

基本医疗保险支付中的错误是指无意中的操作失误或违反规则导致

---

① 罗竹风. 汉语大词典（第11卷）[Z]. 上海：汉语大词典出版社，1993：1315.
② 陈华彬. 论意思表示错误及我国民法典对其的借镜 [J]. 法学杂志，2017（9）：32.
③ 熊樟林. 行政处罚上的"法盲"及其规范化 [J]. 华东政法大学学报，2020（1）：125.

获取不该得到的补偿利益，是一种事实行为，包括事实认识错误和规则认识错误。前者如操作失误导致的编码错误，后者如出于无知对普通鼻炎开出抗生素的药方。事实认识错误属于构成要件错误，不具有主观上的故意和过失，可以阻却行政法、刑法的制裁。在行政法和刑法中，违法性认识错误不影响法律责任的追究，不过，该铁律在基本医疗保险领域需要限缩认识对象范围至法律法规而非诊疗规范，原因在于医疗卫生领域有上千种的诊疗规范，而且随着医疗信息化建设，统一的编码标准势必成为医疗信息交换的通用语言，无论是诊疗规范还是编码标准都属于规则范畴，要求每一位医务人员对数量众多、内容繁复的诊疗规范和编码标准全部了然于心，似乎强人所难、不合情理，允许一定范围失误的存在才是人性关爱的体现。①

在类型化进路中较优的不当支付类型模式与浪费类型模式皆将错误列为子类型次序的首位，其原因当是将违反诚信作为不当支付和浪费本质属性予以规范，违反诚信是对行为人主观故意和过失的否定评价，直接决定着可归责性的判断。然而，"无论是法律规则还是道德规则，都不能强加人们以灵巧的义务"，② 不当支付和浪费亦可能源于行为人主观上的无意识（unintentional）的错误。例如，在医疗信息化系统下，编码数量众多且规则复杂，医务人员无意识的操作失误导致低码高报的错误较为常见；由于计费环节配备多人负责导致同一医疗服务或医疗用品重复计费的错误也时有发生。主观上的无意识不是故意和过失，无意识的错误自然不属于违反诚信的行为，进而不应存在可归责性的问题。

---

① 我国医疗保障领域信息化、标准化工程尚处于初启阶段，医疗机构在疾病诊断时录入与上传医保编码难以保证百分之百的准确率。有实证研究显示，定点医院的诊断正确率高达 74.37%，但是给医保局上传编码时正确率仅有 35.7%。参见徐长妍等. 吉林省医保定点医院上传 ICD-10 编码现状研究 [J]. 中国病例，2017（8）：11.

② 吴汉东. 私法研究（第 3 卷）[M]. // 张民安. 法国侵权责任根据研究 [M]. 北京：中国政法大学出版社，2003：327.

简言之，基本医疗保险中的无意识错误处于合法合理行为与违反诚信行为之间，是医保基金安全保障与行为人善意维护的平衡设计，对错误人责罚的减免正是法律上错误制度的本质体现。

基本医疗保险支付中错误的构成要件如下：（1）医疗服务供方、患者/参保人与医保经办机构工作人员实施了虚假陈述或隐瞒真相的行为；（2）结果导致了医保基金的损失；（3）医疗服务供方、患者/参保人与医保经办机构工作人员没有意识到其实施的是虚假陈述或隐瞒真相的行为。结合构成要件，基本医疗保险支付中错误的认定的一般路径是客观行为+损害结果+因果关系+主观意识。具体言之，首先要考察客观上是否存在与真实情况不符的行为，如果存在，继而考察是否存在医保基金损害的结果，然后判断行为与医保基金损害结果之间有无直接必然的无因果关系，最后，考察行为人主观上对其错误行为是否有意识，纯粹个体的主观意识还原是难以做到的，但客观理性人标准却适宜操作，对于医务人员和医保经办机构工作人员而言，可以用职业理性人标准衡量，而患者/参保人则可用中等智识的理性人标准来衡量。

除了上述构成要件考量外，实践中尚需结合个案的具体情况，综合行为的次数、危害性大小来判断是否存在错误，例如，偶尔一次行为可算错误，两次以上行为恐怕就难说是无意的错误；结果危害性大小与主观上的谨慎程度呈正相关性，造成医保基金的巨大损失，自然要求主观上更高的谨慎程度。

综上，医保基金支付错误类型是在保障医保基金安全的前提下对无意错误人的宽宥。由于错误导致医保基金支付的信赖前提丧失，故错误行为人需承担返还补偿款项及利息的信赖利益损害赔偿责任。"不虑于微，始成大患；不防于小，终亏大德"，错误虽是无心之过，但其根源还在于合规自律的懈怠，尤其是对医疗服务供方和医保经办机构而言，建立完备的合规管理体系并付诸实施是其防止和减少错误的不二之选。

因此，对医保基金支付中错误的法律规制重点应以合规规制为主。

2. 滥用

从词语的平义解释来看，《辞海》中滥用是指过度、无节制。韦伯电子词典中滥用是指错误的不当使用特权、使用过度、欺骗、辱骂、虐待等行为。可见，过度、无节制是国内外对滥用的通常的平义解释。就法律视角而言，滥用并非一个专门的法律语词，其在法律文本中常常以前缀或后缀修饰词的形式出现，表达主词的过度和无节制，如滥用职权、权利滥用等。

在医保基金支付中滥用作为违反诚信行为类型化次序排列的首位，有必要明确其含义、构成要件和法律规制应对。根据美国不当支付类型模式和 EHFCN 浪费类型模式对滥用的定义，结合我国基本医疗保险制度的实际国情，滥用可以被定义为：利用规范（主要指技术性的诊疗规范和医保政策）的不确定性或漏洞，故意曲解规范导致医保基金的不合理支出。医疗服务供方的过度医疗、分解住院属于典型的滥用行为。

在美国，滥用是较为严重的违反诚信行为，会遭受民事制裁甚至刑事制裁。由于滥用和欺诈的分界较为模糊，医疗保险反欺诈业界一般将欺诈和滥用合并称呼，泛指一切应受法律制裁的不当支付行为。例如，不正确编码中的低码高报既可能是错误、滥用也可能是欺诈，需要综合考量具体事实、周围环境、主观意图和知识背景等众多因素。不过，美国滥用与欺诈常常混同，致使医疗服务供方动辄得咎，疲于应对，甚至在某种程度上阻碍了医疗行业的改革和创新。虽然笔者没有搜索到关于 EHFCN 浪费类型模式的详细规范意义的阐释，但是根据公开的浪费类型矩阵图，从次序排列和规制应对内容来看，滥用与欺诈是有轻重程度之分的。可见，滥用是一种轻微的违反诚信行为，是处于违法边缘的不合理行为，其法律性质属于事实行为。

滥用的构成要件有：（1）客观上实施了曲解规范和规避规范的行为。在医保基金支付过程中，过度医疗是指医疗服务供方在非医学目的驱使下，实施的超过基本医疗必要性的诊断和治疗的医疗行为和医疗过程。例如，无疾病指征和相关性的过度检查。① 如果说过度医疗是曲解规范，则分解住院就是规避规范。分解住院是指医院在住院患者尚未痊愈的前提下，为病人多次办理出院、住院手续的行为。② 分解住院往往与不合理的医保支付模式有关，例如，我国有些地方采用次均费用控制支付模式，机械地将每一次住院不超过多少天、两次住院间隔不能少于多少天这些非常具体的数字作为医疗费用控制的措施，为了避免单次住院费用超支，自行承担医疗费用，医院不得不通过分解住院来规避不合理的医保支付制度。（2）规范存在裁量空间。医疗卫生领域，患者个体和疾病原因的差异性、诊疗结果的不确定性、医疗技术的发展性以及人的有限理性都决定了医疗服务的供给无法如一般商品供求关系那样具有可把控的规律性，医学诊疗是医疗专家掌控的技术性裁量领地，这决定了事先制定的规范应该是框架的、原则性的，给医疗专业人员预留出"选择"和"判断取舍"的空间、幅度或者余地。③ 然而，希波拉底誓言并非铭刻于每一位医疗服务人员心中，外在盈亏自负的压力与内在私

---

① 法学界对过度医疗的界定通常是基于原《侵权责任法》中的医疗损害责任而展开，关注的是过度医疗对患者的侵害，而本书关注的是对医保基金的损害。除了侵害对象的差异外，侵权责任中的过度医疗认定的法定标准是"诊疗规范"（原《侵权责任法》第 63 条），而基本医疗保险中的过度医疗认定的法定标准是"基本医疗保险药品目录、诊疗项目、医疗服务设施标准以及急诊、抢救的医疗费用"（《社会保险法》第 28 条），显然前者范围大于后者。除此，侵权责任中的过度医疗以医疗服务供方的单边过错为归责原则，而基本医疗保险中的过度医疗往往存在着医疗服务供方与患者/参保人之间的合谋过错，盖由基本医疗保险特有的第三方付费制使然。可以说，基本医疗保险中的过度医疗更具有隐蔽性，容易发展为行业潜规则。
② 陈剑芳. 分解住院 AO 审计方法与实例 [J]. 审计月刊, 2015 (3): 29.
③ 杨建顺. 论行政给付裁量的规制完善 [J]. 哈尔滨工业大学学报, 2014 (5): 3.

欲膨胀的驱动会激发诊疗裁量权的滥用，产生过度医疗。① （3）客观实施的曲解规范和规避规范的行为结果导致医保基金的不合理支出。（4）主观上具有曲解、规避规范以获取不正当利益的故意。由于医疗领域的规范具有专业性和裁量性的特点，判断是否具有曲解、规避规范以获取不正当利益的故意尚需医学专家参与，横向对比业界同行间的相同或相似的医疗行为和医疗过程，综合病患的个体情况，给出恰当的判定。

　　至于滥用的法律规制应对，可以从滥用产生的原因和危害后果两方面着手。就产生的原因来讲，规范的不确定性和漏洞是诱致滥用产生的主要原因，因此，修订已有规范和制定新规范应为规制之道。从危害后果来看，可从法律责任入手，救济医保基金损失和制裁滥用行为人。具体言之，基于参与主体之间的法律关系可有两种法律责任：首先，医保经办机构与医药服务供方之间存在医疗服务协议关系，尽管业界对医药服务协议的法律属性有民事合同、行政合同与行政私法合同之争，② 但并不影响违约责任的存在。医疗服务供方过度医疗违反诚信，是对合规义务的违反，理应承担违约责任，违约责任形式主要有返还医保基金支付的款项、约谈、限期整改、暂停支付、拒付费用、暂停或终止协议

---

① 　当然，规范存在裁量空间不是过度医疗的唯一原因，为避免陷入诉讼纷争的防御性医疗也会导致过度医疗。

② 　娄宇认为将医疗服务协议认定为民事合同有利于挖掘民法规制手段在打击欺诈骗保中的积极作用。参见娄宇. 论医疗服务协议对骗保行为的规制方法［J］. 中国医疗保险，2018（10）：19. 李鹏和余军华认为，医保经办机构的职能是法定赋权，在履约过程中享有监督、指挥、单方变更和解除权等行政优益权，并以行政复议和诉讼为权利救济方式，因而医保协议并非平等主体间的意思表示，属于行政协议。参见李鹏. 社会保险经办机构能否单方解除与定点医院的医疗服务协议［J］. 中国劳动，2006（3）：42. 余军华. 关于基本医疗保险服务协议法律定位的探讨［J］. 河北能源职业技术学院学报，2009（4）：48. 吴梦曦认为医保协议所保护和协调的利益是多方的，应引入行政私法理论，将医保协议认定为行政私法合同。参见吴梦曦. 医保协议法律性质探索——兼谈医保社会治理［J］. 医学与法学，2019（4）：66.

等。其次，拥有行政执法权的行政机构与医疗服务供方之间具有监督执法的行政管理关系，对滥用行为可从行政责任角度予以行政制裁。行政责任的形式主要包括罚款、责令停业整顿等。除此，行政执法部门强化常规性的监督检查亦可压制滥用的势头，而医药服务供方自身合规体系建设能够内化诚信价值观的塑造，进而从根本上减少乃至杜绝滥用行为。

3. 欺诈

欺诈是不同法部门规制的不法行为。学界通常认为欺诈主要包括民法欺诈和刑法欺诈两种类型，民法欺诈又包括法律行为欺诈和侵权欺诈，而刑法欺诈主要指虚假陈述的欺诈犯罪和非法占有目的的刑事诈骗。① 实际上，欺诈有法律行为层面的欺诈和法定主义层面的欺诈之分，除了法律行为层面的欺诈由民法调整外，法定主义层面的欺诈广泛存在于商法、行政法、刑法、社会法等法部门中，其内涵符合古罗马时期拉贝奥所界定的"一切为蒙蔽、欺骗、欺诈他人而采用的计谋、骗局和手段"，这也是欺诈的本源含义。就法律性质而言，非民法的其他法部门规制的欺诈多为事实行为，具有侵害性，属于法定主义层面的欺诈，重在对法律责任的追究。②

基本医疗保险欺诈属于法定主义层面的欺诈，法律规制内容以构成要件和法律后果为主。相较于广义欺诈横向涵摄的宽泛性、狭义欺诈入罪刑罚的限定性，中义欺诈因其内涵普适于多语境，故宜成为我国基本医疗保险欺诈采纳的欺诈概念，即组织或个人基于故意而虚构事实、隐瞒真相致使医保经办机构因此产生错误认识，进而导致医保基金支付，从而应承担相应法律责任的行为。

欺诈的构成要件主要有：（1）客观上有虚构事实、隐瞒真相的行

① 陈兴良. 民事欺诈和刑事欺诈的界分［J］. 法治现代化研究，2019（5）：1.
② 杨华. 社会保险欺诈的界定［J］. 河南财经政法大学学报，2016（4）：42.

为。例如，医疗服务供方的虚构医疗、伪造医疗文书和票据、提供虚假发票等行为；患者/参保人的伪造医疗服务票据、冒用他人医保资格、套取药品倒买倒卖、虚构就业关系等行为；医保经办机构工作人员为不属于医疗保障范围的人员办理医保待遇、违规支付医保费用；参与欺诈骗取医保基金等行为。（2）欺诈行为使经办医保基金支付的工作人员产生错误认识，即以假为真。（3）基于错误认识医保基金支付了医保待遇，造成医保基金的损失。（4）行为人具有非法占有医保基金的故意，主观恶性严重，具有当然的可责难性。

构成要件的欺诈因违法情节轻重、危害后果大小以及主观故意之源可宽宥与否而存在着程度的差异，由此决定了法律规制的层次性。具体言之，法律制裁是基本医疗保险欺诈规制的主要应对，而法律制裁又有民法、行政法等前置法制裁与刑法的补强法制裁之分，[①] 从世界医疗保险反欺诈的实践来看，行政制裁是主力军，刑事制裁是最终保障。[②] 我们将以出借医保卡为例，剖析具体情境下行为的属性和法律规制的层次性。

出借医保卡是较为常见的一种欺诈行为，实践中有三种具体表现形式，主观恶性程度存在差异：一是家庭成员之间的借用。在统筹账户与个人账户相结合的制度背景下，家庭成员之间借用医保卡可以分为统筹账户资金使用的借用和个人账户资金使用的借用，前者使用的统筹账户

---

① 田宏杰. "直接入刑"如何彰显刑法保障性与谦抑性 [N]. 检察日报，2019-11-18-003.

② 从我国当前的立法体系来看，基本医疗保险欺诈没有民事制裁的应对，盖源于医保局、医保经办机构与患者/参保人、医疗服务供方彼此之间皆为行政法律关系之故，虽然学界有质疑声，但是现有制度文本和实务操作仍遵循行政法律关系之路径。倘若真如学者所言，医保经办机构与医疗服务供方之间的医保服务协议具有民事合同属性，则医疗保险欺诈的民事制裁顺理成章，惩罚性损害赔偿的威力就能发挥作用，如此，能够建立民事制裁、行政制裁与刑事制裁相接续的层次递进、逻辑周延的法律规制体系，也便于司法审判实务中的打击医疗保险欺诈的协同与联动。

资金即医保基金，属于国家公共财产，国家是所有人，① 借用人冒名就医是以非法占有为目的的诈骗行为，出借人则是合谋诈骗，数额较大适宜刑事制裁规制，数额不够入罪则考虑暂停医保结算待遇、罚款的行政制裁规制；后者使用的个人账户资金是参保人的个人财产，虽然其使用具有医疗健康用途的法定目的限制，但是个人的所有权归属决定了动用法律制裁手段来禁止个人账户资金在家庭成员之间的互助共济是不合情理的，也是不现实的。

二是委托他人的"代配药"。实务中，许多慢性疾病患者需要长期服药，一些老年人和残疾人行动不方便，为了节省时间和精力，方便省事，催生了委托他人"代配药"这一现象。因为到定点零售药店的"代配药"与出借医保卡到定点零售药店购药重合，故此处的"代配药"主要限于定点医疗机构的就医开药。如果"代配药"的委托关系仅以配药治病为目的，药症相符且数量合规，则"代配药"是合法行为，实务中，医保部门常以委托人和代理人的资格、证明材料和程序要求等限制"代配药"的滥用。② 不过，如果"代配药"沦为不法分子骗取基本医疗保险基金的手段，③ 则"代配药"是欺诈行为，行政制裁先行，刑事制裁补强。

三是出租医保卡以牟利。医保卡是参保人就医买药、享受医保待遇的资格凭证，要求人卡相符，而个别参保人利欲熏心，将医保卡出

---

① 王显勇. 论社会保险统筹基金的法律性质及其管理运营 [J]. 财经理论与实践，2011（3）：120.

② 例如，厦门市医保局出台《关于加强门诊委托代配药管理的通知》，规定 4 类参保人可以办理门诊委托代配药，包括因残疾、瘫痪等原因行动不便的参保人；年龄超过 75 周岁，行动不便的参保人；患有精神类疾病且属于无民事行为能力或限制行为能力的参保人；未成年人。代理人需为参保人或监护人的直系亲属或近亲属，并具有完全民事行为能力的成年人。

③ 例如，2010 年，上海市侦破一起利用医保卡"代配药"的团伙诈骗案，造成医保基金损失近 500 万元。

租给第三人冒用，自己则获取租金收益。该种行为属于合谋诈骗医保基金的欺诈行为，视其获利金额确定行政制裁与刑事制裁的规制应对。

综上，尽管欺诈行为因故意具有可归责性，但是真正涉及是否追责及追责程度则不能仅限于以故意存在与否来认定非法占有目的，需要结合法理，依据常识、常情、常理等经验法则综合判定。[1] 像挂床住院、谎报伤因等公认的基本医疗保险欺诈行为，实践中常常是一些"不得已的恶"，属于"软欺诈"（机会性欺诈），[2] 行政制裁优先规制，刑事制裁在必须不得已时用之，此乃刑法谦抑性的体现。

4. 腐败

腐败的概念界定具有多维度，从政治学、社会学和法学等不同学科到国际组织、媒体、政府文件乃至日常生活，不同语境腐败表达的内涵和外延亦不同。透明国际（Transparency International）将腐败界定为"谋取私利而滥用职权，"[3] 这是一个非常宽泛的界定，公共权力和私权力都属于被滥用的职权，包括法律制裁的腐败和道德谴责的腐败。医疗卫生领域由于信息不对称和各主体之间复杂的法律关系，腐败现象尤为严重。EHFCN 将腐败定义为："第三方参与下滥用权力而非法获取利益，"强调第三方的参与，包括合法腐败与违法腐败，如监管俘获、裙带关系与贿赂、回扣等。而从法律规制的角度来看，腐败可以界定为："为谋取私利而滥用职权的违法犯罪行为。"《联合国反腐败公约》第三

---

① 田宏杰．欺诈性侵财行为怎样定性处理［N］．检察日报，2019-10-18-003.

② 软欺诈与硬欺诈相对应，是指为减轻自身医疗服务的财务负担而实施的一时性欺诈，而硬欺诈（计划性欺诈）是指为谋取医保基金的补偿利益，有预谋实施的常规性欺诈。参见林源．新型农村合作医疗保险欺诈风险管理研究［M］．成都：西南交通大学出版社，2015：5.

③ 透明国际是专注于打击腐败的国际非营利组织。

章"定罪与执法"中要求各国应予以定罪的腐败行为多达 11 种,① 我国则是以贪污贿赂犯罪和渎职犯罪来编织反腐败的刑事法网。作为类罪名,贪污贿赂犯罪和渎职犯罪又各自包括数十个个罪罪名。笔者在"中国裁判文书网"搜索损害医保基金的司法案例,发现关涉基本医疗保险的腐败犯罪主要集中于贪污罪、行贿罪、受贿罪、滥用职权罪等罪名。

由于个罪罪名的具体构成要件各不相同,且相关内容学界尚有争议,② 因此,笔者尝试从客观与主观两方面诠释基本医疗保险领域腐败犯罪的共同构成。(1) 犯罪主体是具有医保基金管理职权的国家工作人员、受委托管理医保基金的人员及其他组织或个人,包括从事医保基金收支结算业务的医保经办机构工作人员、定点医疗机构内设的医保部门工作人员以及提供医疗服务的组织或个人。(2) 客观上实施了直接或间接损害医保基金的行为。贪污罪是利用职务便利非法占用医保基金的行为,直接损害了医保基金;而行贿罪、受贿罪、滥用职权罪或许并非以医保基金为直接犯罪对象,但这些行为或是成为不法分子欺诈骗取医保基金过程的一个环节,或是造成医保基金管理漏洞给不法分子打开了方便之门,虽是间接损害,但往往是导致医保基金重大损失的根本原因。(3) 结果导致医保基金遭受实际损失。根据 2016 年最高人民法院与最高人民检察院共同制发的《关于办理贪污贿赂刑事案件适用法律

---

① 主要包括:贿赂本国公职人员;贿赂外国公职人员或者国际公共组织官员;公职人员贪污、挪用或者以其他类似方式侵犯财产;影响力交易;滥用职权;资产非法增加;私营部门内的贿赂;私营部门内的侵吞财产;对犯罪所得的洗钱行为;窝赃;妨害司法。

② 张兆松认为我国当前刑法对贪污贿赂犯罪的构成要件规定过于严苛,导致法网不严密。参见张兆松. 我国贪污贿赂犯罪立法:历程、反思与前瞻 [J]. 法治研究,2020 (3):41. 马春晓认为廉洁性不是贪污贿赂犯罪的法益,贪污罪与受贿罪存在罪质矛盾。参见马春晓. 廉洁性不是贪污贿赂犯罪的法益 [J]. 政治与法律,2018 (2):50.

若干问题的解释》和 2017 年最高人民检察院《关于贪污养老、医疗等社会保险基金能否适用〈最高人民法院、最高人民检察院关于办理贪污贿赂刑事案件适用法律若干问题的解释〉第一条第二款第一项规定的批复》，医保基金属于特定款物，一旦贪污，要从重处罚；而滥用职权罪的认定须存在医保基金的重大损失。（4）主观上具有贪污、受贿、滥用职权的故意。

腐败犯罪的法律规制以刑事制裁为主，包括人身罚与财产罚。

综上，考虑到行为的覆盖全面性、程度性以及法律规制的层次性，我们将损害医保基金的众行为以浪费作为总括性概念，构造错误、滥用、欺诈和腐败四种子类型次序排列的浪费类型模式。（见表 3.6）

表 3.6 我国改良版浪费类型模式子类型、一般定义和实例

错误	无意中的操作失误或违反规则导致获取非法利益 实例：出于无知对普通鼻炎开出抗生素的药方
滥用	利用规范的不确定性或漏洞，故意曲解或规避规范导致医保基金的不合理支出 实例：医务人员为没有疾病指征病患开出过度检查处方
欺诈	故意虚构事实、隐瞒真相以获取医保基金支付补偿的违法行为 实例：医疗服务机构或人员虚构医疗关系或虚列诊疗项目
腐败	为谋取私利而滥用职权导致医保基金损失的违法犯罪行为 实例：医保基金管理人员贪污、受贿、滥用职权

五、小结

《孙子兵法·谋攻篇》云："知彼知己者，百战不殆；不知彼而知己，一胜一负；不知彼，不知己，每战必殆。"打击基本医疗保险领域的欺诈骗保犹如一场战役，欲求胜利，认清欺诈骗保的类型、性质、轻重主次等乃为知彼，掌握自己拥有的法律武器及运用实为知己，知己知彼，才能百战不殆。

　　基于类型化的进路，损害医保基金的行为可以以浪费作为总括性概念，按照违反诚信与否及程度将错误、滥用、欺诈和腐败等类型次序排列，在实践样态的经验世界与抽象法规范之间建立中等抽象程度的类型连接，以实现法律规制的体系化和实效化。而基本医疗保险欺诈在浪费类型模式中的定位介于程度较轻的错误、滥用与程度严重的腐败犯罪之间，是一种故意虚构事实、隐瞒真相以获取医保基金支付补偿的违法行为，其法律规制需视违法情节轻重、危害后果大小以及主观故意之源可宽宥与否而定。

　　本章的类型化进路不限于实然法规范的连接，还涉及应然法规范的设想。亦即，针对次序排列的错误、滥用、欺诈和腐败等类型，构建合规规制与法律制裁规制双重内涵的法律规制体系。就我国当前立法现状而言，合规规制是应然设想，以被规制者（医药服务供方、参保人/患者、医保经办机构等）自我规制（自律）为核心，辅之以政府的元规制（行政指导、培训教育等）；而法律制裁既包括实然的法规范适用，也包括应然的法规范建设。总体而言，基本医疗保险欺诈的定位内嵌于损害医保基金行为类型化的研究中，直接决定了其法律规制路径的选择。

第四章　基本医疗保险欺诈风险
合规治理的元规制

无论是概念的界定还是类型化的规整，都是基本医疗保险欺诈规制的前期铺垫。而概念的多义性与类型规整的层次性决定了基本医疗保险欺诈规制必然是一个具有程度差异、层次渐进的体系结构。根据预防、发现与制裁这样一个反欺诈的一般流程，预防性规制与打击性制裁是基本医疗保险欺诈规制的两个主要路径，其中的预防性规制主要表现为合规治理。针对合规治理，探寻欺诈的根源，选择恰当的规制策略乃是当前我国基本医疗保险反欺诈亟须解决的现实问题。

一、欺诈的本原考：三角形理论、风险评估与合规治理

（一）人为什么要欺诈？

欺诈成因的研究一直是心理学家、犯罪学家关心的议题，只有针对欺诈成因的规制才能从源头上遏制欺诈。欺诈三角形理论（The Fraud Triangle Theory）是当前学术界和实务界公认的主流欺诈成因理论。[①]

[①] 1953 年，美国犯罪学家唐纳德·克雷西提出"欺诈三角形"理论来解释欺诈的成因。国际保险监督官协会（IAIS）采纳了该理论，并将其中的压力因素直接具体表述为动机（incentive）因素。

根据该理论，动机（incentive）、机会（opportunity）和合理化（rationalization）是欺诈形成的三个相互连接、相互促进的要素。具体言之，动机是欺诈形成的主要内心意识，无效的管理控制是欺诈形成的机会，而合理化借口则是欺诈得以践行的助力因素。① 根据欺诈三角形理论，解决欺诈问题最有效的方法之一是采用减少动机、限制机会和削弱潜在欺诈者合理化其行动的能力的方法，该方法非专注于事后惩戒的法律制裁所能胜任，只能求诸以事前预防、事中控制和事后纠错为全过程的组织内部规制运作及政府外在制度或政策的激励，而欺诈风险评估是一切规制应对的前提和基础。

（二）欺诈风险及其评估

能够将欺诈三角形所有三个要素结合起来的个人会造成组织、项目或目标等的脆弱性，该脆弱性就是欺诈风险。不同于欺诈，欺诈风险并非一个静态事件，而是一个具有程度高低的谱系结构。在该谱系结构中，凡是一切尚未付诸实施的欺诈风险都是潜在欺诈（potential fraud），与之对应的实际欺诈（actual fraud）是已经实施的欺诈风险。

欺诈风险程度高低的本质决定了欺诈风险评估的必要性。欺诈风险评估是欺诈风险管理的一个重要过程，② 《ISO31000 风险管理国际标准》将风险评估定义为风险识别、风险分析和风险评价的全过程，鉴于风险识别是利用神经网络、数据挖掘等高科技手段发现风险的存在，非本书主旨所力逮，是故，笔者主要从风险分析和风险评价角度剖析欺诈风险评估的过程。参考美国政府责任署发布的《联邦项目欺诈风险

---

① ABDULLAHI R，MANSOR N. Fraud Triangle Theory and Fraud Diamond Theory [J]. International Journal of Academic Research in Accounting, Finance and Management Sciences，2015（5）：38-45.

② 欺诈风险管理的程序为风险识别、风险分析、风险评价、风险决策和风险监控五个阶段，这五个阶段周而复始构成了欺诈风险管理的周期循环。

管理框架》内容,① 欺诈风险评估过程如下:

首先,对欺诈风险的可能性和影响结果进行量化评估,例如用"罕见"至"几乎肯定"来表明可能性的区间,用"无关紧要"至"极端"来表明影响结果的区间;其次,综合上述不同程度的递进排序,衡量欺诈风险的整体权重,形成"较低"至"最高"的谱系结构;第三,确定欺诈风险的容忍度,即为实现目标在风险应对之后承担风险的意愿。② 一般而言,欺诈风险非常低则容忍度高,欺诈风险非常高则容忍度低,容忍度低的欺诈风险通常排在应对处理的优先等级,其余的欺诈风险则为剩余欺诈风险,留待观察处理。

通过欺诈风险评估,可以提供以欺诈风险种类、可能性和影响、容忍度、优先等级为内容的欺诈风险列表,同时辅之以欺诈三角形中压力、机会和合理化要素的考量,有助于风险欺诈应对的策略选择。

(三) 欺诈风险的合规治理

根据风险管理理论,③ 欺诈风险评估之后,进入欺诈风险的决策与监控程序,即选择欺诈风险的应对策略并付诸实施。内部控制与合规治理皆是风险管理的具体方式,内部控制侧重于经营风险和财务风险,以促进实现发展战略为目标,非本书主旨所在。实践经验显示,合规治理

---

① 美国政府责任署是一个为国会工作的无党派的独立机构,通常被称为"国会监督机构",它审查纳税人的钱是如何使用的,并向国会和联邦机构提供客观、可靠的信息,以帮助政府节省资金,提高工作效率。

② 参见 2013 年《GB/T 23694-2013 风险管理术语》4.7.1.3 "风险容忍" risk tolerance。

③ 风险管理是企业管理领域的一门独立学科,其以系统论为研究方法,以概率论和数理统计为数学工具,以观察、实验和分析损失资料为手段,研究风险管理理论、组织机构、风险和风险所致损失发生的规律、控制技术和管理决策。在实践中,风险管理又是一种具体的管理方法,由风险预防、风险发现和风险应对三大板块内容组成,风险识别、风险分析、风险评价、风险决策和风险监控 5 个阶段构成的循环周期是实现板块内容的手段。参见林源. 新型农村合作医疗保险欺诈风险管理研究[M]. 成都:西南交通大学出版社,2015:9。

是应对欺诈风险的不二之选。选择合规治理来应对欺诈风险有如下理由：

1. 合规的历史源头和发展与欺诈风险的应对具有较高的契合度

1977 年，欧美国家爆发大规模的公司会计欺诈事件，美国出台《反海外腐败法》，主要包括会计内部控制条款与反贿赂条款两部分内容，其中的反贿赂条款成为合规的历史源头，渐成反腐败合规领域。1997 年，经济合作与发展组织（Organisation for Economic Co-operation and Development，OECD）通过了《国际商务交易活动反对行贿外国公职人员公约》，要求各缔约国规制和处罚企业在海外业务中行贿外国公职人员；2003 年，联合国通过《联合国反腐败公约》，要求各缔约国应将企业或个人贿赂外国官员的行为认定为犯罪；2011 年，英国颁布史上最严《反贿赂法》。随着国际组织和各国公约、法规的相继出台，反腐败合规已成为国际商务活动开展的前提和基础。

如果说反腐败合规是实质内容的合规源头，那么，表现形式上的合规源头发生在金融领域。20 世纪 90 年代，金融行业快速发展，一些大型国际金融机构相继爆出了银行洗钱、违规操作等重大风险事件，合规管理日益受到金融业的重视。2005 年，巴塞尔银行监管委员会在其颁布的《合规与银行内部合规部门》文件中，最早提出了合规的理念。

当前，合规在世界的发展不再限于反腐败、国际金融领域，公平竞争与反垄断、反洗钱、进出口管制、隐私与数据安全、环境保护、劳动用工等都成为合规的议题，各行各业、跨国与国内企业或组织都日益重视合规管理。

在我国，合规管理率先在金融领域开展，随后逐渐扩大到保险、证券和中央企业等行业,皆采用行政主导模式的强力推进。① 2017年国家标准化委员会发布《合规管理体系指南》 (GB/T 35770-2017/ISO 19600:2014),将合规建设对象扩大到包括企业在内的所有组织。

追寻合规事业的发展轨迹,我们发现,合规管理体系的主要内容是关于预防、发现、纠正违反诚信的违法违规行为乃至违反道德准则行为的机制建设,而欺诈是故意虚假陈述、隐瞒真相以获取不当利益的行为,属于典型的违反诚信的行为,是合规对象的当然内容,因此,就合规内容和欺诈风险本质而言,欺诈风险应对首选合规治理。

2. 欺诈风险属于典型的合规风险

根据国家标准化委员会《合规管理体系指南》引言中的说明,合规意味着组织遵守了适用的法律法规及监管规定,也遵守了相关标准、合同、有效治理原则或道德准则。若不合规,组织可能遭受法律制裁、监管处罚、重大财产损失和声誉损失而产生的合规风险。经营风险、财务风险和合规风险是组织面临的三大治理风险,其中,合规风险是合规治理的主要对象,包括因违法违规行为引致的行政监管风险和刑事定罪量刑风险,合规风险会导致组织的财产损失、资格损失和声誉损失等严重后果。②

欺诈风险覆盖从潜在欺诈到实际欺诈的整个谱系,无论是人情小礼

---

① 即通过行政立法和执法引导并强制企业建立合规机制。例如,2006年原"中国银行业监督管理委员会"发布《商业银行合规风险管理指引》,通过原"中国银行业监督管理委员会"的备案、报告、评价和检查等规定使合规管理成为一项强制制度;2017年,中国证监会发布《证券公司和证券投资基金管理公司合规管理办法》,要求国内所有证券企业建立合规管理体系,否则将接受行政监管措施和行政处罚的不利后果,确立了法定强制合规制度;2018年,国务院国有资产监督管理委员会发布《中央企业合规管理指引(试行)》,通过合规考核评价制度和合规报告制度强力督促企业建立合规管理体系。学者陈瑞华将我国企业合规建设的行政主导模式称为"行政压力机制"。参见陈瑞华. 论企业合规的中国化问题 [J]. 法律科学, 2020 (3):36.

② 陈瑞华. 企业合规的基本问题 [J]. 中国法律评论, 2020 (1):179.

物的收受，还是虚构事实伪造票据，都是违反诚信的违规违法行为，轻者会影响组织道德价值观的正向建设，败坏组织的声誉，重者会使组织遭受行政监管处罚和刑事定罪量刑。反欺诈是合规源头——反腐败合规的应有之义，打击欺诈与腐败是国际组织和各国廉政建设的核心内容。可以说，欺诈风险是合规风险的核心组成。

3. 管控机制和合规文化的建设有助于从根源上减少欺诈

根据欺诈三角形理论，动机、机会和合理化三要素间接连促进，最终形成欺诈。可见，减少欺诈必须从根源上入手。合规管理体系主要包括防范合规风险的管控机制和合规文化的建设机制。国家标准化委员会《合规管理体系指南》引言中强调了合规文化建设的重要性，指出合规文化是价值观、道德准则和信仰在整个组织中的存在，并与组织的结构和控制系统相互作用，从而产生导致合规结果的行为规范。文化（culture）、管控（control）与价值观（value）是合规建设的欲求目标，恰好适配欺诈的动机、机会和合理化三要素。具体言之，优秀的合规文化建设有助于减少欺诈的动机，有效的管控机制可以杜绝欺诈发生的机会，而合规价值观的塑造则使欺诈污名化，欺诈合理化的借口难复存在。

综上，从欺诈的成因到欺诈风险评估再到欺诈风险的应对，合规治理符合反欺诈内在逻辑的发展链条。从反欺诈的战略布局来看，本书所言合规治理不仅仅限于组织内部的合规管理体系建设，也包括政府部门对组织合规管理体系建设的指引和激励，后者恰是政府层面的规制策略选择。

二、元规制：基本医疗保险欺诈风险合规治理的策略选择

医疗卫生领域是高欺诈风险地区，尤其医疗保险欺诈更是困扰各国医疗保障事业发展的顽疾。从世界各国打击医疗保险欺诈的成熟经验来

看，合规治理是医疗保险欺诈有效预防和应对轻微欺诈行为的主要方式，而合规治理的体系架构与内容设计必然需要一定规制策略的指导，衍生于极佳实践经验口碑的回应性规制理论的元规制可为规制策略之选。

（一）规制理论与实践的流变

规制又被称为监管、管制，是一个多学科通用的概念，但人们对规制概念的界定多来自经济学界。在经济学家眼里，规制的原本词义是政府对企业行为的干预和控制，众多的规制概念可以归纳为如下共性：（1）政府是最主要的规制主体，还包括一些非政府组织和其他自律组织；（2）矫正市场失灵是规制目的；（3）规制手段以价格、进入和退出、投资、质量等强制性制约为主。①

伴随着规制适用的扩张，规制不再仅限于经济性规制，还包括社会性规制。② 公共管理学、法社会学、法学等众多学科也开始关注规制问题。尤其是党的十八届三中全会提出"国家治理体系现代化战略目标"以来，如何利用规制手段完成公共任务成为当下学界研究的热点问题。虽然经济学以外的其他学科多关注规制浪潮引发的学科重构或实践运用，较少涉猎规制的内涵，③ 但是概念的厘定是一切理论和实践的基础，从词源和目的两方面或许能对规制有一个大致适当的概念界定。

作为舶来品，"规制"一词来源于日语，但根源是英语中的 regulation，是指根据一系列规则对复杂系统进行管理。根据语境不同规制的

---

① 徐飞. 政府规制政策演进研究——日本经验与中国借鉴 [M]. 北京：中国社会科学出版社，2015：5。
② 社会性规制是指基于政府为控制外部性以及可能会危及影响人身安全健康的风险而采取的行动和设计措施，是一种以确保国民生命安全、防止灾害、防止公害和保护环境为目的的规制。胡敏洁. 规制理论是否足以解释社会政策 [J]. 清华法学，2016（3）：27.
③ 参见高秦伟. 社会自我规制与行政法的任务 [J]. 中国法学，2015（5）：93-97.

含义略有差异，如生物学上的基因调控、政府的立法建制与执法行动、商业活动中的行业自律、心理学上的自我调控等。在社会科学领域，规制并没有一个统一标准的定义，基于涵摄广度的考量，我们采用对规制较为宽泛的界定："有意使用权力，根据既定的标准，运用信息搜集和行为修正等工具，来影响其他当事人的行为。"①

对于规制的发展历程，国内外学者孜孜以求，贡献了许多精彩理论，典型如：福利国家——规制国——后规制国的发展模式；② 自由资本主义——福利资本主义——监管资本主义发展模式；③ 前现代监管——现代监管——监管治理发展模式。④ 本文无意于规制理论的逐一剖析，不妨追寻历史轨迹对规制的发展作一个平实的回顾。

19 世纪末，第二次工业革命带来经济的快速发展，暴露了市场固有的缺陷，人们终于明白"看不见的手"也会失灵，于是，政府规制成为现代工业文明不可缺少的一步。⑤ 此时的政府规制被称为传统政府规制，是一种命令控制型规制，强调法律规范调控的单边对抗和威慑。20 世纪 70 年代的石油危机引发西方福利国家的财政危机，公共管理领域亦暴露出效率低下和质量不佳等问题，政府规制失灵使新自由主义思想得以滥觞，掀起了一股放松规制的改革浪潮，认为"少即是多"，国家以外主体的自我规制开始受到重视。

所谓自我规制是指国家利用国家以外主体自律性行为间接达成规制

① ［英］罗伯特·鲍德温，马丁·凯夫，马丁·洛奇．牛津规制手册［M］．宋华琳，等译．上海：上海三联书店出版社，2017：12.

② 参见谢新水，袁汝兵．论共享经济可持续发展的合作规制治理模式［J］．江苏大学学报（社会科学版），2019（6）：37.

③ BRAITHWAITE J. Regulatory Capitalism：How It Works，Ideas for Making It Work Better［M］．Cheltenham：Edward Elgar Pub，2008：86.

④ 杨炳霖．从"政府监管"到"监管治理"［J］．中国政法大学学报，2018（2）：91.

⑤ 徐鸣．跨学科视角下西方监管理论的演变研究［J］．中共南京市委党校学报，2019（5）：78.

目的的手段,用以协助国家完成公共任务。① 自我规制是一个不断发展的概念,人们对它的认识也与时俱进。关于自我规制的类型理论界有不同的划分,表现为不同的术语,② 笔者经过归纳整理,简述如下:从主体角度,自我规制包括组织实体出于社会责任、合规减损、建立声誉或自律等动机,对于自己行为的自我约束和规范,以及集体组织(如行业协会等)对其成员进行的约束和规范。从国家介入的程度,自我规制可以有自愿性自我规制(voluntary self-regulation)与强制性自我规制(enforced self-regulation)③

相对于政府规制而兴起的自我规制是将经济领域政府的角色定位在掌舵而非划桨。20 世纪 60 年代,由于政府规制在劳工保护、消费者保护和环境保护等社会性领域的缺位,引发了西方国家一系列社会运动,迫使政府规制在社会性领域得到了强化。于是,完成公共任务成为政府规制的主要目标,公共管理也逐渐成为政府规制的重点。

20 世纪 80 年代开始,西方理论界开始反思命令控制型的传统政府规制,主张采用灵活运用政府规制与自我规制,适当分权以取得较好的规制效果。虽然新规制国家(new regulation state)、社群规制(communitarian regulation)、规制多元主义(regulatory pluralism)等理论成果都各有千秋,但是,回应型规制(responsive regulation)理论因其不断完善的理论体系和极佳的实践运用而受到广泛认可。

回应性规制理论最早由西方学者伊恩·艾尔斯和约翰·布雷斯维特于 1992 年在《回应性规制——超越放松管制的争论》一书中提出。该理论并非空中楼阁,而是来自实证观察的结果。由于来自实践并反哺于

---

① 高秦伟. 社会自我规制与行政法的任务 [J]. 中国法学, 2015 (5): 74.

② 参见高秦伟. 社会自我规制与行政法的任务 [J]. 中国法学, 2015 (5): 76.

③ BRAITHWAITE J. Enforced Self-regulation: A New Strategy for Corporate Crime Control [J]. Michigan Law Review, 1982 (80): 1466.

实践，该理论一直处于不断发展和完善的过程中，许多学者为该理论贡献了自己的智慧，其中最为突出的是约翰·布雷斯维特的学生帕克（Parker）提出的元规制理论。

元规制（meta-regulation）也被称为后设规制，虽然对其界定学术界尚未达成共识，但是帕克的观点得到了广泛的认可。帕克认为元规制是"对规制者进行规制的过程"；元规制重点关注外部规制，但也整合了自我规制的洞见；元规制是指外部规制者有意促使规制对象本身针对公共问题，做出内部式的、自我规制性质的回应；外部规制者可以通过多种方式来要求或塑造规制对象的自我规制，这些方式包括威慑也包括奖励或认可；元规制"通过各种水平和垂直维度的组合，每个层面的规制都在对相互间的规制进行规制。"通过基于管理的命令进行规制，是在自觉地、明确地鼓励进行自我规制，是最为典型的元规制。① 学者莎伦·吉拉德（Sharon Gilad）进一步指出，元规制是"以过程为导向的规制"，即为了实现共同的合规目标，规制者与被规制者之间合作信任，上下交互，促进彼此合规能力和规制能力，通常适用于异质性、不确定性较强的行业。② 鉴于医疗卫生行业高度的异质性和不确定性，本文将元规制定位于"以过程为导向的规制"，侧重政府规制的动态调控、上下层级之间的交互促进，而并非拘于放任、自愿的自我规制或单向、线性的元规制。

对元规制的定位和本质内涵的把握尚需结合回应性规制理论，毕竟二者乃一脉相传。回应性规制理论主张超越命令控制型的传统政府规制或放任的市场机制的自我规制，建立强制与非强制、政府与非政府手段

---

① [英] 罗伯特·鲍德温，马丁·凯夫，马丁·洛奇. 牛津规制手册 [M]. 宋华琳，等译. 上海：上海三联书店出版社，2017：164-168.

② GILAD S. It runs in the family：Meta-regulation and its siblings [J]. Regulation & Governance，2010（4）：485-506.

综合运用的混合模式。① "软话先于硬话，胡萝卜先于大棒"是回应性规制理论思想的直白表达。该理论的最大特色是用金字塔模型来形象化表达其核心观点，并指导实践。金字塔模型强调金字塔底部基础的坚实性和优先适用性，认为应对合规问题首先要考虑教育、建议、说服、奖励等支持性赋能手段，因为从人的动机和行为来看，大多数人是善意的、愿意合规的，但由于不知如何合规或者无知导致实施了违规行为，是故，支持金字塔（pyramid of supports）作为一种赋能框架应优先适用。当少数理性算计者（即其合规行为仅考虑经济收益与违规成本的比例）和恶意行为人实施了违规违法行为时，就要考虑转而适用制裁金字塔（pyramid of sanctions），发挥制裁的威慑力，进而产生合规的压力。制裁金字塔也是由底部的教育、说服等非惩罚性措施优先适用开始，一旦无效则沿着金字塔逐级升高，惩罚力度也逐级加强。② 支持金字塔和制裁金字塔都是针对微观层面组织或个人的合规指引，至于宏观层面合规管理体系框架的指导则需适用规制策略金字塔（regulatory strategy pyramid）。

规制策略金字塔由金字塔底部的自我规制、中部的强制性自我规制③和顶端的命令控制型政府规制构成。规制策略金字塔模型重视规制者与规制对象之间的信任与合作，强调规制手段的柔性、渐进性和交互性，认为应当根据环境、动机和行为等因素动态、融合地运用自我规制、元规制和命令控制型政府规制等策略，取长补短，塑造规制对象的

---

① 杨炳霖. 回应性监管理论述评：精髓与问题［J］. 中国行政管理，2017（4）：131.

② IVEC M，BRAITHWAITE J. Applications of Responsive Regulatory Theory in Australia and Overseas：Update［R/OL］. Regulatory Institutions Network，Australian National University，2020-01-05.

③ 即狭义元规制，是指政府对规制对象自我规制的单向、线性的监督。

主体意识和责任感，快速有效地达到合规目的。①

在规制策略金字塔模型中，元规制以促进规制对象自我合规的有效实施为终极目标，对自我规制的规制过程体现在两个阶段：一是通过建议、指南、教育等手段引导金字塔底部的自我规制；二是当自我规制无效后，采用协商、契约等方式督促并监督自我规制的完善。可以说，以元规制为核心的规制策略也可称为政府与组织实体间协同规制模式。②

综上，元规制连接了自我规制与政府规制，使规制成为一个灵活、渐进交互的有机体系，一方面能够激发规制对象自我规制的积极性和主动性，塑造其主体意识和合规责任感，减少单边对抗引发的抵触情绪；另一方面，有助于降低因采用对抗式法律制裁而产生的较高的执法成本和司法成本，保证执法任务完成得既有效率又有效果。

保障医保基金的安全是医疗保险欺诈风险合规的直接目的，而其背后的终极目标是保障参保人就医的可及性、可负担性与医疗质量的保障性。如何在医疗保险欺诈风险合规与参保人医疗权益保障以及医疗服务的专业自主性、创新性之间寻找平衡，元规制应该是一个可以尝试的进路。

（二）基本医疗保险欺诈风险合规治理元规制的基本原则

作为一种协同机制，元规制与当前公共领域的治理理念相契合。治理理论具有过程性、调和性、合作性与非正式性四大特征，其将规制观念导向了一种多元化或者去中心化的方式，从而强调了控制技术和实践的分散化。③元规制符合治理的本质诉求，自当成为公共治理的重要方

---

① AYRES I, BRAITHWAITE J. Responsive Regulation – Transcending the Deregulation Debate [M]. Oxford：Oxford University Press, 1992：12-26.

② 杨炳霖. 后设监管的中国探索：以落实生产经营单位安全生产主体责任为例 [J]. 华中师范大学学报（人文社会科学版），2019（5）：72.

③ ［英］科林·斯科特. 规制、治理与法律：前沿问题研究 [M]. 安永康，译. 北京：清华大学出版社，2018：70-73.

式。近年来，学术界逐渐关注元规制理论在共享经济、食品安全、环境保护、安全生产等领域的运用，成果颇丰。①

医疗卫生领域利益相关主体众多，法律关系复杂，不同主体之间的信息不对称，专业技术性强，疾病成因、医疗结果以及医疗费用等不确定性高，由此决定了基本医疗保险欺诈风险具有隐蔽性、程度性和复杂性的特点。结合医疗卫生行业的特殊性和医疗保险欺诈风险的特点，医疗保险欺诈风险合规的元规制应遵循如下基本原则：

1. 政府规制主导下的自我规制

自我规制不是自助规制，政府的引导、督促极为重要，尤其在医疗卫生行业更是如此。基本医疗保险欺诈风险合规中的"规"的范围广，内容复杂，不仅包括法律法规、一般诊疗规范、临床路径，还涉及医疗行业的职业道德规范；医疗卫生行业专业分工明确细致，而疾病的发生和走向复杂多变，并非完全与专业分工相一致；并且，医疗卫生行业是一个不断发展、充满创新的领域，尤其是我国，一直行进在医疗保障体制改革的路程中，政策更迭周期短，稳定预期差。凡此诸种，一概要求医务人员通过自身努力熟悉所有的"规"既不合理也不现实。医疗服务供方尤其是医疗机构及其医务人员奋战在医疗卫生的第一线，日常治病救人的繁重工作已经令其疲惫不堪，再要求他们自助合规，实属强人所难，势必会产生抱怨和抵触情绪，进而出现规避现象，最终损害广大患者的利益。

政府规制并非传统命令控制型的政府规制，而是协同共治的元规制，主要体现为两个阶段：一是引导自愿型自我规制。政府通过咨询、

---

① 例如：谢新水，袁汝兵．论共享经济可持续发展的合作规制治理模式［J］．江苏大学学报（社会科学版），2019（6）；宋华琳．论政府规制中的合作治理［J］．政治与法律，2016（8）；杨炳霖．后设监管的中国探索：以落实生产经营单位安全生产主体责任为例［J］．华中师范大学学报（人文社会科学版），2019（5）．

建议、发布指南等手段事先确定合规管理体系的最低标准，引导、帮助医疗服务供方等主体建立自己的合规管理体系。虽然我国已有《合规管理体系指南》的国家标准，但这只是通用版，无法满足医疗卫生行业的合规需求；二是督促落实强制型自我规制。当自愿型自我规制无法落实或落实失败，医疗保险欺诈风险仍频现，则需政府干预介入，通过协商、契约等手段督促、监督合规管理体系的完善。合规管理体系完善过程伴随着政府监督、检查、验收等干预措施，因此，是典型的对自我规制的政府规制。

2. 支持赋能优先，制裁威慑垫后

人的行为受动机支配，国外有学者归纳了三种合规方面不同动机的人群：一是单纯的利益算计者，只在经济收益超过成本时才会选择合规，对于投机分子宜采用严格的检查和法律制裁手段，施加合规的压力和发挥制裁的威慑效果；二是政治公民，通常会主动合规，但遭遇不合理的法律法规时会抵触或想办法规避，对该类人群宜采用对话、协商手段，必要时可以修改完善不合理的法律法规；三是缺乏能力者，即因缺乏知识、信息、组织管理方面的能力导致无意中违反法律法规，对此类人群首要考虑的是赋能，通过教育、劝说、表扬、奖励、资助等手段赋予其知识、信息、组织管理方面的能力，使其满足合规的能力前提。①

上述后两类人群恰恰是元规制的对象，善意且有合规意愿，从积极性和成本效率考虑，自我规制为首选，而政府对合规能力的支持是有效自我规制的前提，一般通过教育、劝说、表扬、奖励、资助等手段实现。不过，支持以基本赋能为边界，目的在于启动自我规制，否则，一味地支持也可能产生规制对象的依赖和懈怠，导致父爱泛滥，因此，惩罚性的法律制裁有必要作为后盾力量存在，保证在违法违规行为出现时

---

① 杨炳霖. 回应性监管理论述评：精髓与问题［J］. 中国行政管理，2017（4）：132.

得到激活，从而对违法违规者和其他人群产生威慑力量。

3. 微观合规管理体系与宏观规制策略相辅相成

元规制是对自我规制的规制过程，合规是目的，协同合作是关键，要求微观合规管理体系与宏观规制策略交互回应，相辅相成，反对彼此割裂，单边对抗。一方面，医疗服务供方在政府引导、帮助下，根据法律法规、一般诊疗规范与临床路径等，建立自己的微观合规管理体系，可以制定适合自身特质、规模的规章制度和道德规范，在保证最低限度合规要求的基础上，形塑自己的组织文化和价值观，实现自我规制。另一方面，政府需要明确宏观规制策略模型中自我规制、元规制与传统政府规制的定位、边界与各自的手段，同时了解各医疗服务供方的同质性与异质性，通过发布有针对性的合规指南，引导医疗服务供方的合规管理体系纳入善治轨道；同时当医疗服务供方自我规制失灵时，政府规制及时介入，督促医疗服务供方完善合规管理体系，实现自我规制。总之，无论自我规制还是元规制，终极目标都是微观合规管理体系的良性运转。

综上，医疗保险欺诈风险合规治理的元规制在主体权限分工、功能布局与体系运转等方面须遵循一定的基本原则。而元规制理论的运用重点在于发挥医疗服务供方的积极性和主动性，鼓励其通过建立和完善合规管理体系实现自我规制。

三、医疗保险欺诈风险合规治理元规制的结构与逻辑：来自域外的实践

从世界范围来看，元规制及回应性规制理论被广泛应用于食品安全、环境保护、安全生产、税收等公共管理领域，取得了较好的践行效果。就医疗保险反欺诈领域而言，笔者查询的资料不是很多，将元规制及回应性规制理论予以践行的国家主要有荷兰、澳大利亚和美国等国。

荷兰和澳大利亚将回应性规制理论应用于医疗卫生实践，侧重于规制手段的柔性、非惩罚性。荷兰医疗卫生管理局在打击医疗保险欺诈工作中，强调医疗服务供方内部监督与荷兰医疗卫生管理局外部监督的合作，政府规制手段多样化，从监察、咨询建议、改进等非惩罚行手段到警告、民事制裁、刑事制裁、暂停乃至取消从业资格等惩罚性的法律制裁手段，强度逐次递进，以便与不同程度的违规违法行为针锋相对（tit-for-tat）。澳大利亚昆士兰州专门成立健康质量与投诉委员会（Queensland Health Quality and Complaints Commission），2008 年开始践行"回应性规制"模式，努力赋予医疗服务供方更大的自主权，以便它能够承担更多的监督、调查角色。该模式有助于将投诉和调查管理、标准制定和质量改进两项核心工作结合在一起。[①] 该委员会监察办公室提交的 2018—2019 年度报告显示，健康质量与投诉委员会 80% 以上的规制行动由投诉启动。[②] 总的来说，回应性规制在荷兰和澳大利亚的践行更多地体现为放松规制，自我规制是重中之重，元规制往往隐而不发，即使启动也以温和的非惩罚性手段为主，法律制裁的威慑力不足。

美国在打击医疗保险欺诈方面虽然没有阐明采用回应性规制理论，但是其具体实践却是回应性规制的极佳典范，尤其是在医疗保险欺诈风险合规阶段，元规制对自我规制的指引和督促形成了医疗保险欺诈风险合规治理的完整体系。本文将重点介绍美国的实践。

美国是当今世界上医疗费用支出最高的国家。根据美国 HHS 内设的医疗照顾与医疗补助服务中心统计预测，美国医疗卫生支出在 2018 年至 2027 年期间将以每年 5.5% 的比例递增，平均高于国内生产总值年

---

① IVEC M，BRAITHWAITE J. Applications of Responsive Regulatory Theory in Australia and Overseas：Update ［R/OL］. Regulatory Institutions Network，Australian National University，2020-01-05.

② Office of the Health Ombudsman 2018-2019 annual report ［R/OL］. Office of the Health Ombudsman，2020-06-16.

度增长率 0.8 个百分点，每年医疗卫生支出占国内生产总值的支出将由 2017 年的 17.9% 上升到 2027 年的 19.4%，2019 年美国医疗卫生支出高达 3.8 万亿美元，约占其国内生产总值的 17.9%，其中，仅 Medicare 和 Medicaid 这两项公共医疗保险支出总额约占美国医疗卫生支出总额的 37%。① 巨大的资金池吸引了欺诈者的贪婪目光，在美国，每年由于欺诈导致的医疗费用成本高达数百亿美元，约占医疗费用总支出的 3%，这还只是保守估计，美国联邦调查局甚至估算每年医疗保险欺诈造成的医疗费用成本约占医疗费用总支出的 10%。② 不断攀升的医疗卫生费用支出和日益猖獗的医疗保险欺诈促使美国当局、医疗服务供应方、医药公司等利益相关者重视医疗保险欺诈的规制建设，尤其是医疗保险欺诈风险的合规治理。

（一）鼓励合规，防范欺诈风险：自我规制的行政支持

1974 年至 1976 年间，美国国会调查显示，原卫生教育福利部处理政府项目中的欺诈和滥用行为极为不力，而卫生、教育和福利部的支出占联邦政府预算支出的三分之一，于是，1976 年，由福特总统签署法律，在卫生、教育和福利部设立监察长办公室（the Office of Inspector General，OIG），专门负责反欺诈工作。1980 年，卫生、教育和福利部更名为卫生和公共服务部（Department of Health and Human Services，HHS），监察长办公室因此被称为 HHS-OIG。

1996 年，《医疗保险可携带和问责法案》（*The Health Insurance Portability and Accountability Act*，HIPAA）的出台，对 HHS-OIG 在医疗卫生领域的合规推广规定了法定框架，并给予法定的财政支持。自此，

① Brief Summaries of Medicare & Medicaid（2019）［A/OL］. Center for Medicare &Medicaid Sevice，2020-06-20.

② The Challenge of Health Care Fraud［EB/OL］. National Health Care Anti-Fraud Association，2020-07-15.

HHS-OIG 开始利用多种行政措施鼓励支持医疗服务供方自主自愿合规，以防范欺诈风险。

1. 合规指南（Compliance Program Guidance）

合规指南是 HHS-OIG 根据医疗卫生组织的同质性而分类发布的有关合规计划框架体系及内容基准的指导性范本。自 1997 年 HHS-OIG 发布第一个"临床实验室"合规指南以来，陆续又发布了医院、护理机构、家庭健康机构、救护车供应商、药物制造商等 10 余个合规指南。合规指南是各类医疗卫生组织制定合规计划的指导范本，其中的内容具有原则性、框架性、非强制性和最低标准的特点，各类医疗卫生组织自愿制定合规计划。由于合规计划的制定需要投入一定的人力和财力，有些小规模或私人的医疗卫生组织难以承受，所以，各类合规指南都强调了合规计划的非强制性，提倡各类组织根据自身的规模、财力、人员等量力而行。即便如此，2006 年医疗卫生合规委员会的调查显示，91%的医疗卫生组织制定了积极有效的合规计划，8%的医疗卫生组织正在着手制定合规计划。①

美国 2010 年的《患者保护与平价医疗法案》（The Patient Protection and Affordable Care Act，PPACA）规定了强制合规计划（mandatory compliance programs）条款，要求所有医疗服务供方只有建立了合规计划才有资格申请注册为医疗照顾计划、医疗救助计划与儿童健康保险计划等公共医疗保险计划的从业者。自此，对于医疗服务供方来讲，制定合规计划成为其参与公共医疗保险服务的法定义务。

所谓合规计划是医疗服务供方向 HHS-OIG 和社会做出的遵守法律法规和政策要求的书面承诺，相当于医疗服务供方的内部规章制度。一

① Protecting Public Health and Human Services Programs：A 30 - Year Retrospective [A/OL]. Department of Health and Human Services Office of Inspector General，2020- 07-12.

个有效的合规计划能达成政府规制与医疗服务供方自我规制的共同目的：减少医疗保险欺诈、滥用和浪费；提高医疗服务的质量；节约医疗服务的成本支出。具体言之，合规计划有如下意义：一是展示医疗服务供方诚信合规的承诺；二是增加预防、识别与纠正欺诈行为的可能性；三是鼓励雇员举报潜在的欺诈风险，进而通过内部调查和纠正措施将欺诈风险消灭于萌芽之中；四是通过早期发现和自我披露将政府、纳税人乃至自身的财务损失降低到最低程度。而对于医疗服务供方而言，实施一个有效合规计划的直接好处在于：（1）不当行为的防范。有效的合规计划可以使不当行为在发展为犯罪行为之前被发现并提供早期预警。（2）对检控决定的影响。虽然无法期待合规计划能够防范所有违法行为，但是，如果医疗服务供方善意努力遵守法律标准且尽到应有的注意防范违法行为，则为检察官选择免于起诉提供了一个充分的理由。（3）减轻处罚。根据美国的量刑指南，一个有效的合规计划有助于减少法律制裁中的罚款或损害赔偿数额。（4）避免强加的合规计划。医疗服务供方一旦发生欺诈等违法行为，有效合规计划是其与检察机关达成暂缓起诉协议的前提条件，缺少有效合规计划的医疗服务供方将不得不与监察长办公室签订诚信协议，接受监察长办公室监控下的合规计划。（5）树立良好的声誉。有效的合规计划有助于在法律体系之外使医疗服务供方获得一个良好的声誉，公平、诚实的声誉可以鼓舞员工士气，有助于招聘到优秀的员工。

以医院的合规指南为例，医院制定的合规计划应具有如下核心内容：（1）合规宪章：合规宪章是合规计划中的最高理念，包括道德与法律原则、价值观等内容，是医院领导层向政府部门和社会公众做出的正式合规承诺，意在建立预防、发现和解决欺诈问题的组织文化，培养全体职工的合规意识。（2）七个核心要素：合规标准的书面文件，首席合规管理者的任命和合规委员会的设立，针对全体雇员制定并实施定期的合规教育培训，建立电话热线或在线网络等欺诈举报机制，设置欺诈、浪费与滥用等违规行为的回应系统和内部纪律处罚制度，明确监督合规计划实施的内外部审计或其他评估技术，建立潜在欺诈或实际欺诈发现后的调查和补救措施。（3）欺诈风险点：容易发生欺诈的领域，主要包括无中生有的医疗服务账单；过度医疗服务；以少报多的账单申请；重复申请账单；分解申请账单；违法的回扣行为和患者转介行为；非医疗保险补偿费用篡改为医疗保险补偿费用；患者弃置等。（4）风险评估与报告：配备风险识别技术、尽职调查、风险等级评估、定期报告交流。（5）欺诈风险应对策略：是七个核心要素的重要内容之一，具体包括内部自查、自我披露、配合政府执法的协助调查、及时纠错、完善合规等。

总之，合规指南没有设定新的法律义务，也没有试图对合法与非法行为进行总结概括，毋宁说，合规指南是 HHS-OIG 对医疗服务供方合规义务履行的行政指导和建议，其与合规计划共同构成医疗服务供方开展执业活动法律审查、制定减少或消除欺诈风险合规活动的起点，因此，美国业界将合规指南和合规计划称为医疗保险欺诈的一剂预防针。

2. 咨询意见（Advisory Opinions）

美国医疗卫生领域的法律法规多且复杂，对医疗保险欺诈和滥用的判断并非泾渭分明，很多医疗服务供方对自己从事的医疗卫生业务是否违法并不清楚，惩罚性的制裁灾难经常不期而至。1997 年，HHS-OIG 根据《医疗保险可携带和问责法案》的授权制定了咨询意见方案。咨询意见是 HHS-OIG 就其行使打击医疗保险欺诈和滥用执法权的法律适用，是针对个人或组织医疗卫生业务活动是否违法给出的法律意见。咨询意见的法律效力仅限于 HHS 以及提出咨询个人或组织，对其他政府部门和个人或组织没有约束力。详言之，个人或组织因信赖咨询意见而从事某种医疗卫生业务将免于关于欺诈和滥用方面的行政制裁，但其他个人或组织不得依赖他人申请的咨询意见从事相同的医疗卫生业务。

咨询意见的主题通常限于反回扣法、反回扣安全港规则、排除从业资格权、民事金钱处罚、刑事处罚等方面的法律适用。如果想申请咨询意见，个人或组织须提交详细的 PDF 格式的电子材料，通过官方指定邮箱提交，并在获得咨询意见前支付一定的咨询费。

咨询意见方案为医疗卫生业务安排是否存在欺诈和滥用的困惑提供了一对一的答疑通道，但是由于申请者的申请材料和政府的咨询意见都须在 HHS-OIG 官网上公开，一方面容易给其他个人或组织提供搭便车的机会，另一方面也可能泄露申请者的隐私和商业秘密，因此，许多个人或组织对申请咨询意见还是有所顾虑的。

3. 特别欺诈警告/特别咨询公告（special fraud alerts and special advisory bulletins）

HHS-OIG 定期发布特别欺诈警报和特别咨询公告，向医疗卫生界通报可能存在的潜在滥用法律和特别欺诈漏洞的领域和行为表现。特别欺诈警告/特别咨询公告是鼓励合规的有力工具，即使医疗服务供方有机会检查自己的业务活动，避免高风险的业务活动，并在必要时调整现行业务活动。在 HHS-OIG 官网上特别欺诈警告/特别咨询公告的信息更新到 2014 年，而且并非每一年都有信息公告。

4. 工作计划和半年度报告（Work Plan and Semiannual Report）

HHS-OIG 还通过公开工作计划、向国会提交半年度工作报告，使其反欺诈的审计、评估、调查和行政行动得以透明化，医疗服务供方借此可以了解欺诈风险领域新趋势，进而确定合规的优先事项。

5. 审计和评估（Audits and Evaluations）

HHS-OIG 的审计和评价报告促进了行业的合规努力。这些报告着眼于医疗保险欺诈的全国趋势，并审查各个医疗服务供方遵守法律、法规以及政府当局的情况。通过审计和评估报告，一方面，合规官员能够将资源集中于欺诈风险领域，另一方面，医疗服务供方可以确定欺诈风险领域来加强内部合规审查。例如，2015 年 HHS-OIG 发布了关于专业护理机构（skilled nursing facility care）支付不当的评估报告，一年内，加利福尼亚一家专业护理机构即与监察长办公室签订了自我披露协议，同意支付 860 万美元用于其就无资质的护理服务申请公共医疗保险计划补偿等欺诈行为。

除了上述关于合规的主要行政支持外，针对《反回扣法》可能涵盖相对低风险、无害甚至有益的商业行为，国会授权 HHS-OIG 制定和颁布安全港规则，以确保安全港内的行为免受《反回扣法》的规制。此外，HHS-OIG 还以各种形式发布指导，以帮助参与医疗卫生的各类人员。例如，HHS-OIG 向医疗机构董事会发布了一系列指导文件和一份"新医生路线图"手册，总结了影响医生的主要欺诈和滥用风险。HHS-OIG 官方网站还包含许多培训视频、网络广播和关于各种可能会引起供应商及其合规官兴趣的关于《虚假陈述法》《反回扣法》、除外责任、自我披露等相关问题的文献资料。可以说，为了鼓励医疗服务供方自律合规，HHS-OIG 在支持赋能方面做足了工作。

（二）医疗保险欺诈风险的合规处理：风险评估、自我披露与诚信
    协议

尽管 HHS-OIG 利用多种手段支持、鼓励医疗卫生组织开展合规建设的自我规制，最大限度预防欺诈的实际发生，但是任何合规计划都不可能绝对根除欺诈，一旦出现了实际欺诈或发现合规计划漏洞，就需要根据欺诈风险的评估等级确定相对应的规制策略，启动不同程度的元规制介入。

1. 风险评估与规制手段

根据风险管理理论，欺诈是一种纯粹风险和行为风险，[1] 从欺诈动

----

① 纯粹风险是指只有损失机会没有获利可能的风险，行为风险是指由于个人或团体的行为造成的风险。

机的萌芽到欺诈行为的实施是一个由潜在欺诈到实际欺诈的动态过程,[①] 整个过程都可以被称为欺诈风险。根据主观善恶、既往历史、行为后果等因素,欺诈风险可以由低到高被评估为若干等级,即欺诈风险指标(fraud risk indicator),进而可以确定由弱到强的规制手段,以实现欺诈风险管理的针对性和有效性。

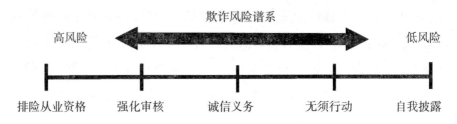

图 4.1 欺诈风险指标
资料来源:该图示引自美国 HHS-OIG 官方网站

图 4.1 "欺诈风险指标" 是 HHS-OIG 官方网站同样图示的翻译版,形象地展示了元规制理论在医疗保险反欺诈执法中的具体运用,可谓是执法金字塔(enforcement pyramid)的简易版。[②]

图 4.1 显示,高欺诈风险与低欺诈风险各执欺诈风险谱系轴的左右两端,二者之间是高低不同的欺诈风险表达,可以评估为 5 种欺诈风险指标。[③] 欺诈风险高低程度不同,HHS-OIG 采取的执法手段也不同。

[①] 由潜在欺诈到实际欺诈是一个由量变到质变的发展过程,潜在欺诈属于 "红旗标志" (red-flags) 区,即 "舞弊风险因素" 或 "警讯",不一定表明欺诈一定存在,但却是标示欺诈可能性的重要征兆,多为机构或系统漏洞所致,应当及时纠正;实际欺诈多为有心之过,实为逐利招致,具有可责难性和追责的正当性。

[②] 执法金字塔最早由学者伊恩·艾尔斯和约翰·布雷斯维特在《回应性规制——超越放松管制的争论》一书中提出,作为一种微观实操结构,金字塔底部至顶部分别由劝服、警告通知、民事制裁、刑事制裁、暂停执业、吊销执业 6 部分构成,对应的法律制裁强度逐级递增。

[③] 欺诈风险评估需要衡量如下因素:欺诈行为的性质和环境、政府机构调查期间的行为表现、重大改进的努力、合规的历史。例如,对患者的身体造成不良影响、阻挠政府的调查、欺诈行为制裁的前科记录等属于高欺诈风险;而医疗服务供方投入大量资源建立医疗保险合规体系则被视为低欺诈风险。

最高欺诈风险将面临从业资格被排除的行政追责,① 其他欺诈风险的执法手段则按照风险高低程度依次为强化审核、诚信义务履行、无须行动、自我披露。

从图1可以看出,美国医疗保险欺诈风险的元规制强调诚信合规的重要性,积极主动的善意合规、诚信义务的履行被认为能从医疗卫生组织内部塑造合规价值观、养成合规文化,促使其积极主动地实现合规目标,最大限度减少欺诈动机和实施欺诈的合理化借口。

具体言之,潜在欺诈对应较低风险指标,医疗服务供方在自我规制中发现潜在欺诈(例如非故意的编码错误导致超额获取医疗保险基金支付)可以主动与政府部门签订自我披露协议,自查自纠,返还账单补偿金额,汇报总结,HHS-OIG 将因此放弃其排除从业资格的权力。实际欺诈(例如故意就同一个治疗行为申请两次以上的医疗保险基金支付)对应中等及以上风险指标,HHS-OIG 通常首先发出欺诈违规的警告信,督促医疗服务供方签订诚信协议,履行诚信合规义务。如果医疗服务供方完全履行诚信协议则 HHS-OIG 将放弃其排除从业资格的权力。② 如果医疗服务供方不履行或不完全履行诚信协议甚或不签订诚信协议,HHS-OIG 将强化单边对抗式审核,直至合规目的落空,最后采取排除从业资格的执法手段。

2. 自我披露协议:元规制的被动介入

即使善意的医疗服务供方实施强有力的合规计划,也有可能存在触

---

① 根据美国《社会保障法》1128 条(B)款规定,监察长办公室对于违反《虚假陈述法》而被追责的医疗保险欺诈行为人有权排除其公共医疗保险计划的从业资格。一旦被列入排除资格名单,公共医疗保险计划将拒绝支付被排除者提交的任何医疗补偿申请。由于美国公共医疗保险计划支出占整个医疗卫生支出的近半数,因此,被排除公共医疗保险从业资格对于医疗服务供方而言无异于致命打击。

② 排除从业资格有强制性排除(Mandatory exclusion)与许可性排除(Permissive exclusion)两种类型,前者针对犯有重罪的欺诈行为,后者适用于轻罪及以下的欺诈行为。只有在许可性排除情形下,总监察长办公室才能享有排除与否的自由裁量权。

发潜在欺诈责任的行为。为了节省合规计划基础建设达标与否的检查成本，HHS-OIG 鼓励医疗服务供方对发现的潜在欺诈责任进行自我披露。自 1998 年以来，通过自我披露协议的履行，HHS-OIG 获得了 6.15 亿美元的多付款返还和赔偿款，解决了 1200 个案件。①

自我披露协议（self-disclosure protocol）是医疗服务供应方主动向政府部门提出医疗保险潜在欺诈自我披露的要约，政府部门予以承诺，由医疗服务供方通过自我调查与核算向政府部门汇报存在的违法情况、造成的损失数额以及采取的纠正措施，确定并支付赔偿额的和解协议。② 医疗服务供方可以与 HHS-OIG、医疗照顾与医疗补助服务中心、司法部内部相关机构签订自我披露协议，其中，与 HHS-OIG 签订自我披露协议的流程和指南相对完善，本文重点介绍此类自我披露协议。

1995 年，HHS-OIG 针对医疗保险高欺诈风险的佛罗里达州和伊利诺伊州的耐用医疗设备公司、临终关怀照顾中心、护理院等医疗服务供方首次正式使用自我披露协议。1998 年，HHS-OIG 发布医疗服务供方自我披露协议标准范本，向所有医疗服务供方开放自我披露协议的通道，意在将被动的政府部门检查替换为医疗服务供方主动的自我披露。2010 年制定的《患者保护与平价医疗法案》规定了"60 天规则"，要求从公共医疗保险基金获得超额支付的医疗服务供方必须在该超额支付确认之日起 60 日内返还无权获得的超额支付，否则将面临行政制裁和《虚假陈述法》中规定的 3 倍惩罚性损害赔偿。自此，自我披露协议在医疗行业才真正获得了现实的必要性。

从法律性质来看，自我披露协议是以医疗服务供方善意自我规制为

①　OIG Approaching $ 100 Million A Year from Self Disclosures [EB/OL]. Strategic Management Services，2020-08-06.

②　Update：OIG's Provider Self-Disclosure Protocol（2013）[EB/OL]. Office of the Inspector General，2020-08-10.

核心，HHS-OIG 元规制最后把关的和解协议。该和解协议因应医疗服务供方善意合规意愿的表达与诉求，激励医疗服务供方通过调查和审计等手段积极主动地自我披露欺诈和滥用行为。HHS-OIG 一直强调诚实信用是医疗服务供方执业遵循的基本原则，在自我披露协议中，诚实信用原则具体化为医疗服务供方最大善意履行自我披露义务。①

自我披露适用条件：从组织内部或外部获得即将面临欺诈或滥用法律责任的可靠信息。该信息的内部获得一般通过内部审计、检查和调查等常规手段或员工举报、热线电话等途径；外部获得一般是 HHS-OIG 或医疗照顾和医疗补助服务中心发出的通知或警告。

自我披露协议的主要内容有：（1）披露行为与限制：首先，医疗服务供方必须明确违反刑法、民法和行政法的潜在欺诈行为，并精确到违反的具体法律和条款，且不能质疑行为的违法性。其次，如果没有违法行为，只是无意获取了超额支付款，无须自我披露，直接向政府医疗保险经办机构返还超额部分即可。此外，对自身行为是否违法无法确定的，可以通过专门的咨询建议程序获得答案；仅仅因医生的自我转介行为违反《斯塔克法》（The Stark Law）的，直接向医疗照顾和医疗补助服务中心自我披露。（2）自我披露内容：需要披露的潜在欺诈行为主要为虚假账单、雇佣无合法身份的员工、违法的回扣行为或兼有回扣行为和自我转介行为等，要求披露主体展开全面调查，通过内外部审计等手段，采用政府部门建议的方法准确核算潜在欺诈行为给公共医疗保险计划造成的损失及最终赔偿数额。②（3）披露主体在自我披露申请提交

---

① 之所以称其为最大善意，原因在于如果医疗服务供方故意隐瞒或无意遗漏了某些欺诈或滥用行为，不仅会丧失自我披露协议履行的诸多好处，而且还会引致较不签订自我披露协议更为严厉的惩罚后果。

② 医疗服务供应方核算的损失赔偿数额最后要经过政府部门确认来决定最终的和解费用，是否采用政府部门推荐的核算方法非常重要，如果没有采用政府部门建议的核算方法，政府部门最后确认的损失赔偿数额通常高于披露者自己核算的数额。

时应保证潜在欺诈行为已经结束或者至少保证自己已采取纠错行为，在自我披露申请提交之日起 90 日内结束违法行为。

自我披露的政府规制激励机制：① （1）医疗服务供方自我披露协议的完全履行是 HHS-OIG 放弃行使其排除从业资格权力的必要条件，且无须诚信协议的签订和履行。② （2）因为合作诚意，医疗服务供方将向政府支付更少的赔偿费用。通常情况下，潜在欺诈风险如果是政府部门检查时发现而非自我披露发现，根据《虚假陈述法》，医疗服务供方须向政府部门支付每一项虚假医疗服务账单数额的 3 倍赔偿，而自我披露协议的履行则使该赔偿数额的倍数降低为 1.5 倍。（3）由于 HHS-OIG 完善了内部流程，使自我披露协议的履行通常不超过 12 个月，因此，医疗服务供方可以尽快结束潜在欺诈风险处理的干扰，恢复正常执业活动。（4）因为自我披露的合规诚意，医疗服务供方的潜在欺诈风险将免于被公之于众，维护了其正常执业的信用和声誉。（5）自我披露协议的履行并不能直接免除对披露者的其他民事和刑事制裁，但是 HHS-OIG 通常会将自我披露协议履行的情况与司法部门沟通，司法部门一般会考虑减轻处罚。总之，医疗服务供方与政府部门诚信合作，全面履行自我披露协议，才有可能获得较优的解决方案，否则将因违约被移除自我披露名单。

综上，自我披露协议是由医疗服务供方单边启动的元规制，HHS-OIG 的介入是被动的，以医疗服务供方自我规制为主导，通过全面的自我内部调查、内外部审计手段的使用，确认潜在欺诈行为，积极纠正改错，医疗服务供方不仅表达了自己的合规诚信，而且也令外界信服其合

---

① 此处的激励机制即合规激励机制，是指企业在违规违法行为发生之后，可通过建立或完善合规计划来换取政府的宽大处理。参见陈瑞华．论企业合规的中国化问题 [J]．法律科学，2020（3）：41.

② 诚信协议针对实际欺诈阶段，在政府部门的监督下，医疗服务供方自我规制的时间长达 5 年，花费的成本更为高昂。

规计划的完整性和诚信度；而元规制只体现在和解协议签订环节与最后审查、确认环节，因此，自我披露可以说是医疗服务供方对潜在欺诈风险的自查自纠。

3. 诚信协议：元规制的主动介入

如果说自我披露协议的签订和履行是元规制的被动介入，那么，诚信协议就是元规制的主动介入。欺诈风险指标图显示随着欺诈风险指标的逐级递升，政府部门的规制力度不断强化，从潜在欺诈到实际欺诈表面上是欺诈风险量化级别的攀升，实质上反映了诚信合规的善意滑向利得算计恶意的质变开启，针对于此，诚信协议成为启动政府元规制主动介入的首要一步。

诚信协议（integrity agreement）是医疗服务供方与 HHS-OIG 就其受民事虚假陈述诉讼指控的违法行为，约定承担合规义务，以换取 HHS-OIG 放弃行使排除从业资格权力的民事和解协议。诚信协议作为 HHS-OIG 强制执法手段，有助于减少联邦医疗保险项目面临的欺诈和滥用风险，同时继续允许医疗服务供方获得联邦医疗保险的支付补偿。诚信协议通常持续 5 年，医疗服务供方需要履行协议约定的合规义务，并接受 HHS-OIG 对合规过程的监督、检查和复审，HHS-OIG 根据协议的履行情况决定是否放弃行使排除从业资格的权力。针对医院、耐用医疗设备公司等实体组织的诚信协议被称为公司诚信协议（corporate integrity agreement），是最重要的一类诚信协议。截至 2018 年 12 月 31 日，HHS-OIG 官网公布的数据显示，共有 243 家医疗服务供方与 HHS-OIG 签订了诚信协议，排在前四位的是医生或小规模的医疗服务供方、医院或卫生系统、救护车提供者或疗养院、康复中心和长期护理机构。

与自我披露协议的自愿性、封闭性不同，诚信协议是由 HHS-OIG 主动介入、干预而督促医疗服务供方签订的强制性、开放性的民事和解协议。虽然仍然以医疗服务供方自我规制为主，但却由 HHS-OIG 督促启动，表现为诚信协议的签订，如果拒绝签订诚信协议，将被列在不配合的公示名单中，此为强制性。就开放性而言，诚信协议签订后，医疗服务供方履行合规义务的过程须接受 HHS-OIG 监督、检查和复审；同时，要求引入独立第三方开展外部审计；定期向 HHS-OIG 报告合规情况。

诚信协议适用条件：最初的诚信协议是民事虚假陈述案件的必然结果，即一旦因举报人而使虚假陈述案件进入诉讼程序，则医疗服务供方不仅要支付惩罚性民事赔偿，而且要与 HHS-OIG 签订诚信协议。20 世纪 90 年代中期以后，HHS-OIG 改变了做法，诚信协议不再是民事虚假陈述诉讼案件的必然结果，而是根据危害后果有选择地适用。申言之，诚信协议的适用须满足两个条件：一是民事虚假陈述案件正式进入诉讼程序；二是虚假陈述的欺诈行为导致重大金钱损失、患者伤害以及其他重大持续性的违规违法风险。①

诚信协议的主要内容有：（1）履行合规义务，完善合规计划。合规计划重点不再是合规基础建设和员工培训，而是风险评估，应采取积极主动的合规计划，评估和减少欺诈风险；重视医疗服务供方高层管理者的参与，例如：董事会成员、行政人员和高级管理人员应根据他们在公司的职责和角色来核证合规情况。（2）HHS-OIG 的监督、检查与复审权利：在诚信协议履行过程中，HHS-OIG 有权监督医疗服务供方合规义务的履行，主要包括索取、检查和审核医疗申请账单、文字记录材料等文件，指派律师等专业人士到医疗服务供方处进行现场检查，通过实际沟通督促诚信协议的履行。（3）违约条款：医疗服务供方应全面、及时履行诚信协议所约定的义务，否则即为违约，将引发如下接续后

① DEMSKE G E, TAYLOR G, ORTMANN J. Shared Goals: How the HHS Office of Inspector General Supports Health Care Industry Compliance Efforts [J]. Mitchell Hamline Law Review, 2018 (44): 1145-1164.

果：①接到 HHS-OIG 发出的通知信，告知医疗服务供方违约的事实和应缴纳的规定罚款。① ②缴纳规定罚款或申请听证。医疗服务供方对于通知信无异议，应该积极纠正违约行为并支付规定数额罚款，有异议，则须向美国 HHS 的行政法官申请听证，如果没有从上述两方面予以表态，则被视为重大违约。③重大违约及其后果。义务人重大违约的情形主要有：未按要求及时报告应报告事项、未对欺诈行为及时纠正、未退还超额支付所获得的款项、未能及时回应 HHS-OIG 的要求信、没有雇用独立审查组织开展工作等。一旦被视为重大违约，医疗服务供方将面临被排除从业资格的处罚，除非其在接到通知信 30 日内向 HHS-OIG 保证重大违约已得到解决或者虽不能 30 日内解决但已经尽职着手实施解决方案。

诚信协议的政府规制激励机制主要是免除被排除公共医疗保险从业资格的行政处罚。对于医疗卫生行业的从业者来说，从业资格是其谋生的门槛，尤其是公共医疗保险的从业资格，因为美国公共医疗保险支出占据医疗支出总额的近半数，所以，一旦被排除公共医疗保险从业资格相当于被宣判了职业生涯的死刑，某种程度上被排除公共医疗保险从业资格甚至被认为重于民事乃至刑事制裁。

总之，诚信协议体现了元规制政府强制性的介入和干预，是HHS-OIG 强制执法手段之一。尽管诚信协议拉开了惩罚性制裁的序幕，但仍以医疗服务供方自我规制为核心，既赋予医疗服务供应方悔过自新、将功折罪的机会，也有助于协助 HHS-OIG 开展反欺诈调查。

---

① 例如：违反任命合规管理者和设立合规委员会、开展培训计划、提交报告等诚信义务时，罚款数额为每天 2500 美元，从义务履行到期之日起逐日累计；年度报告中的领导层或独立审查组织的认证如果是虚假的，罚款数额是每一次认证 5000 美元。由于是按日累计或每笔认证起算，因此，最后罚款的总计数额往往高达上百万美元甚至上千万美元。

(三) 医疗保险欺诈风险合规治理元规制的内在逻辑

医疗保险欺诈风险合规治理侧重于事前预防,兼顾事中控制和事后制裁,在培养主体的合规意识、养成合规文化以及节约执法成本等方面明显优越于单边对抗式的事后制裁。从现有学术成果和实践来看,风险合规应对的路径既可以选择自助式的自我规制,也可以选择强制性的命令控制型政府规制,① 而美国医疗保险欺诈风险的合规应对则为我们提供了一条元规制路径,有必要剖析医疗保险欺诈风险合规治理元规制的内在逻辑,以明确其是否具有理论上的合理性与实践上的可借鉴性。

1. 何以合规治理元规制?

国际经验显示,医疗保险欺诈规制的初级阶段大多采用"追逐模式",即由国家制定法律法规,明确欺诈等违法行为的不利后果,政府行政与司法部门的主要职责是执行法律法规和适用法律法规。在追逐模式下,政府与医疗服务供方处于两级对抗状态,政府关注的仅是欺诈的发现和制裁的追究,医疗服务供方则只关心躲避政府的追逐,虽然能在一定程度上有效打击欺诈等违规违法行为,但不具有可持续性,高压态势一旦放松,欺诈等违规违法行为势必反弹,而且极易在民众当中形成法不责众的侥幸心理,在医疗卫生行业滋生违规违法的潜规则。

医疗保险欺诈风险的合规治理恰恰是为了克服"追逐模式"的弊端而采取的策略,其目的不仅仅限于使医疗服务供方遵守法律法规,而且也包括塑造良好的道德文化,使其养成自觉合规意识。相对于"追

---

① 学者赵万一所撰之文即是在自助式自我规制面向探讨合规问题。参见赵万一. 合规制度的公司法设计及其实现路径 [J]. 中国法学, 2020 (2): 69-85. 在实践中, 2017 年,原中国国家质量监督检验检疫总局和国家标准化管理委员会联合发布《合规管理体系指南》,为各类组织合规的自我规制提供了指导,而我国中央企业、证券企业的合规管理则采用政府"行政压力机制"强制推行,究其实质还是一种命令控制型政府规制。参见陈瑞华. 论企业合规的中国化问题 [J]. 法律科学, 2020 (3): 36.

逐模式"，合规治理更具有预防色彩。尽管合规治理已成为当下世界经济管控、公共管理的主旋律，但是对于医疗卫生行业而言，如何合规治理则是一个非常现实的问题。

单纯的自我规制虽然有助于发挥医疗服务供方合规的能动性，减少政府介入导致的形式主义和执法成本，但是，一方面由于缺少支持赋能，合规的自我规制只能增加医疗服务供方的负担，进而使其产生抵触情绪，出现新的形式主义；另一方面由于缺少外在压力，合规的自我规制也有可能会失灵，使医疗服务供方无法实现遵守法律法规的目的，更遑论道德文化的塑造和自觉合规意识的养成。

元规制衍生于回应性规制理论，作为回应性理论的核心策略，支持赋能与制裁威慑使元规制具有了动态性、渐进性和交互性，符合元规制本身由上层对下层干预介入的本质内涵，此种干预和介入不仅包括自我规制前的支持赋能，主要采用非强制性的教育、说服、奖励手段，目的在于引导、帮助，也包括自我规制无效之后的制裁威慑，主要采取和解协议等温和性的强制手段，目的在于督促医疗服务供方完善自我规制，解决合规无效的问题。而且，在对自我规制予以规制的交互过程中，政府部门不单单能够降低执法成本，亦能提高自身对医疗卫生行业合规相关知识、信息的了解和掌握，提高规制能力。

综上，风险的合规应对符合医疗保险欺诈政府规制发展阶段的规律，而元规制因自我规制与政府规制的交互协同而成为医疗保险欺诈风险合规治理的首选路径。

2. 合规治理如何元规制？

根据元规制的层次性、渐进性和交互性，医疗保险欺诈风险合规治理应当从以下三个层次确立元规制框架：

第一，自我规制的支持赋能层。医疗卫生行业具有高度的异质性、变化的快速性、不确定性以及专业发展要求的创新性，多数医疗服务供方希望合规但不知道如何合规，因此，在政府支持赋能下的自我规制具有必要性：首先，鼓励医疗服务供方合规的积极性和主动性。合规管理是一个系统工程，需要一定财力和人力的投入，一个有效的合规通常发生在合规收益大于或持平于合规成本的场合，政府通过合规指南、教育、奖励等手段有助于减少医疗服务供方的合规成本，激发其合规努力。其次，引导医疗服务供方内部的合规管理体系纳入政府希望的良性发展轨道，例如，可以通过合规指南等形式框定合规管理体系结构、核心内容、建立合规的基本框架和最低标准，医疗服务供方可在此框架之内和标准之上建设自己的合规管理体系。再次，提高医疗服务供方自我规制能力，树立合规模范。单纯自我规制的合规通常只臣服于法律法规的外在压力，合规管理体系也只能是守法公民的最低标准，道德文化建设较难启动。通过政府教育、培训、奖励等手段的支持赋能，医疗服务供方内部能够逐渐形成普遍的合规价值观以及良好的职业道德文化氛围，政府也可以对模范合规者予以奖励，在同行业界昭示合规的好范本，便于彼此学习借鉴，共同进益，从而在医疗卫生行业形成自觉合规的好风气。

第二，自我规制层。在政府支持赋能下，绝大多数医疗服务供方可以通过自我规制实现合规目的，即设置专门的合规管理者、合规机构，制定合规纲领和合规规则，树立组织内的道德价值观、合规文化，设立匿名举报等合规沟通交流渠道，开展定期的员工合规培训教育，将检查、监督、审计等常规化手段制度化，按照欺诈识别、评估与纠正的逻辑确定欺诈的应对。总之，自我规制层是以合规目的为导向的规制，适用于多数有善意合规意愿的医疗服务供方。

第三，制裁威慑的强制规制层。通过政府支持赋能的自我规制，大多数医疗服务供方能够实现合规的目的，但是少数的"坏苹果"难免会出现，加之医疗卫生行业的复杂性和多变性，也会导致自我规制失灵，于是，政府干预的强制介入就显得极为必要。这种纠偏式的政府干预属于对自我规制的规制，即以强制性措施发挥制裁的外在压力，使违规违法者悬崖勒马，同时起到警示他人的作用。不过这种强制规制是较温和的强制手段，例如美国打击医疗保险欺诈中使用的诚信协议，虽然全程伴随监察长办公室的督促、监督、验收，但是恢复医疗服务供方合规的自我规制仍然是诚信协议履行的主要目的。

综上三个层次构成了合规治理的元规制框架，不仅对有效合规管理体系的建设具有较强的实操指导性，而且也形成了三重循环学习模式。所谓三重循环学习模式是指元规制框架中三个层次之间因协同交互而产生的为实现更好合规目的的自我学习和互相学习模式。详言之，在自我规制的支持赋能层，医疗服务供方能够通过政府的指南、咨询意见、警示公告、教育乃至奖励等方式学习进而解决什么是合规、如何合规的问题；自我规制层面，医疗服务供方在建立内部合规管理体系的过程中实现了自我学习，提高了自我规制能力；在制裁威慑的强制规制层，一方面违规违法的医疗服务供方在政府的强制干预下纠正违规违法行为，完善合规管理体系，这是一个"大棒"之下的合规学习，另一方面，政府在督促、监督医疗服务供方自我规制过程中，也是对好坏合规判断和完善合规经验的学习。可以说，在强制规制层政府和医疗服务供方之间是互相学习的过程。

四、我国基本医疗保险欺诈风险合规治理的元规制选择：可行性与设想

欺诈是一种严重违法的道德风险，我国医疗卫生行业的道德风险一直是一个备受关注的议题，学术界的研究早已硕果累累。① 随着我国全

---

① 参见赵曼，吕国营. 社会医疗保险中的道德风险 [M]. 北京：中国劳动社会保障出版社，2007；王锦锦. 论社会医疗保险中的道德风险及其制度消解 [J]. 人口与经济，2007 (3).

民医保目标的逐步实现，巨大的基本医疗保险基金吸引着逐利者贪婪的目光，欺诈开始成为医疗卫生行业的显性问题。政府对基本医疗保险欺诈规制的重视始自 2018 年国家医疗保障局设立后开展的一系列打击欺诈骗保的立法和执法行动。可以说，我国对基本医疗保险欺诈的规制刚刚拉开序幕，目前尚处于"追逐模式"阶段，以命令控制型政府规制为主要手段。尽管起步晚，但是我们有后发优势，在充分借鉴域外反欺诈事业的发展规律和成熟经验的同时，结合我国的实际国情，完全有可能建立一套行之有效的欺诈规制模式。

相对于一般欺诈行为，基本医疗保险欺诈更为复杂，不仅涉及众多主体，而且欺诈的主观状态和危害后果存在程度上的差异，这决定了欺诈规制应具有层次性，体现差别对待。对于多数的善意主体，基本医疗保险欺诈风险的合规治理是政府反欺诈工作的首选。而合规治理与政府规制的关系主要有两种模式：一是指令性规制（prescriptive regulation），政府须制定详细的行为标准和规范，并对被规制者遵守标准和规范的情况进行监督和控制，该模式主要适用于同质性和稳定性的规制领域，①例如金融机构的网络安全规制；② 二是回应性规制，政府赋予被规制者自我规制的空间和灵活性，并根据被规制者自我规制的具体情况不断调整规制策略和手段。回应性规制是一种过程导向的规制，可以衍化为基于管理的规制（management-based regulation）、基于原则的规制（principles-based regulation）以及元规制等不同的规制策略。其中，元规制

---

① 指令性规制是指一种基于遵守明确规定的行为的规制方法，这种规制方法提供了必须遵循并满足的规则和标准的详细规范。

② DILL A. Prescriptive, "Rules-Based" Regulation is Key to Enhancing Cybersecurity in Financial Institutions [EB/OL]. Chicago-Kent College of Law faculty news and publications, 2020-03-10.

宜适用于异质性、不确定性、快速变化性以及违规普遍存在的领域,①医疗卫生领域恰恰是这样一个领域:医疗服务供方具有规模、属性的异质性,患者存在个体的异质性,信息不对称决定了医疗卫生领域的诸多不确定性,医疗技术的飞速发展与医疗保障机制的与时俱进使医疗卫生行业一直处于快速变化进程中,道德风险是医疗卫生行业的伴生物,滥用、欺诈和腐败的普遍存在是世界性难题,因此,有必要对基本医疗保险欺诈风险合规治理实践采用元规制策略。

元规制理论虽源于西方欧美国家,但作为一种以实践指导为起源和归宿的理论,元规制在实践中具有普适性,尤其针对基本医疗保险欺诈风险合规治理这样一个世界各国皆须应对的议题。下文将从可行性与设想两方面对我国基本医疗保险欺诈风险合规的元规制进行初步探讨。

(一) 可行性

尽管有学者提出元规制的实现取决于高度的规制能力、稳定的规制议程与支持性的政治环境三者的罕见组合,②但是任何规制策略都离不开实践的摸索和检验,元规制在我国食品安全、安全生产等领域的应用已具备从学界探讨到实务践行的一定经验,充分显示了元规制的工具理性,而我国当前在打击基本医保欺诈领域中基础制度和规制能力的日益精进使元规制的应用具备了可行性。

1. 基础制度的初建与借鉴

由于本书将基本医保欺诈合规治理定位在元规制进路下的医疗服务供方自我规制与政府规制的交互促进,因此,基本医保欺诈合规治理中的合规不仅仅指医疗服务供方的行为须符合法律、行政法规、规章以及

---

① GILAD S. It runs in the family: Meta-regulation and its siblings [J]. Regulation & Governance, 2010 (4): 485-506.

② GILAD S. It runs in the family: Meta-regulation and its siblings [J]. Regulation & Governance, 2010 (4): 485-506.

诊疗规范的规定，还关涉政府规制的法律制度安排。就我国当前的立法建制而言，医疗服务供方的职业行为须符合《民法典》第 7 编中侵权责任的相关规定、《执业医师法》《医疗机构管理条例》《临床技术操作规范》《病历书写基本规范》以及国家医疗保障标准化建设中陆续出台的各项基础共性标准、管理工作规范、公共服务标准、评价监督标准等。① 而我国当前政府规制的法律体系由中央层面立法与地方层面构成，亦即，中央层面的《社会保险法》第 87 条和第 88 条、《基本医疗卫生与健康促进法》第 104 条、《刑法》第 266 条、《医疗保障基金使用监督管理条例》组成高位阶法律法规规制群。地方层面立法如《珠海市社会保险反欺诈办法》《云南省医疗保险反欺诈管理办法》《天津市基本医疗保险规定》《上海市基本医疗保险监督管理办法》等组成低位阶地方性法规、规章等规制群。总之，随着我国全面依法治国的逐步推进，医疗保障制度改革日益深化，我国对于基本医保欺诈的合规治理具有硬法与软法兼备并用的特点，初步建立了基础性制度体系。

虽然我国医疗卫生领域的行政规制实践已开启合规治理的序幕，但是，我国现有规制基本医疗保险欺诈的法律体系仍采用单边对抗的传统政府规制模式，较少关注合规治理元规制内容。其实，我国早在 2014 年就颁布了国家标准《合规管理体系指南》，适用于一切组织，不仅医疗服务供方自当借鉴，医疗保障行政部门亦可在此基础上予以医疗卫生领域专业化的拓展。实践中，合规治理在我国的证券、金融、商业保险以及中央企业等经济性规制领域已渐入制度化轨道，食品安全、安全生产等社会性规制领域的中央层级立法已经将自我规制与元规制的相关内容写入法条中，② 体现了协同规制的合规理念。上述宝贵的制度建设经

---

① 参见 2019 年国家医疗保障局发布的《医疗保障标准化工作指导意见》。

② 参见《食品安全法》第 48 条第 1 款的规定、《安全生产法》第 3 条以及其他若干关于落实生产经营单位安全生产主体责任的法律规定。

验都能够为我国基本医疗保险欺诈风险的合规规制提供借鉴。

2. 不断加持的规制能力

元规制对政府部门的规制能力有较高的要求，不仅需要组织机构和专业人员的配备，而且还需要多元化的执法手段以应对不同层次的规制要求。2018 年国家医疗保障局成立，内设基金监管司专门负责反欺诈事宜，各地方的医疗保障局也相继布局完毕。为了强化行政执法，上海、天津、徐州等地陆续成立医疗保险监督检查所，专项负责打击基本医保欺诈的工作。可以说，我国基本医保欺诈合规治理元规制的组织基础已具备。

就规制手段而言，国家医疗保障局自成立以来，在打击基本医保欺诈方面可谓不遗余力。

（1）基本医保合规治理的支持赋能。2020 年 2 月中共中央国务院颁布《关于深化医疗保障制度的改革意见》，提出推行处方点评制度，促进合理用药；加强医疗机构内部专业化、精细化管理，分类完善科学合理的考核评价体系，将考核结果与医保基金支付挂钩；完善健全绩效考核和激励机制。可以说，促进合规自我规制的顶层设计已初步架构。

（2）基本医保基金使用的过程监督。为了保证医保基金的安全有效使用，除了医保经办机构对基本医疗保险待遇支付的审核把关与稽核复查以外，拥有执法权的政府部门还采取日常监督检查、异常情况调查等常规执法手段与飞行检查、专项治理等重大行动的执法手段相结合的方式开展打击欺诈骗保的行为。

（3）宽严兼顾的制裁体系。根据我国现有的规制体系，基本医保欺诈等违规违法行为在层次上可以分为违约、违规和违法三种表现形态，对应的规制手段包括协议管理、行政制裁、刑事制裁三种形式。

（4）针对商业贿赂的重灾区——医药领域，采用基于信用的新型监管机制。2020 年国家医疗保障局发布《关于建立医药价格和招采信用评价制度指导意见》，其主旨是针对商业贿赂、税收和价格等违法行为，以司法裁判、行政处罚、行政强制等处理结果为依据，对医药企业进行信用评价和分级，根据分级结果采取分级处置措施。该种信用型监管机制不仅强调医药企业事前履行告知承诺义务，通过信息申报和信息校验实现信息的透明化，更重视失信后的信用修复。具体言之，失信企业可以主动申请恢复信用，但要求其采取终止相关失信行为、处置失信责任人、提交合规整改报告并接受合规检查、公开发布致歉声明消除不良影响、剔除涉案药品或医用耗材价格中的虚高空间、退回或公益性捐赠不合理收益、有效指证失信行为的实际控制主体等信用修复措施。

综上，我国当前政府对基本医保欺诈的元规制工具手段日渐充实，能够应对不同程度的基本医保欺诈风险，具有规制层次的递进性。尤其是针对医药商业贿赂而采取的信用型监管机制，完全契合以促进合规自我规制为核心的元规制策略。可以说，我国对基本医保欺诈的规制能力正处于日益提升的阶段。

（二）设想

当前，我国对基本医疗保险欺诈的规制侧重于事后"追逐模式"的惩罚性法律制裁，忽略了以事前预防为主、兼顾事中控制与事后纠正的基本医疗保险欺诈风险的合规应对。合规应对不能局限于规制对象单方的规制合规，① 不妨借鉴元规制理论，以规制对象合规的自我规制为核心，政府与规制对象合作规制为理念，分别从启动、建设与完善三个层次来构建基本医疗保险欺诈风险合规的规制体系。

---

① 规制合规是指规制对象基于政府规制、私人集体式或个体式的自我规制而分别遵从法律法规、行业守则或内部规章。参见孙娟娟. 从规制合规迈向合作规制：以食品安全规制为例 [J]. 行政法学研究，2020（2）：124.

1. 合规自我规制启动的支持赋能

通常意义上的合规管理只遵循自我规制的路径来达至合规目标，也被称为规制合规，如此，一定的自我规制能力就成为达至合规目标的关键。就医疗服务供方而言，合规的最低目标是遵守法律法规、诊疗规范以及临床路径等，而这对医务人员来说并非易事。2018 年我国门诊量前十名的大医院年门诊量均超过了 500 万人次，且逐年上涨，任务繁重可谓医疗机构和医务人员日常工作的真实写照，在此种现状下，外在压力下合规的自我规制对医疗机构和医务人员来讲只能是增加负担。而医保部门主动的支持赋能则可以提高医疗机构和医务人员对合规的认知能力和内化能力，进而实现有效合规。除了常规的普法宣传，医保部门亟须创新支持赋能手段，例如在官网上开辟咨询答疑专栏，公开基本医疗保险特别欺诈风险警示、最佳合规样例、医疗机构合规指南等反欺诈相关内容，对新入职医务人员的合规培训等。

2. 自我规制层的合规建设

获得了医保部门的支持赋能，医疗服务供方应该有能力开启自我规制的合规建设，除了医保部门的合规指南以外，我国国家标准《合规管理体系指南》亦提供了"制定、实施、评价、维护"的合规管理体系流程。风险的合规应对是当今世界医疗保险欺诈治理领域的主流趋势，学者陈瑞华将一个有效的合规计划归纳为合规宪章、合规的组织体系、合规政策以及合规的程序四大要素，[①] 与美国 HHS-OIG 针对医疗服务供方发布的合规指南中的七大要素内容基本一致。实际上，就目前世界上通行的合规计划来看，尽管合规主体千差万别，但合规计划的框架结构大体一致，医疗卫生领域虽然复杂，但是在医保部门支持赋能的基础上，医疗服务供方通过借鉴国内外同行或其他行业的合规计划和经

---

① 陈瑞华. 企业合规的基本问题 [J]. 中国法律评论, 2020 (1)：182.

验,完全能够实现合规建设的自我规制。

3. 强制规制层的合规完善

自我规制重在预防医疗保险欺诈,大多数医疗服务供方通过合规的自我规制能够实现遵守法律法规、诊疗规范和行业标准的最低合规目标,维持正常医保秩序,维护医疗保障基金安全,然而,合规的自我规制也有失灵的时候,异质性、不确定性和多变性的医疗卫生行业尤其如此。一旦合规的自我规制失灵,基本医疗保险欺诈风险程度就会加大,规制策略也将随之升级,元规制于是开启基本医疗保险欺诈风险的事中监督控制、事后强制纠正的政府干预和介入。

借鉴美国医疗保险反欺诈的经验,结合我国对医疗保障基金监管机制的规划,强制规制层的合规完善可以从规制对象主动模式和被动模式两个方面予以落实。主动模式即信用型规制,是"医疗保障信用管理体系"的规制体现,具体内容如下:以司法裁判、行政处罚、行政强制等处理结果为依据,对被规制者进行信用评价和分级,根据分级结果采取分级惩戒措施,从失信记录到自由限制不等,失信的规制对象可以主动申请恢复信用,但要求其采取纠正失信行为、赔偿失信损失、建立合规制度、接受合规监督检查等信用修复措施。

被动模式即政府督促型规制,当规制对象合规的自我规制失灵后,政府部门强制介入,首先对基本医疗保险欺诈风险进行评估,根据风险等级确定应对的规制策略;其次,督促规制对象签订和解协议,要求其赔偿损失、纠正违规违法行为、完善合规计划;最后,对规制对象合规过程进行监督检查,并验收协议的履行结果。

五、小结

在现代企业治理结构中,合规治理是指"企业为避免特定的合规风险，所建立的包括防范、识别、应对机制的管理体系或治理体系。"①
存在合规风险、建立治理体系的逻辑同样适用于我国基本医疗保险欺诈
的规制建设。然而，不同于企业自身的内部合规治理，基本医疗保险欺
诈规制中的合规治理以避免欺诈风险为目的，突出政府规制的主导地
位，强调支持赋能与制裁威慑下医疗服务供方自我规制的启动与完善，
是一种元规制进路下医药服务供方内部自我规制与外部回应性政府规制
彼此互动的治理模式。该种治理模式旨在从根源上治理欺诈风险，涵盖
欺诈风险预防、萌芽乃至实际欺诈出现的全过程，以关照医疗服务供方
自我规制为核心内容，是政府规制软硬兼施进程中的协同共治。质言
之，基本医疗保险欺诈风险合规治理的元规制进路不只意在防患于未
然，而且还能促使医疗服务供方通过自我规制纠正基本医疗保险欺诈行
为，从而实现我国基本医疗保险欺诈治理能力的现代化。

---

① 陈瑞华. 企业合规的基本问题 [J]. 中国法律评论，2020（1）：180.

第五章 基本医疗保险欺诈规制的立法建制

　　良法是基本医疗保险欺诈规制的前提和基础。世界范围内反欺诈的成熟经验显示，健全的立法是医疗卫生领域反欺诈的有力武器。审视我国相关立法，历时性上有着从无到有、从一般规范到专项规范的发展进程，共时性上表现为主要由中央层面的原则性规范、地方层面的实施细则以及行政法规的专项规制而搭建的立法框架。具体言之，中央层面的2011年《社会保险法》第 87 条和第 88 条、《基本医疗卫生与健康促进法》第 104 条对基本医疗保险欺诈的主体、行为以及法律后果进行了原则性的规定，而《刑法》第 266 条则是严重基本医疗保险欺诈行为入罪的法律依据。在地方层面，通常以《基本医疗保险规定》《基本医疗保险监督管理暂行办法》《医疗保险反欺诈管理办法》等多种名称的地方立法对中央原则性立法进行细化规定。2021 年国务院颁布的《医疗保障基金使用监督管理条例》填补了我国基本医疗保险欺诈专项立法规制的空白，从医疗保障基金使用监管角度全面系统地规制了欺诈行为。总体而言，我国关于基本医疗保险欺诈的立法规制虽然已不再无法可依，但是仍然存在法理支撑不足、立法技术粗糙、系统性和前瞻性匮乏等问题，难以满足我国深化医疗保障改革的规划要求。因此，我们有必要从立法模式、立法体系、立法原则以及内容规划等方面对我国基本医疗保险欺诈规制的立法建设予以系统的、周延的研究，以期相关结论能够指导我国基本医疗保险欺诈规制的实践。

需要说明的是，本书在立法模式选择部分采用比较分析的研究方法，涉及基本医疗保险欺诈这一语词在国外立法规制领域对应语词的转换与衔接。由于欧美国家一般不区分公共医疗保险和商业医疗保险，一律以医疗保险欺诈概括医疗卫生领域中的欺诈行为，因此，在本书行文中凡是域外经验介绍，皆使用医疗保险欺诈这一词语，实对应于我国的基本医疗保险欺诈。

一、（基本）医疗保险欺诈规制的立法模式选择

立法模式是由一个国家创制法律的惯常套路、基本体制和运作程序等要素所构成的有机整体，对立法活动具有现实的拘束作用。从世界范围来看，医疗保险欺诈程度和广度与医疗保险制度的实施及覆盖率有着密切的关系，由于欺诈的隐蔽性和危害结果统计的困难性，各国对医疗保险反欺诈的重视和立法建制也不过只有半个世纪的历史，[①] 行进中的探索与完善是当今世界医疗保险反欺诈潮流的真实写照。虽然各国由于经济、政治、文化等背景不同，有关医疗保险欺诈规制的立法存在较大差异，但是，欺诈不分国界，违反诚信（integrity violation）是各国反欺诈的共同衡量标准，规制扩张亦是当今世界社会治理的主流趋势，基于此，我们尝试对欧美典型国家医疗保险欺诈规制的立法模式进行归纳比较，[②] 在此基础上，结合我国现有国情与发展战略，选择适宜的立法模

[①] 美国在政府层面打击医疗保险欺诈的历史可追溯到 1976 年专门负责反欺诈工作的监察长办公室的设立（后被称为 HHS-OIG）；而欧洲各国对医疗保险欺诈的重视应归功于英国学者 Gee J 等自 2011 年以来对医疗卫生领域欺诈财务成本持续多年的关注与成果贡献。

[②] 由于受文献资料所限，本书借鉴的域外经验以欧美世界的美国和英国、荷兰、比利时等典型国家为例来剖析。

式为我所用。

(一) 欧美国家的三种立法模式

欧洲是福利国家的发源地,医疗保险基本上做到了全民覆盖。欺诈是医疗保险的伴生物,虽然多元一体是欧洲联盟的主要宗旨之一,但是各国针对医疗保险欺诈规制的立法模式却不尽相同。美国自 1965 年建立 Medicare 和 Medicaid 等公共医疗保险制度以来,规制医疗保险欺诈一直是美国国会立法的重要工作,从立法数量和立法内容的健全程度来看,美国应该是当今欧美国家中医疗保险欺诈立法规制最有成就的国家。

欺诈是一个多义概念,既可以表现为立法中的法律术语,也可以泛指执法行动或反欺诈实践经验交流中的欺诈、滥用、贿赂、腐败等违规违法行为。在欧洲,欺诈与腐败往往被合并使用,而美国的公共医疗保险领域,欺诈和滥用往往指向所有违法的不当支付行为。为了行文统一,避免歧义,如果没有特殊说明,本章所写的欺诈皆从广义角度出发,包括狭义法律术语的欺诈和滥用、贿赂、腐败等一切危害医疗保障基金安全的违规违法行为。

尽管各国普遍认同违反诚信是欺诈的本质属性,但是由于存在筹资机制、医务人员薪酬、民众的意识觉悟以及政治环境等因素的影响,且医疗保险欺诈亦有主观动机和危害后果的程度差异,医疗保险欺诈规制的立法模式在欧美国家不尽相同。从医疗保险欺诈行为追责的法部门来看,欧美国家关于医疗保险欺诈规制的立法模式大致可以归纳为以下三种:

1. 刑事定罪规制模式

刑事定罪规制模式是指以入罪刑罚为主来规制医疗保险欺诈的立法模式,典型国家如英国、意大利、波兰、葡萄牙等。其中,英国打击欺诈等违法行为的立法质量和实施效果堪称欧洲各国的翘楚，我们将重点介绍英国的相关立法。英国实施基于税制（tax-based system）的全民免费医疗制度，即国民医疗服务制度（National Health Services，NHS），危害国民医疗服务基金安全的违法行为较为严重的主要有欺诈、贿赂与其他腐败等行为，被定性为经济犯罪，一概由刑法规制，主要立法有2006年《欺诈法》2010年《贿赂法》1978年《盗窃法》1990年《计算机滥用法》1977年《刑法》等。

在英国，医疗保险欺诈以广义层面的概括性术语适用于执法实务界，泛指欺诈、贿赂和腐败等一切经济犯罪；而在立法文本中，医疗保险欺诈并非专门立法术语，其立法规制内容主要参照一般欺诈的规定。根据《2006年欺诈法》，欺诈被明确界定为不诚实地获取本应该支付对价的收益。由此推知，医疗保险欺诈是指不诚实地获取不该有的医疗服务或医疗产品。在该部立法中，虚假陈述的欺诈、隐瞒实情的欺诈与滥用职权的欺诈皆为刑事犯罪。凡是犯有欺诈罪的人，如果经循简易程序定罪，可判处不超过12个月的监禁或不超过法定最高限额的罚款（或两者兼罚）；如果由公诉程序定罪，可判处不超过10年的监禁或罚款（或两者兼罚）。除了《欺诈法》英国关于医疗保险欺诈规制的相关立法还有《社会保障法》《社会保障反欺诈法》《社会保障管理法》等，但这些立法或者仅为社会保障的一般法，有关欺诈的专门规定较少；或者侧重规制社会保障反欺诈的执法行动，真正规制医疗保险欺诈行为的立法还是2006年《欺诈法》。

医疗保险欺诈通常发生在国民医疗服务基金与医务人员、患者、医药公司、医疗设备公司之间的双方法律关系中，如果有第三方介入的非法利益的获取就是贿赂行为。在英国，贿赂是一种严重的腐败犯罪，英国2010年《贿赂法》开创了史上最严苛的贿赂规制立法，被欧盟视为各国学习的典范。该《贿赂法》规定了行贿罪、受贿罪、贿赂外国公职人员罪、商业组织预防贿赂失职罪四种贿赂罪名。概括而言，贿赂是指给予或向某人提供金钱或其他利益，以鼓励该人不正当履行其职权或行为，或对他人不正当实施相关职责或行为给予酬谢；或要求、同意接受或实际接受他人所提供的利益。该法的严苛之处体现为：将适用对象从公职相关行为扩大到与商业有关的行为、雇佣关系中的行为以及包括公司和非公司在内的团体行为；规定严格责任，不仅受贿罪的成立无须主观意图，而且商业组织预防贿赂失职罪只需发生关联人员为商业组织利益行贿的行为即可；规定小额"通融费"也具有违法性；加重刑事处罚，最高将面临无限额罚金或最高十年的监禁或两者并罚。

《贿赂法》不仅设置了综合性的贿赂罪名，更是创新了商业组织预防贿赂失职罪。就医疗保险而言，医药公司、医疗设备公司等国民医疗服务相关组织如果未能构建预防行贿的"充分程序"而导致"关联人员"为其组织利益向他人行贿，则这些商业组织将面临刑事制裁。所谓"充分程序"贯彻风险管理的六大原则，即正当程序原则、高层承诺原则、风险评估原则、尽职调查原则、沟通与培训原则、监督与复查原则。可见，在严苛的刑事制裁规制下，《贿赂法》预留了商业组织预防贿赂失职合规免责的通道，具有胡萝卜加大棒的规制功能，符合预防性规制与打击性规制相结合的现代治理逻辑。

2. 分层规制模式

分层规制模式是指根据医疗保险欺诈主观动机和危害后果的轻重程度确定不同应对策略的立法模式，例如比利时、荷兰等国。在欧洲，无论是患者满意度还是医疗体系建设，比利时、荷兰都是佼佼者。2018年，比利时、荷兰在欧洲健康消费指数排名中名列前五，荷兰更是被称为"欧洲最佳医疗体系之国,"连续多年位列欧洲健康消费指数排名前三。健全的医疗体系自然包括打击医疗保险欺诈的行动。比利时打击医疗保险欺诈的行动卓有成效，其医疗评估和监察局（the Medical Evaluation and Inspection Department，MEID）将医疗卫生领域的违规违法行为根据轻重程度区分为错误、滥用、欺诈与腐败四种类型，创制了"浪费类型"矩阵列表。该列表被 EHFCN 采纳并推广，将其视为欧洲反欺诈和反腐败的最佳实践。下面将分别介绍比利时、荷兰关于医疗保险欺诈的分层规制模式。

（1）比利时的系统、全面立法

比利时实行强制性的社会保险，医疗体系具有医生治疗自由、病人选择自由、项目付费（fee-for-service）补偿机制三个特点，大多数医院是非营利的私营医院，医生则多为自雇职业者。比利时对医疗保险欺诈等违规违法行为通过一般法与专门法形式进行共同规制，涵盖了预防、调查与制裁全过程。

一般法主要有《比利时刑法典》和《社会刑法典》。《比利时刑法典》没有专设法条规制医疗卫生领域的欺诈和腐败，通常比照一般腐败行为进行规制，具体分为公领域腐败和私领域腐败两种类型，前者属于关涉公务员身份的贿赂行为，后者一般被称为诈骗（deceit and swindle）。《社会刑法典》是有关社会刑事立法的汇集文本，用于预防、侦查、起诉和制裁违反社会保障法的行为，这些违法行为被统称为"社会欺诈"。《社会刑法典》规定了医疗巡视员和管制员的权限，并确定了重大医疗欺诈案件的司法程序。

专门法主要包括：①1994 年《强制医疗和残疾保险协调法》，是关于强制医疗和残疾保险组织结构与规制内容的最重要的一部立法，该法规定了医疗服务提供者的职责、法律责任以及医疗保障基金的补偿流程；设立了健康和残疾保险的国家研究院（the National Institute for Health and Disability Insurance，NIHDI）并规定了其宗旨和组织结构；尤其是创设了视察和管制部，其中的行政管制局（the Department for Administrative Control，DAC）负责监督与控制强制医疗和残疾保险的运行，包括打击社会欺诈，而医疗评估和视察局则负责视察、调查和制裁违法行为。②1990 年《医院和其他健康机构法》，规定了管理、程序、财务和医院的认证、医院医生的特定地位等。③2006 年《负责医药和医疗设备联邦机构的设立和作用法》，该联邦机构负责监督医疗市场上医药和医疗设备的质量、安全和有效性，尤其是视察与发现医药公司和医疗设备公司违法和不合规的行为。④2011 年《皇家第 79 号敕令》，设立了医疗协会和纪律制裁的框架以应对违反医疗伦理的行为。

综上，比利时对医疗保险欺诈等违规违法行为的规制兼顾了政府监管与行业自律，立法内容以行政执法、制裁和刑事制裁为主，配合行业合规的事前预防，形成了纪律制裁、行政制裁与刑事制裁等强制性和惩罚力度渐次递增的法律规制体系。

（2）荷兰的市场规制立法

自 2006 年医疗卫生系统激进性改革后，荷兰目前实行强制性的私人保险计划，即强制性医疗保险为全民提供基本的、非常全面的一揽子医疗服务，皆由私人医疗保险公司相互竞争承保，民众可以自由选择私人保险公司，每年年底还可以更换选择，私人保险公司负有强制承保义务，缴纳保险费的高低不影响所接受的医疗服务，医疗服务价格由私人保险公司与医疗服务供方谈判决定。私人保险公司的资金 50%来自国家财政，其他部分由投保人缴费构成。荷兰这种独特的公共基础支持与私人保险公司市场运营相结合的社会医疗保险制度决定了基础性的立法规制尤为重要。

荷兰医疗卫生领域有《健康保险法》《长期护理法》《医疗卫生市场规制法》三部核心法律。其中，《医疗卫生市场规制法》是专门规制医疗保险欺诈等违规违法行为的立法。《医疗卫生市场规制法》的宗旨是建设一个有效率且有效果的医疗卫生体系，控制医疗费用，保护作为医疗消费者的国民利益。该法的主要内容与荷兰医疗卫生市场的发展、组织和监督相关。具体而言，赋权荷兰医疗卫生局（Dutch Healthcare Authority，NZs）作为独立的监督机构，对医疗卫生市场的发展进行审计，对私人保险公司和医疗服务供方进行执法管制；该法规定了与控制欺诈行为有关的收费标准，医疗卫生局可根据上级的指示，为每一种类型的医疗服务制定固定或最高收费标准；医疗服务供方与私人保险公司必须遵守规定的收费标准，医疗卫生局负责监督合规的落实；任何错误和滥用（如低码高报）都意味着合规的失灵，医疗卫生局有权采取应对策略。此外，《医疗卫生市场规制法》还包括透明性条款，医疗服务供方和私人保险公司有义务披露医疗服务价格和医疗服务费用信息。

任何违反《医疗卫生市场规制法》的行为都构成刑事犯罪，公诉机关通常依据《刑法典》按照盗窃、贪污、伪造和诈骗等罪名提起公诉。

综上对比利时、荷兰的分层规制模式介绍，我们发现，两个国家都将医疗卫生领域的违规违法行为区分为错误、滥用、欺诈、腐败四种轻重程度不同的类型，建立了合规治理与法律制裁递进的规制体系，重视行政监督的过程控制以及刑事制裁的威慑力量。比较之下，比利时建立了行业自我规制的事前预防，纪律制裁、行政制裁与刑事制裁等事后的纠正与打击，规制工具更为丰富，立法体系更为完备。

3. 混合立法规制模式

混合立法规制模式是指采用专门法与一般法相结合、欺诈行为类型认定与制裁措施并用的立法模式，典型国家如美国。美国没有全民覆盖的公共医疗保险，自愿购买的商业医疗保险与部分特定人群的公共医疗保险构成美国医疗保险体系的核心，约8.5%的人口没有任何医疗保险。美国联邦政府对医疗保险欺诈的重视和立法源自对公共医疗保险计划（主要指 Medicare 和 Medicaid）不当支付损失的控制。在美国，每年由于欺诈导致的医疗费用成本高达数百亿美元，约占医疗费用总支出的

3%。而这还只是保守估计，美国联邦调查局甚至估算每年因欺诈造成的医疗费用成本约占医疗费用总支出的10%。① 面对日益猖獗的医疗保险欺诈等违法行为，美国颁布了大量的专门法和一般法来进行规制。

（1）针对医疗保险欺诈行为的立法

根据欺诈行为的轻重程度，美国制定了一系列民事立法与刑事立法来规制医疗保险欺诈等违法行为。民事立法主要有《虚假陈述法》与《医生自我转介法》，刑事立法则包括《反回扣法》与《刑事医疗欺诈法规》。

《虚假陈述法》（False Claims Act，FCA）是美国执法部门打击医疗保险欺诈首要考虑和适用频率最高的一部立法。虽然是一般法，但《虚假陈述法》却是当下美国规制医疗保险欺诈的主要民事立法。② 该法禁止医疗服务供应方故意提交或引起他人提交虚假申请以获得政府公共医疗保险计划补偿，主要针对账单类欺诈行为。例如无中生有的账单申请、低码高报的账单申请、分解账单申请等。违反《虚假陈述法》的民事责任极其严重，违法者不仅要支付政府补偿金额的3倍赔偿，而且每一单项的欺诈申请要支付22929美元的罚款。③ 同时，为了激励第三人举报欺诈行为，《虚假陈述法》中设置了著名的"共分罚金"条款（qui tam provision），即吹哨人（whistleblower）制度，允许相关人（一般是被举报人的同事、雇员等）基于怀疑、推测或零星信息代表政府

---

① The Challenge of Health Care Fraud [EB/OL]. National Health Care Anti-Fraud Association, 2020-07-15.

② 2009年美国《欺诈执行与追缴法案》（Fraud Enforcement and Recovery Ac）通过后，美国司法部须每年发布《虚假陈述法》追缴统计数据，2018年度追缴额为28亿美元，其中医疗行业的追缴额占25亿美元，2019年度追缴额超过30亿美元，医疗行业的追缴额高达26亿美元。截至2019年，连续10年追缴统计数据中，医疗保险欺诈的年度追缴额皆超过20亿美元。

③ 为防止通货膨胀侵蚀民事罚款的价值，削减其威慑力，美国《通货膨胀调整法》规定民事罚款标准至少4年调整一次。本文中22929美元是2019年调整后的标准。

起诉医疗服务供方，根据政府是否参与诉讼，吹哨人可获得最后医疗服务供方赔偿额的 15% 至 30% 奖励。

《医生自我转介法》(the self-referrals Law) 又被称为《斯塔克法》(the Stark Law)，是专项规制医生自我转介行为的一部立法，该法禁止医生向与自己（或亲属）有财务关系的医疗服务供方转介 Medicare 和 Medicaid 的病人接受指定的医疗服务。《医生自我转介法》的目的是防止过度医疗，希望医生真正是基于对病人治疗的考虑而非谋求自己的利益来提供医疗服务。违反《医生自我转介法》的法律责任有严格责任和过错责任之分。严格责任主要适用如下情形：自我转介引发的医疗补偿申请将被拒绝，因自我转介获得的医疗服务补偿金额必须全额返还；过错责任适用民事金钱处罚（每单笔医疗服务申请不超过 15000 美元）和排除医疗服务从业资格的处罚。当然，如果符合法定例外情形（mandatory exceptions），例如办公室辅助业务（In-Office Ancillary Services）、公平市场价格的补偿（Fair Market Value Compensation）等，医生的自我转介无须承担法律责任。近年来，由于《医生自我转介法》的复杂性，尤其对"自我转介""财务关系"与"法定例外情形"的规定并不明确，导致合法与违法的界限难以被掌握，不仅使许多的医疗服务供方遭受动辄千万美元的不期处罚，而且因忌惮违反《医生自我转介法》，医疗服务供方不敢开展有益病人治疗的各种医疗服务创新，尤其影响了美国医疗保险行业由按服务项目付费（fee-for-service）机制转向按绩效付费（pay for performance）机制的改革发展进程。因此，修订《医生自我转介法》，放松对医生自我转介行为的严法规制，促进形成以服务病人为中心、鼓励创新与合作、以价值为基础（value-based care）的医疗行业新局面已被列为美国政府工作的重要议程。

上述民事立法对医疗保险欺诈行为人的主观意图要求不高，以恢复损失和惩戒威慑为目的，举证责任实行较低的"优势证据"（preponderance of evidence）举证标准。①。而对于需要定罪量刑的严重医疗保险欺诈行为，《反回扣法》和《刑事医疗欺诈法》等刑事立法往往要求有较高的主观意图，采用"超出合理怀疑"（beyond a reasonable doubt）的举证标准。②

《反回扣法》（Anti-Kickback Statute，AKS）禁止医疗服务供方明知且故意（knowingly and willfully）地提供任何报酬直接或间接使自己获得 Medicare 和 Medicaid 的业务。报酬包括任何有价值的东西，如现金、免费租房、昂贵的酒店住宿和餐费以及医疗顾问的过高补偿等。违反《反回扣法》将遭受一系列刑事制裁与民事、行政制裁。具体而言，刑事制裁包括单次违法行为最高 25000 美元的刑事罚金和不超过 5 年的有期徒刑；行政制裁是排除公共医疗保险从业资格；民事制裁包括回扣总额 3 倍的赔偿，以及单次回扣 10 万美元的民事罚款。不过，如果医疗服务供方的回扣行为符合"安全港规则"（safe harbor regulations），则不被视为违法行为。例如：投资利益的回报、医疗服务场所或医疗设备的正常市值的租金等。虽然转介病人的行为皆属于《医生自我转介法》与《反回扣法》规制的对象，但是二者的区分还是很明显的：首先前者只能由医生转介，后者无限制；其次，前者有严格责任与过错责任之分，即使过错责任对主观非善意要求也不高，而后者要求有主观恶意；第三，前者以民事制裁为主，后者主要是刑事制裁；第四，前者只适用医疗照顾计划和医疗补助计划，而后者适用所有联邦公共医疗计划。

---

① 优势证据是英美法系国家民事诉讼程序的主要证明规则，即只要一方的证据比较另一方的证据更可信更具有说服力，法院就可以采信。

② 超出合理怀疑，是源于 18 世纪英国的法律术语，在大多数的抗辩式诉讼制度里，是验证刑事罪行时必要的举证标准。举证责任由检控一方承担，并须要证明其提出的主张已超越合理怀疑，即是说不能在理性自然人心目中存有任何疑点，方能判定被告有罪。

《刑事医疗欺诈法》（Criminal health care fraud statute）是《美国法典》（U. S. Code）中"犯罪与刑事诉讼程序"标题下的一个具体条文，该法条禁止任何人明知且故意实施阴谋或企图实施阴谋以欺骗任何医疗福利计划或者以虚假陈述等方式获得任何医疗福利计划的支付补偿。例如，数名医生与诊所合谋，通过提交医疗上不必要的电动轮椅的账单申请，骗取 Medicare 的补偿支付。违反刑事医疗欺诈法行为的法律制裁非常严厉，主要是刑事罚金或者最高 10 年的有期徒刑，或者二者并罚；如果违法行为导致了病人严重的身体伤害，则处以罚金或最高 20 年的有期徒刑，或者二者并罚；如果违法行为导致了病人死亡，则处以罚金或任何年限的有期徒刑甚或终身监禁，或者二者并罚。

（2）行政制裁的赋权立法

1935 年制定的《社会保障法》是美国社会保障事业发展的里程碑，随着时代发展和形势变化，该法不断修订，其中第 11 章的第 1128 条、第 1128A 条赋予美国 HHS 内设的监察长办公室（HHS-OIG）对医疗保险欺诈行为进行民事金钱处罚和排除从业资格的行政制裁权，也被称为《民事金钱处罚法》与《排除从业资格法》。

《民事金钱处罚法》（Civil Monetary Penalties Law，CMPL）中的民事金钱处罚实际上是一种行政制裁，以医疗服务供方为主要规制对象。1997 年，针对刑法"超出合理怀疑"举证标准的高门槛要求和"共分罚金"诉讼须举报人参与的制度限制，《社会保障法》赋权 HHS-OIG 适用《民事金钱处罚法》来规制医疗保险欺诈。作为一种惩罚力度适中、灵活便利的规制手段，民事金钱处罚逐渐为美国政府所青睐。民事金钱处罚主要规制下列欺诈行为：虚假陈述、雇佣被排除从业资格的人、诱导受益人、违法的回扣行为、过失违反《自我转介法》的行为、违反《紧急医疗与劳动法》的行为。民事金钱处罚的后果如下：根据违法行为性质的不同而处以数额不同的民事金钱罚款;① 对欺诈行为造成的损害赔偿额进行评估;超额支付的须在确认之日起 60 日内返还多支付的款项;许可排除从业资格的适用取决于加重因素和减轻因素(实际知晓且导致患者受伤或死亡为加重因素;积极采取改正措施,如提供内部调查报告等为减轻因素)。不过,如果违法者与 HHS-OIG 达成和解协议,上述制裁将被免除。

《排除从业资格法》(Exclusion Statute)是将违法医疗服务供方从公共医疗服务供方资格名单中剔除的规定。被排除资格的医疗服务供方无法获得公共医疗保险的支付补偿,雇佣被排除从业资格的职员所提交的医疗保险账单申请也无法获得公共医疗保险的支付补偿。由于美国医疗支出近一半来自公共医疗保险,因此,排除从业资格等于终结了医疗服务供方的职业生涯,其惩罚力度高于一般刑事轻罪,被视为医疗职业生涯中的死刑。

排除从业资格有强制排除(mandatory exclusion)和许可排除(permissive exclusions)之分,HHS-OIG 只有在许可排除的情况下才享有自由裁量权。强制排除包括任何与 Medicare 和 Medicaid 相关的定罪;与虐待患者相关的犯罪;与医疗保险欺诈相关的重罪(felony);与非法制造、开处方或分发受控物质相关的重罪。许可排除包括如下情形:与 Medicare 和 Medicaid 以外的其他医疗欺诈有关的轻罪或与非法制造、开处方或分发受控物质相关的轻罪;因职业能力、绩效和财务诚信而被暂停、撤销、吊销医疗许可证(suspension, revocation, or surrender of a license);提供不必要的不合标准的医疗服务;向联邦医疗保险计划提交虚假补偿申请;从事非法的回扣交易。强制性排除从业资格的期限最少

---

① 因违法欺诈行为的不同,单笔补偿申请的民事罚金数额从最低 564 美元到最高 338339 美元不等,每年由医疗照顾与医疗补助服务中心根据通货膨胀率发布调整方案。

是 5 年，而许可排除的期限最高是 3 年，排除期限的选择视是否有加重
性因素（aggravating factors）和减轻性因素（mitigating factors）而定。
排除期限届满后，从业资格不能自动回复，需要再次申请审核。

（3）医疗改革立法中的专项规制

除了从欺诈行为、行政制裁赋权等方面专门立法外，美国也在不同
时期颁布了打击医疗保险欺诈宏观规划、方向指引的立法，比较典型的
有《医疗保险便携性与问责法》和《病人保护与平价医疗法》。

1996 年，美国历史上综合规制医疗保险欺诈的最重要的一部立
法——《医疗保险便携性与问责法》（The Health Insurance Portability
and Accountability Act，HIPAA）出台，该法的主要内容包括：首先，
建立医疗保险反欺诈的预防和发现机制，主要包括 HHS-OIG 的咨询意
见①、安全港和特别欺诈警示②、向患者发放 Medicare 福利说明书③、
定期收集不当行为的数据。④ 第二，扩大医疗保险欺诈入刑范围。增加
医疗保险欺诈罪、盗窃或贪污罪、与医疗保险相关的虚假陈述罪、妨碍

---

① 针对医疗行业对《反回扣法》《医生自我转介法》的困惑，HHS-OIG 在收到医疗从
   业人员咨询之日起 60 日内做出具体行为或活动安排是否违法的答复，当然咨询是
   要付费的，每次咨询费是 250 美元。
② 安全港（safe harbor）是《反回扣法》中违法回扣行为例外，如基于真正雇佣关系
   提供医疗服务获取报酬就不属于违法回扣行为。《医疗保险便携性与问责法》授权
   HHS-OIG 每年发布安全港规则及合规建议，引导医疗服务供应方合规守法。如果
   说安全港规则发布是正面合规引导，那么，特别欺诈警示就是反面劝诫，即通告公
   众和广大医疗服务供应方各种欺诈行为表现及其特点，例如，较有成效的特别欺诈
   警示是 HHS-OIG "收益分享" 的建议公告栏（advisory bulletin），有效地禁止了任
   何形式的与患者治疗有关的收益分享。
③ 发放 "医疗照顾计划福利的说明"（Explanations of Medicare Benefits，EOMB）目的
   在于激励患者对照 Medicare 福利与所接受的医疗服务，及时发现并揭发医疗保险欺
   诈行为。
④ 《医疗保险便携性与问责法》要求美国卫生与公共服务部建立国家医疗保险欺诈与
   滥用的数据收集程序，在该程序下，联邦、州政府机构与各项医疗保险计划必须至
   少每月报告医疗服务供方的最后不当行为，包括任何行政、民事与刑事诉讼以及执
   照的撤销。

医疗保险违法刑事调查罪四个重罪，首次将医疗保险欺诈罪作为独立罪名写入立法中，同时扩大适用于所有公私医疗保险计划。第三，强化医疗保险欺诈的制裁力度。该法沿袭了以往美国政府对待医疗保险欺诈的强硬态度，扩大了排除从业资格制裁的适用，规定了更为严厉的民事金钱处罚制裁。第四，增加执法资源，包括定期的专项资金投入①、建立 Medicare 诚信计划（Medicare Integrity Program，MIP）②、开展公私合作执法行动③。

2010 年的《患者保护与平价医疗法案》（Patient Protection and Affordable Care Act，PPACA）又称为"奥巴马医保法"。该法案主要目的是扩大医保覆盖面，同时针对日益猖獗的医疗保险欺诈增强了立法的规制力度，试图改变原有的"先支付后追偿"的打击医疗保险欺诈的追逐模式。该法案相关内容主要有：对于造成损失数额达 100 万美元以上且入刑的医疗保险欺诈人量刑幅度增加 20%—50%；加强对医疗保险服务供应方从业资格的筛查与审核，包括许可证检查和现场调查，如有欺诈行为，HHS-CMS 有权暂停其执业；通过先进的预测建模提高 HHS-

---

① 在联邦医疗保险信托基金中建立医疗保险欺诈与滥用控制账户（the Health Care Fraud and Abuse Control Account），由美国卫生与公共服务部和联邦司法部共同确定每年由联邦医疗保险信托基金拨入医疗保险欺诈与滥用控制账户的强制资金数额（mandatory funding），自 2009 年开始，国会每年也会增加酌处资金（discretionary funding）的拨款。除此之外，所有因民事和刑事制裁而获得的罚金、返还款、和解协议的收入、没收款等一并存入医疗保险欺诈与滥用控制账户。

② 该计划授权卫生与公共服务部与私人组织签订合同，由该私人组织审核、审计医疗服务供方在 Medicare 中提供医疗服务的合规性，发现欺诈和滥用行为，编制成本审计报告，决定是否支付医疗服务供应方的补偿申请，以及对医疗服务供方进行医疗服务合规性教育。

③ 建立医疗保险反欺诈和滥用控制计划（Health Care Fraud and Abuse Control Program，HCFACP），由 HHS-OIG 与联邦司法部联合领导开展联邦、州、地区以及私人层面的打击医疗保险欺诈的合作执法，信息交流是合作执法的关键，该计划的目的在于便利政府机构之间对医疗服务提供、支付补偿等活动进行合规性调查、审计、评估，尤其是刑事、民事与行政的执法活动。

CMS 对医疗保险欺诈的识别技术；10 年内额外拨款 3.5 亿美元促进反医疗保险欺诈的工作，并建立医疗保险欺诈预防和执法行动小组（the Healthcare Fraud Prevention and Enforcement Action Team，HEAT）。

综上，美国可谓世界上医疗保险反欺诈立法最为全面、打击力度最为严苛的国家。尽管美国的混合立法模式侧重医疗保险欺诈事后打击的威慑作用，但是以合规支持为主的事前预防机制仍占有一席之地，且在反思"先支付后追偿"追逐模式弊端的主流趋势下，事前预防机制将愈发重要。

（二）欧美国家立法模式的评析

世界上不存在完全一模一样的医疗保险制度，同理也适用于医疗保险欺诈规制的立法建制。笔者对欧美国家医疗保险欺诈规制三种立法模式的归纳，反映了医疗保险反欺诈经验成熟国家的立法贡献，每一种立法模式都凝聚了各国反欺诈的实践智慧，有必要对其进行优劣评价，以期为我国基本医疗保险欺诈规制的立法模式选择提供借鉴。

1. 刑法定罪规制模式的优势与局限

以英国为典型代表的刑事定罪规制模式侧重对欺诈、贿赂等行为的刑事制裁，其优势在于：一方面体现政府对欺诈、贿赂等侵蚀医保基金的违法行为严打重罚的高压态势，另一方面严厉的刑事制裁倒逼医药公司、医疗设备公司等商业组织建设有效的合规计划，刑法成为商业组织合规的激励机制,[1] 如此达至刑事制裁威慑之下的合规预防的作用，形成合规预防与刑事制裁相继的打击欺诈和贿赂及其他腐败行为的规制体系。

一般认为单一的刑事制裁并不可取，因为欺诈有程度之分，单一的

---

[1] 主要表现为合规计划的实施能够作为寻求无罪抗辩的理由，也可以作为签署暂缓起诉协议的依据。参见陈瑞华. 企业合规基本理论 [M]. 北京：法律出版社，2020：21-23.

刑事制裁意味着一刀切，易导致过罚失当，不符合刑法谦抑性原则。不过，英国的刑事定罪模式并没有完全摒弃民事制裁、纪律制裁以及其他行政制裁的运用。英国实行公立性质的全民免费医保政策，NHS 既是医疗服务的付款人也是医务人员的最大雇主，当欺诈等违法行为侵蚀了医保基金，不适合启动刑事诉讼或者在刑事诉讼进行中，NHS 可以要求民事赔偿或者行使解雇权，实施暂停执业、取消职业资格等行政处罚。总的来说，英国的正式立法将欺诈、贿赂等腐败行为视为经济犯罪予以严刑重罚，而事前预防层面的合规建设则体现为 NHS 反欺诈和反腐败政策中的行为守则和商业组织的合规自律。

刑事定罪规制模式对刑事立法水平要求较高，英国 2010 年《贿赂法》之所以能成为世界反贿赂立法的楷模，与其法律专家和相关部门十几年的打磨不无关系。入刑定罪对个人或组织的财产权和人身权影响巨大，须有完善的配套立法，如英国较早制定了《社会保障法案》《社会保障反欺诈法》《社会保障管理法》等社会保障领域的一般法，并不断随时代发展进行修订，这些立法设有反欺诈执法、刑事调查的规制内容，保护了个人或组织的财产权和人身权。入刑定罪只针对主观故意或危害后果严重的违法行为，全面的刑事诉讼调查和充分的证据是入刑的必要前提，这意味着对欺诈、贿赂等刑法制裁的判定周期通常较长。基于此，英国政府非常重视合规自律等的事前预防。

2. 分层规制模式的理性和范式

以比利时、荷兰等国为代表的分层规制模式是采用类型学的方法，根据主观意图有无和违反诚信的程度将欺诈等违规违法行为涵摄于浪费这一个概括性概念之下，形成错误、滥用、欺诈、腐败四种程度相继的类型体系，分别对应合规与制裁的不同规制策略。该立法模式体现了医疗保险欺诈规制立法建制过程中的理性要求。

首先，分层规制模式反映了欺诈等违规违法行为的本质属性和特征，符合本体理性。① 违反诚信是欺诈的本质属性，而主观意图和行为结果的程度之别是欺诈的特征。在医疗卫生领域，某些医保基金的不当支付源自无意中的操作失误和对规则的无知，而滥用、欺诈、贿赂、贪污等违法行为则具有主观恶性和严重的危害后果，区分属性和行为程度并分而治之，是规制欺诈等违规违法行为的本质要求和内在规律。

其次，分层规制模式来自经验现实的抽象规整，符合认知理性。② 实践中，医疗保险欺诈具有多种表现样态，对其立法规制是白描式复制在立法中，还是基于某种价值观进行抽象规整，直接决定了立法的水平。分层规制模式采用类型学的方法，在诚信原则基础上，根据程度轻重将侵蚀医保基金的行为进行类型分层，符合中等抽象程度的法律规范要求。③

第三，分层规制模式体现目标与手段之间的针锋相对，符合实践理性。④ 回应性规制理论是当前世界社会性规制领域的较为前沿和具有实践指导性的法社会学理论。与其他书斋中诞生的理论不同，回应性规制理论是在观察实践基础上的理论升华，可以说该理论是实践理性的理论化再现。在反思传统命令控制型政府规制的基础上，回应性规制理论主张应根据被规制者的主观恶性与否、违法行为后果的轻重程度确定针锋

---

① 所谓本体理性是指事物的内在规律性、事物的本原或本质、导致事物发展变化的最后原因。参见马荣春. 形式理性还是实质理性：刑法解释论争的一次深入研究 [M]. 东方法学，2015（2）：19.

② 所谓认知理性是指通过抽象、概括、分析、综合的过程对事物的本质、整体和内部联系的认识。

③ 所谓法律规范的中等抽象程度是指由于恰好处于抽象理念和具体个案之间，法律规范"不但比原则、理念来得具体而生动，而且更比个案来得凝练和持久。"法律规范的这种中等抽象程度与类型的"中间地位"具有天然的类似性。参见杜宇. 类型思维的兴起与刑法上之展开路径 [J]. 中山大学法律评论，2014（3）：161.

④ 实践理性是指在实践中进行价值判断以寻求更合理的实践活动的实践方法论。实践理性注重确定目标和达到目标的最便利手段。参见马荣春. 形式理性还是实质理性：刑法解释论争的一次深入研究 [J]. 东方法学，2015（2）：20.

相对的规制策略，提倡优先考虑合规的自我规制，法律制裁的政府规制是后盾保障。① 分层规制模式是回应性规制理论的实践典范，错误、滥用、欺诈和腐败是层次不同的规制目标，需要层次有别的立法来规制。

由于分层规制模式符合多层理性要求，且在比利时有较好的实践，因此 EHFCN 将分层规制模式中的重要成果——"浪费类型矩阵图"采纳为欧洲欺诈和腐败的统一模型，予以大力推广。分层规制模式的优点在于：区分主观意图性质、行为后果的轻重程度分别予以规制回应，符合过罚相当原则，体现公平正义；构建合规规制与制裁规制相结合的规制体系，既有助于培养自主的合规意识，也有利于减少政府规制成本，实现规制目的；有助于塑造合作规制机制，被规制者与政府规制者之间因相互回应式的合作能够提高彼此的规制能力，进而推动反欺诈法治化的良性运转。

当然，分层规制模式亦有微瑕，由丰富多样的现实经验规整而来的错误、滥用、欺诈和腐败四种类型，仅是作为反欺诈实操的借鉴和经验交流的工具，并没有在立法中从概念界定、构成要件以及法律后果等方面予以系统规范，而且，如何判断违规违法行为在四种类型中的性质定位也考验着执法人员的专业素养和实践智慧。例如，实行疾病诊断相关分组（DRG）付费模式下较为常见的低码高报现象，既可能是医务人员操作失误导致，也可能是基于主观恶性的欺诈所致，准确定性至为关键。此外，浪费类型列表中最后垫底的类型是腐败，如何界定腐败的内涵与外延并不明晰。按照浪费列表的顺位逻辑，腐败应为最为严重的违法行为，即通常所说的腐败犯罪，但是在欧洲乃至国际反腐败的语境中，腐败不单单包括贿赂、贪污、挪用占用受托财产等犯罪行为，还包

---

① AYRES I, BRAITHWAITE J. Responsive Regulation – Transcending the Deregulation Debate [M]. Oxford: Oxford University Press, 1992: 40.

括裙带关系、不当市场关系等非犯罪的败德行为,[1] 而且腐败经常作为一个概括性概念,涵盖滥用、欺诈、贿赂等行为。可以说,浪费类型列表如何在分层规制模式立法中予以落实,端赖于医疗保险反欺诈反腐败事业的继续探索。

3. 混合立法规制模式的繁盛与冷静

与欧洲国家医疗保险反欺诈政策与立法并重的规制模式不同,美国打击医疗保险欺诈完全是法治主导。虽然是判例法国家,但是在医疗保险反欺诈领域则以专门成文法为主形成行政、民事与刑事等混合立法规制模式。在该种立法模式下,美国医疗保险反欺诈立法资源极为丰富,相应的行政执法和司法适用发展也蒸蒸日上。当下,美国已经成为世界打击医疗保险欺诈舞台上最活跃的一支力量。

美国医疗保险反欺诈事业的繁盛要归功于混合立法规制模式的如下优势:

(1) 严惩重罚的外部压力促进医疗行业组织的合规建设

美国规制医疗保险欺诈的专门立法众多,从《社会保障法》中关于赋予政府执法部门民事金钱处罚权和排除从业资格权的专项条款规定到《反回扣法》与《医生自我转介法》专项规制医疗服务供方的具体欺诈行为,再到综合性的《医疗保险便携性与问责法案》与《患者保护与平价医疗法案》中专章规定的强化医疗保险欺诈规制的条文,可谓全面、系统。《虚假陈述法》本为打击欺诈的一般法,但是,自 20世纪 90 年代以后,《虚假陈述法》的适用主要针对医疗保险欺诈,[2] 已

---

[1]　Updated Study on Corruption in the Healthcare Sector Final Report (2017) [R/OL]. European Commission,2020-06-25.

[2]　2009 年美国《欺诈执行与追缴法案》(Fraud Enforcement and Recovery Ac) 通过后,美国司法部须每年发布《虚假陈述法》追缴统计数据。截至 2019 年,连续 10 年追缴统计数据中,医疗保险欺诈的年度追缴皆超过 20 亿美元。而仅就 2019 年度超过 30 亿美元追缴额当中,医疗行业的追缴额即高达 26 亿美元。

经成为医疗保险欺诈民事制裁最重要的法律武器。由于医疗保险欺诈行为中往往多种手段混合使用，导致立法规制内容尤其是制裁内容经常重合叠加，形成行政制裁、民事制裁与刑事制裁混合交叉的局面，[①] 想要搞清楚行政责任、民事责任与刑事责任的界限简直不可能。[②] 多层次的法律制裁相混合，导致美国医疗保险欺诈的立法规制呈现复杂的特质，医疗服务供方、医疗保险受益人等主体往往不清楚自己的行为是否违法，于是，政府、社会机构和律师事务所等组织的合规性指南、教育、指导就显得极为必要且有着广阔的发展空间。

金钱处罚等法律制裁威慑力量强大，倒逼医疗行业组织完善合规建设。美国对医疗保险欺诈规制的立法设置了打击力度逐级递增的民事金钱制裁、排除从业资格的行政制裁与监禁（兼或罚金）的刑事制裁之完整体系。其中民事金钱制裁由于启动便宜，金钱处罚数额巨大，足以威慑警示且不影响现有医疗资源的存量，从而成为最重要的执法手段。

不同于补偿性的民事制裁，美国医疗保险欺诈的民事制裁具有较强的惩罚性，主要包括民事罚金和成倍数的损害赔偿金。民事罚金因违法欺诈行为的不同而有不同的数额规定，且随着通货膨胀率而定期调整。因为民事罚金是按照每一笔医疗服务来确定，例如由医生填写的一项实验室血液检测就算作一份单独的补偿申请，而一位医生一天开出的实验室血液检测处方往往很多，算下来的民事罚金数额是很可观的。成倍数的损害赔偿金通常是以因欺诈获得的医疗保险补偿金额为基数的三倍来计算，不仅仅是原补偿款的返还，还有两倍的惩罚性赔偿金。

由于面临民事金钱制裁的违法欺诈人不仅需要支付巨额罚金和赔

---

① 例如，《反回扣法》是将严重的医疗保险欺诈行为规定为重罪进行规制的一部刑法，而违法回扣行为同样也受到《虚假陈述法》与《民事金钱处罚法》的规制。

② EDDY A. C. The Effect of the Health Insurance Portability and Accountability Act of 1996 (HIPAA) on Health Care Fraud in Montana [J]. Montana Law Review, 2000 (61): 184.

偿，还极有可能遭受另外的行政制裁和刑事制裁，因此，一旦联邦司法部或 HHS-OIG 开启了医疗保险欺诈调查程序，医疗保险服务供应方往往会选择与联邦司法部或 HHS-OIG 签订诚信协议，通过支付可观的和解费用和完善合规来获得其他法定制裁的免除。

（2）专项资金的法定化助力医疗保险反欺诈事业的不断精进

打击医疗保险欺诈需要一定的资金支持，例如预防欺诈的宣传教育、发现欺诈的先进技术手段的运用，以及制裁欺诈的调查、审计和诉讼等都需要资金的投入。2017 年，美国医疗卫生支出占国内生产总值的 17.9%，其中，Medicare 和 Medicaid 等公共医疗保险支出占比 1/3 强，① 而医疗保险欺诈导致的损失每年高达百亿甚至千亿美元。为了减少医疗保险欺诈行为，降低费用成本，美国在《医疗保险便携性与问责法》中规定设立专项医疗保险欺诈与滥用控制账户，对该账户的资金来源与资金分配比例都有详细的规定，使得打击医疗保险欺诈的资金支持制度化、常态化。根据美国"医疗保险欺诈与滥用控制计划"2018 年度报告，2016 年至 2018 年的三年间美国医疗保险欺诈的投资回报率（The return on investment，ROI）是 4∶1，即 1 美元的资金投入得到 4 美元的收益回报。

美国混合立法规制模式虽然带来了医疗保险反欺诈事业的繁盛，但亦有弊端，表现为立法内容过于严苛，束缚了医疗行业的创新发展，在某种程度上背离了提高医疗服务质量、保护患者利益的初衷。

首先，放松了医疗保险欺诈主观意图的认定标准。主观欺诈意图（intent）的认定是医疗保险欺诈法律制裁的关键因素，通常刑事制裁的意图标准要高于民事制裁、行政制裁的意图标准。《反回扣法》规定的意图标准是明知而故意（knowingly and willfully），《虚假陈述法》规定

---

① Brief Summaries of Medicare & Medicaid （2019）［A/OL］. Center for Medicare &Medicaid Sevice，2020-06-20.

的意图标准是只要求知晓（knowing）。《患者保护与平价医疗法》对《反回扣法》中的明知而故意采用了宽松的认定标准，只要违法者明知而故意实施违法行为即符合，无须要求违法者知晓自己违反了《反回扣法》。《虚假陈述法》规定的知晓意图最初只有明知（actual knowledge）这单一标准，由于法院审判对明知的认定多有分歧，最后基本统一认定明知、故意忽视（deliberate ignorance）、粗心漠视（reckless disregard）三个标准，这样就将较为严格的明知标准扩大到重大过失标准,①

其次，降低了共分罚金之诉的门槛，激励吹哨人举报。《虚假陈述法》最大的成就是规定了共分罚金之诉（qui tam）。根据美国司法部公布的统计数据，2019 年司法部通过虚假陈述案件回收违法资金 30 亿美元。其中，26 亿美元来自医疗行业，而 21 亿美元又来自于吹哨人（whistleblower）启动的共分罚金之诉。2019 年共有 633 起共分罚金之诉的案件，平均每星期 12 起，政府向揭发违法行为启动共分罚金之诉的吹哨人共支付 2.65 亿美元。② 为了激励相关人举报欺诈行为，《虚假陈述法》对相关人启动共分罚金之诉没有太多限制，表现为：相关人可以是任意的第三人，包括被举报组织或个人的前雇员或现雇员、熟人、同事等；举报的信息除了"公共信息栏"限制外，可以是基于怀疑、推测甚至零星的了解（scintilla of knowledge），无须提交充分的证据;③反报复条款（the anti-retaliation）禁止对举报人及其家人就业歧视。

最后，适用对象一刀切。美国医疗服务供方既有超大规模的医院、医药公司和医疗设备公司等，也有小微规模社区诊所，不同层次的医疗服务供应方，在资金、合规能力和经验等方面都存在着极大的差

---

① 粗心漠视又称为极端疏忽，其实就是重大过失的另一种说法。

② Justice Department Recovers over ＄3 Billion from False Claims Act Cases in Fiscal Year 2019 ［EB/OL］. United States Department of Justice，2020-01-17.

③ DOAN R. The False Claims Act and the Eroding Scienter in Healthcare Fraud Litigation ［J］. Annals of Health Law，2011（20）：49-76.

异。而美国医疗保险反欺诈立法并没有区分规制对象，在严刑峻法面前一视同仁。任何医疗保险欺诈的指控都是对小微规模医疗服务供应方的致命打击，尤其是许多刚刚执业的小微规模医疗服务供方，只是由于不熟悉法律法规、合规经验不足等原因导致无心的违法，一刀切的立法规制不仅毁灭了其执业生涯，也是社会医疗资源的损失，有悖于法律的公正。①

此外，在向国会提交的年度报告中，投资回报率成为衡量法定专项资金使用情况的绩效标准，为了一个好的绩效表现，医疗保险反欺诈执法与司法也愈发严厉。甚至有学者指出，美国医疗保险欺诈的规制正在向产业化的趋势发展。②

鉴于严刑峻法过度造成的不良后果和众多的微词，美国卫生和公共服务部放缓了打击医疗保险欺诈的节奏，不再将医疗保险反欺诈列为部门的首要工作任务。2019 年，HHS-OIG 与医疗照顾和医疗补助服务中心分别在联邦公告中发布修订《反回扣法》和《医生自我转介法》的通告，征求公众意见，意在修改现有两部立法中阻碍医疗服务创新、不利于患者保护的内容，使反欺诈立法符合美国当前大力提倡的价值医疗理念。

（三）我国立法模式的选择

任何一种医疗保险欺诈规制的立法模式都内嵌于一个国家的政治、经济、文化与法律背景中，没有完美的普适标准，只有相对合理的学习借鉴。我国选择医疗保险欺诈规制的立法模式宜立足于世界，博采众长，在倾向采纳分层规制模式的同时，须具体考量如下要点：

---

① DOAN R. The False Claims Act and the Eroding Scienter in Healthcare Fraud Litigation [J]. Annals of Health Law, 2011 (20): 49-76.

② KRAUSE J H. A Patient-Centered Approach to Health Care Fraud Recovery [J]. The Journal of Criminal Law & Criminology, 2006 (96): 579-620.

1. 不能偏离减轻群众就医负担的根本目的

打击医疗保险欺诈的直接目的是维护医疗保障基金安全,医疗保障基金安全是医疗保障制度顺利运行的基础保障。而减轻群众就医负担、增进民生福祉、维护社会和谐稳定是医疗保障制度的根本目的,因此,医疗保险欺诈规制立法模式的选择要符合医疗保障制度的根本目的。首先,对于参保人的规制要考虑构建提高反欺诈意识、民事归责、行政制裁与刑事制裁等多层次的法律体系,做到过罚相当,遵循刑法谦抑性理念,体现刑事制裁的保障性功能。其次,对于医药服务供方而言,除了分层规制以外,尤其要注意任何减少医疗费用支出、提高规制效率的制度和政策设计都不能增加参保人的就医负担。现在我国各地医院普遍存在的分解住院乱象就是医院应对医保次均住院限额政策的通行做法,给广大患者造成了不合理的损失和麻烦。医保支付制度的设计必须兼顾多方主体的利益,为控费而控费难免会顾此失彼。

2. 自我合规与制裁规制相结合

由追逐模式到预防模式是医疗保险欺诈规制发展历程的世界经验,自我合规亦是当下打击欺诈的主流趋势。从字面上来看,合规是指合乎规定,该规定包括法律法规、行业行为守则和伦理规范以及组织自身制定的规章制度。① 至于合规的主体应包括所有被规制者。就医疗保险欺诈规制而言,其合规主体包括参保人、医药服务供方等。对于参保人的合规通常以宣传教育为主,实现其知识赋能;而对于医药服务供方等主体,除了组织的自我合规以外,还包括行业的自律合规。典型规范如《欧洲医药科技伦理商业行为守则》《美国医学会医德守则》等。

没有外在压力和激励机制的自我合规往往由于成本因素和懈怠而流于形式,难以内化为主流价值观和组织文化,只有外部的制裁规制才能

---

① 参见陈瑞华. 企业合规基本理论 [M]. 北京:法律出版社,2020:3.

产生足够的威慑力量，促使组织自我合规的有效落实，以避免收到更严厉的处罚和声誉的损失。制裁规制通常有行业内的纪律制裁、行政制裁与刑事制裁。至于民事归责制裁，在美国需由举报人启动共分罚金诉讼，在荷兰则由于采用市场体制运营全民医保，故保险公司和患者可以提起民事诉讼要求损害赔偿，其他采用政府主导下全民医保的国家较少采用民事制裁。我国实行政府主导下的强制性基本医疗保险制度，医保经办机构一般也被视为政府授权的事业组织，民事制裁几乎没有存在的空间。

3. 充实规制手段才能做到分层规制

分层规制是将被规制的行为区分为不同层次，有针对性地规制，因此要求政府的规制手段必须丰富才能胜任。在打击医疗保险欺诈进程中，政府规制手段一般要包括指导合规、过程控制、惩戒制裁三个方面的内容。例如，美国在合规阶段就有合规指南、咨询意见、特别欺诈警示、网页宣传等多种支持赋能性的手段，过程控制围绕着合规的自我规制，发展了自我披露和诚信协议等自愿性和强制性的手段，惩戒制裁阶段更有民事金钱处罚、排除从业资格、刑事罚金与人身监禁等混合的制裁手段。就我国而言，2021年国务院颁布的《医疗保障基金使用监督管理条例》第4条规定了"医疗保障基金使用监督管理实行政府监管、社会监督、行业自律和个人守信相结合"的监管体系，其中，行业自律包括医药服务供方自我合规管理与医疗卫生行业界的自律管理。对于医药服务供方的自我合规管理，《医疗保障基金使用监督管理条例》第14条通过强制性条款规定了定点医药机构应该建立内部管理制度，并针对违反该强制性条款的行为规定了责令改正、约谈、罚款等制裁措施。可以说，《医疗保障基金使用监督管理条例》区分违规违法行为设置相应的法律责任和具体制裁措施，充实了规制手段。但是，由于《医疗保障基金使用监督管理条例》的重心在于对欺诈骗保行为的惩戒制裁，缺乏事前预防的合规指导、事中控制的欺诈行为披露与和解等多层次的规制应对，所以，今后在我国基本医疗保险欺诈规制的相关立法中有必要增加欺诈行为披露与行政和解的规制措施，以完善对基本医疗保险欺诈的事中控制，同时也要创新思路，开发事前预防合规层面的多种规制手段，如行政指导、教育培训等支持赋能手段。

二、基本医疗保险欺诈规制的法律体系构建

（一）基本医疗保险欺诈规制法律体系的界定

1. 基本医疗保险欺诈规制法律体系之定位、内涵与特征

因应国家和社会治理体系、治理能力现代化的需求，学者刘作翔提出规范体系的概念，将法律规范体系、党内法规体系、国家政策体系、社会规范体系悉数统摄于规范体系之下，其中，法律规范体系即通称的法律体系，包括国家立法、地方立法以及立法解释、司法解释与行政解释。① 作为国家和社会治理体系的内容之一，基本医疗保险欺诈的规制载体不仅仅限于法律规范，还包括国家政策、社会规范，具有规范多元化的特征。例如，中共中央国务院颁发的《关于深化医疗保障制度改革的意见》中关于"建全严密有力的基金监管机制"的内容属于医疗保险欺诈规制战略部署的国家政策，而中国医师协会公布的《中国医师道德准则》则属于社会规范。欧洲多数国家对医疗保险欺诈的规制比较关注公共政策的制定与有效实施，美国在打击医疗保险欺诈时，除了高度的法治化，也重视合规层面的社会规范，如《美国医学会医德守则》。

作为国家和社会治理体系中最重要和最主要的规范体系，法律体系

---

① 刘作翔. 当代中国的规范体系：理论与制度结构［J］. 中国社会科学，2019（7）：85.

通常从成文法角度被视为由现行有效的各个法律部门组成的结构体系。① 具体到基本医疗保险欺诈规制的法律体系，应该是指由现行有效的法律规范组成的结构体系。该结构体系具有正式性、规范性、效力性和稳定性的特征。具体言之，法律规范皆由《宪法》《立法法》授权的主体制定，如全国人民代表大会及其常务委员会、国务院及其各部委、地方立法机关及各级政府、最高人民法院和最高人民检察院等，遵循严格的立法程序，因此，法律体系具有正式性特征；就规范性特征而言，是指法律行为规范须符合假定、处理、制裁的逻辑结构；效力性特征是指法律规范对主体及其行为产生强制性的拘束力；稳定性是指法律规范不能朝令夕改，以体现其可预期性和权威性。

2. 基本医疗保险欺诈规制法律体系之法律渊源构成

法律体系是以法律渊源为基本单位构成的。法律渊源是指有效力的法律表现形式，即《宪法》《立法法》所确定的法律表现形式，② 主要包括宪法、法律、行政法规、国务院部门规章、地方性法规、地方政府规章、自治条例和单行条例。就基本医疗保险欺诈规制法律体系而言，根据我国实际情况，其法律渊源主要：

（1）宪法。宪法是一切法律规范的母法，具有最高法律效力。与基本医疗保险欺诈规制相关的《宪法》条文主要有第 28 条、第 45 条、第 51 条。这 3 个条文对基本医疗保险欺诈的规制逻辑体现为：中华人民共和国公民在疾病或者丧失劳动能力的情况下，有权享有医疗保险保障（《宪法》第 45 条），但是公民在行使自己的基本医疗保险权时不得

① 刘作翔．"法源"的误用——关于法律渊源的理性思考［J］．法律科学，2019（3）：6．

② 刘作翔．"法源"的误用——关于法律渊源的理性思考［J］．法律科学，2019（3）：4．

损害国家对医保基金所有或占有的权利（《宪法》第 51 条）,① 否则，国家有权力予以制裁（《宪法》第 28 条）。

（2）法律。在法律体系中，法律包括基本法律和一般法律。基本法律由全国人民代表大会制定，如《刑法》《民法典》等关涉社会生活中带有普遍性的社会关系的法律规范；一般法律由全国人民代表大会常务委员会制定，如《社会保险法》《基本医疗卫生与健康促进法》等调整国家和社会生活中某种具体社会关系或其中某一方面内容的法律规范。

（3）行政法规。国务院为了执行法律的规定或者为了落实宪法所规定的国务院行政管理职权的事项或者经由全国人民代表大会及其常务委员会授权就只能制定法律的事项制定的法律规范。② 如 2002 年《医疗事故处理条例》、2016 年修订《医疗机构管理条例》、2018 年《医疗纠纷预防和处理条例》《医疗保障基金使用监督管理条例》等。

（4）国务院部委规章。国务院各部、委员会、中国人民银行、审计署和具有行政管理职能的直属机构可以在本部门的权限范围内制定执行法律或者国务院的行政法规、决定、命令的事项的行政规范。从法律属性来看，部委规章是执行性或者补充性的行政规范，而非自主性的行政规范。如 2001 年原劳动和社会保障部制定的《社会保险基金行政监督办法》《社会保险基金监督举报工作管理办法》、2003 年原劳动和社会保障部制定的《社会保险稽核办法》、2012 年人力资源和社会保障部发布的《社会保险工作人员纪律规定》、2016 年人力资源和社会保障部

---

① 此处的医保基金是指医疗保障基金，包括基本医疗保险统筹基金。从法律属性来看，基本医疗保险统筹基金属于国家财政收入，理应属于国家所有。参见王显勇.论社会保险统筹基金的法律性质及其管理运营 [J]. 财经理论与实践，2011（3）：120.

② 但是有关犯罪和刑罚、对公民政治权利的剥夺和限制人身自由的强制措施和处罚、司法制度等事项除外。参见《立法法》第 9 条。

发布的《社会保险欺诈案件管理办法》、2018 年国家医疗保障局和财政部《欺诈骗取医疗保障基金行为举报奖励暂行办法》等。

（5）地方性法规与地方政府规章。二者皆属于地方立法，地方性法规是由有地方性法规制定权的地方人大及其常委会制定的法律规范，地方政府规章是由有地方性法规制定权的同级人民政府制定的法律规范。地方立法有先行立法、执行性立法与地方性事务立法三种类型。①我国关于基本医疗保险欺诈规制的立法，具有地方先行立法的特点，早在 2014 年云南人社厅就发布《云南省医疗保险反欺诈管理办法》，此后 2016 年珠海市政府发布《珠海市社会保险反欺诈办法》，两部地方立法开创了我国基本医疗保险反欺诈立法的先河。随着我国近年来对打击基本医疗保险欺诈的日益重视，陆续又有许多地方立法出台，如《安徽省基本医疗保险监督管理暂行办法》《上海市基本医疗监督管理办法》《天津市基本医疗保险条例》等。

（二）我国基本医疗保险欺诈规制法律体系的现状

1. 我国基本医疗保险欺诈规制法律体系的初步建立

当前，我国基本医疗保险欺诈规制的法律体系主要由中央立法和地方立法两部分组成。就中央立法而言，首次规制基本医疗保险欺诈的立法可追溯到 2003 年原劳动和社会保障部发布的《社会保险稽核办法》中第 11 条、第 12 条和第 13 条的规定，为规制社会保险费缴纳和社会保险待遇给付两个关键环节的欺诈行为以及社保经办机构工作人员的违规违法行为提供了法规依据。此后，相关法律和部委规章陆续出台，针对基本医疗保险欺诈规制初步架构了以《社会保险法》《基本医疗卫生与健康促进法》《药品管理法》《医疗保障基金使用监督管理条例》

---

① 参见余凌云. 地方立法能力的适度释放——兼论"行政三法"的相关修改 [J]. 清华法学，2019（2）：157.

《欺诈骗取医疗保障基金行为举报奖励暂行办法》《社会保险稽核办法》等为前置法、《刑法》及其相关司法解释为保障法的体系结构，奠定了打击基本医疗保险欺诈法治化的法律规范基础。

预防、发现和制裁是欺诈规制的一般路径，我国关于基本医疗保险欺诈规制的中央立法覆盖了欺诈规制的全过程，初步形成了合规预防+调查发现+多种形式制裁的完整的规制链条。具体言之：

（1）合规预防主要体现为强制性合规义务的规定、协议管理与合规性监督检查两方面。强制性合规义务要求定点医药机构应当建立医疗保障基金使用内部管理制度，由专门机构或者人员负责医疗保障基金使用管理工作，建立健全考核评价体系（《医疗保障基金使用监督管理条例》第 14 条）；协议管理体现为医保经办机构与医疗机构、药品经营单位签订服务协议，规范医疗服务行为（《社会保险法》第 31 条），并通过日常稽核和重点稽核的方式开展行政检查（《社会保险稽核办法》第 8 条）；合规性监督检查主要为政府医疗保障行政部门对用人单位和个人遵守法律法规情况（《社会保险法》第 77 条）、对纳入医保基金支付范围的医疗服务行为和医疗费用（《基本医疗卫生与健康促进法》第 87 条）、公立医疗机构药品集中采购行为的合规性（《药品集中采购监督管理办法》第 2 章、第 3 章）加强监督检查。

（2）调查发现方面，目前在立法上主要有医疗保障行政部门的行政强制和第三人举报两方面规定。医疗保障行政部门有权对可能被转移、隐匿或灭失的医疗保险基金相关资料采取封存的行政强制措施（《社会保险法》第 79 条、《医疗保障基金使用监督管理条例》第 27 条）；公民、法人或其他组织以及医疗保障行政部门聘请的社会监督员有权对涉嫌欺诈骗取医保基金行为进行举报（《欺诈骗取医疗保障基金行为举报奖励暂行办法》第 2 条），符合受理范围的，医疗保障行政部门应立案调查；对于不按规定缴纳医疗保险费的行为，任何单位和个人有权举报，医保经办机构应当及时受理举报并进行稽核（《社会保险稽核办法》第 8 条）。

（3）关涉制裁的立法比较丰富，包括协议制裁、法律制裁和失信制裁三方面。协议制裁是医保经办机构针对定点医药机构的违约行为而采取违约责任的制裁方式。根据《医疗保障基金使用监督管理条例》第 13 条规定，定点医药机构违反服务协议的，医疗保障经办机构可以督促其履行服务协议，暂停或者不予拨付费用、追回违规费用、中止相关责任人员或者所在部门涉及医疗保障基金使用的医药服务，直至解除服务协议。法律制裁主要指医疗保障行政部门的行政制裁和司法部门的刑事制裁，前者主要涉及医疗保险登记、待遇支付和药品采购三个环节，① 后者则针对情节、后果较为严重的欺诈及相关行为，主要涉及的罪名有诈骗罪、贪污罪、贿赂罪、滥用职权罪等。根据 2016 年最高人民法院与最高人民检察院共同制发的《关于办理贪污贿赂刑事案件适用法律若干问题的解释》和 2017 年最高人民检察院《关于贪污养老、医疗等社会保险基金能否适用〈最高人民法院、最高人民检察院关于办理贪污贿赂刑事案件适用法律若干问题的解释〉第一条第二款第一项规定的批复》，基本医疗保险基金属于特定款物，一旦贪污，要从重处罚。失信制裁也称为失信惩戒，是指通过信用记录和信用信息的公开，并用经济手段和道德谴责手段，惩戒医疗卫生领域的严重失信者。《基本医疗卫生与健康促进法》第 93 条规定："县级以上人民政府卫生健

---

① 根据《社会保险法》第 84 条规定，用人单位不办理医疗保险登记、未按规定变更或注销登记以及伪造、变造登记证明的，由医疗保障主管部门处以限期整改和罚款的行政处罚；《社会保险法》第 87 条、第 88 条则是对医保经办机构、定点医药机构、参保人等组织和个人的欺诈骗保行为规定医疗保障主管部门有权处以责令退回骗取的医保基金、罚款、吊销执业资格的行政处罚；《基本医疗卫生与健康促进法》第 103 条和《药品管理法》第 88 条规定医疗保障主管部门有权对参加药品采购投标的投标人的违法行为进行监督管理。

康主管部门、医疗保障主管部门应当建立医疗卫生机构、人员等信用记录制度，纳入全国信用信息共享平台，按照国家规定实施联合惩戒。"综上，在中央立法层面，我国初步建立了基本医疗保险欺诈预防、发现和制裁全方位规制的法律体系，保证了执法和司法的法律规范支持。

我国关于基本医疗保险欺诈规制的地方立法起步较早，2007年云南省楚雄州人民政府就出台了《云南省楚雄彝族自治州医疗保险反欺诈暂行办法》，此后各地陆续颁布了基本医疗保险欺诈专项或相关的立法。总的来说，我国关于基本医疗保险欺诈规制的地方立法具有如下特征：

首先，先行立法的探索。所谓先行立法表现为时间和内容两个方面。就时间而言，在2011年《社会保险法》实施前，我国就已经开始了对基本医疗保险欺诈规制的地方立法，如2007年《云南省楚雄彝族自治州医疗保险反欺诈暂行办法》、2009年《重庆市骗取社会保险基金处理办法》等；就内容而言，《社会保险法》实施后，虽然对用人单位和个人遵守法律法规情况的监督检查、调查中的行政强制以及关于欺诈行为的行政处罚等内容进行了个别法条的规范，但是框架有余，具化不足，难以因应基本医疗保险反欺诈的复杂实践，而各地方立法则对基本医疗保险欺诈的概念、行为表现、内部控制、监管方式和法律责任等内容有着较为详细的规定，展示了我国立法体系中的地方智慧。例如，2020年6月实施的《上海市基本医疗保险监督管理办法》中规定了定点医药机构应当建立健全基本医疗保险内部管理制度，确定了基本医疗保险欺诈事前预防的合规地位。

其次，地方立法的形式具有多元样态。就法律性质而言，存在地方性立法、地方政府规章与地方政府部门规范性文件三种类型，如天津市人民代表大会常务委员会制定的《天津市基本医疗保险条例》、上海市人民政府制定的《上海市基本医疗保险监督管理办法》与浙江省医疗保障局、财政厅共同制定的《浙江省欺诈骗取医疗保障资金行为举报奖励实施办法》；就具体表现形式而言，既有专门的反欺诈立法，如《云南省医疗保险反欺诈管理办法》《珠海市社会保险反欺诈办法》，也有作为重要内容内嵌于社会保险基金监管或医保基金监管以及举报奖励等事项的立法，例如《江苏省社会保险基金监督条例》《山东省医疗保障基金管理办法（试行）》以及《吉林省社会保险基金监督举报及奖励办法》等。还有在基本医疗保险的一般立法中以"法律责任""罚则"等章节来规范的，例如《天津市基本医疗保险条例》《苏州市社会基本医疗保险管理办法》。

再次，具有较强的实践指导性。地方立法较国家立法而言，内容详细具体，实操性强。从基本医疗保险欺诈规制的角度来看，较为突出的有两个方面的内容，一是对基本医疗保险欺诈行为的列举，可谓应列尽列，如《安徽省基本医疗保险监督管理暂行办法》规定的基本医疗保险欺诈行为多达 29 种；二是制裁手段丰富，实践操作性强。《社会保险法》针对欺诈的制裁只规定了解除协议的违约责任制裁与责令退回、罚款、吊销执业资格等行政制裁，地方立法则不仅以批评教育、约谈、警告、通报批评、取消参保资格、改变医保费用结算方式、暂停服务、从基本医疗保险服务医师和药师名录中删除等方式丰富行政制裁手段，还增加了信用惩戒制裁。例如《上海市基本医疗保险监督管理办法》第 22 条规定："医保局应当建立健全医疗保障信用评价体系和信息披露制度"，对定点医疗机构、定点零售药店、定点评估机构和定点护理机构及其工作人员，参保人员以及其他个人的失信信息，应当按照国家和上海市有关规定归集，并依法依规开展联合惩戒。

综上所述，对于基本医疗保险欺诈的规制，我国已初步建立起由中央立法与地方立法两大结构组成，以事前预防、事中控制和事后制裁为内容的法律体系。

（三）我国基本医疗保险欺诈规制法律体系的不足与完善

针对基本医疗保险欺诈规制，我国当前依托《刑法》《社会保险法》《基本医疗卫生与健康促进法》《药品管理法》等法律搭建了规制框架；而国务院的专项立法《医疗保障基金使用监督管理条例》则是立法建制历程中的里程碑，填补了我国医疗保障基金规范使用监管的立法空白，也是我国打击基本医疗保险欺诈行政执法的专门规范；加之相关部委规章和众多的地方立法，我国初步构建了基本医疗保险欺诈规制的法律体系，解决了基本医疗保险欺诈规制无法可依的问题。不过，从基本医疗保险欺诈全周期规制与立法技术等方面来看，我国现有基本医疗保险欺诈规制法律体系的不足之处也是显而易见的。

1. 内容缺项的法律体系难以实现体系化任务

体系化是法律体系科学化建构和立法完善的重要方法。不同于学科理论体系建构层面的体系化，立法建制层面的体系化是使相关法律规范成为具有内在逻辑联系的、兼顾内在价值融贯的有机整体的过程，包括外部体系对法律规则形式理性和逻辑自足的要求，与内部体系法律原则融贯性的满足。① 法律体系化的特征具有形式与内在的一致性、逻辑的自足性与内容的全面性。② 在《医疗保障基金使用监督管理条例》颁布之前，我国基本医疗保险欺诈缺乏中央层面的专门立法规制，相关立法皆散见于不同法律和部委规章中，条文数量加起来不超过 20 条，只能算是在实质意义层面构建了基本医疗保险欺诈规制的法律体系。《医疗保障基金使用监督管理条例》颁布之后，我国形式意义层面基本医疗保险欺诈规制法律体系的空白得到了填补。尽管我国打击基本医疗保险欺诈的法网编织得日渐严密，但是当前法律体系仍然面临着制度内容缺

① 参见徐以祥. 论我国环境法律的体系化 [J]. 现代法学, 2019 (3): 83-87.
② 王利明. 民法典体系研究 [M]. 北京: 中国人民大学出版社, 2012: 11.

项的不足，难以实现立法建制的体系化任务。具体言之，首先，《医疗保障基金使用监督管理条例》虽然是规制医疗保障基金使用违规违法行为的专门立法，但其规范领域限于行政执法，而周延的基本医疗保险欺诈规制体系除了行政执法，还应包括司法追责。其次，《医疗保障基金使用监督管理条例》仅规定了定点医药机构强制性合规义务，忽略了医疗保障行政部门对定点医药机构的激励性的合规赋能。实际上，强制性合规义务的履行尚需行政部门的前期指导、帮扶以作铺垫。第三，对于基本医疗保险欺诈的过程控制，《医疗保障基金使用监督管理条例》仅就传统的监督检查规定了外部规制措施，缺乏外部规制触发、引导内部合规的制度设计。最后，对于基本医疗保险欺诈行为的制裁，现有法律体系过于重视行政制裁，缺乏行政制裁、刑事制裁与信用惩戒的整体制度设计。

2. 单边对抗模式背离善治理念

世界各国打击医疗保险欺诈的历程是一个由政府单边对抗到政府与组织和个人等规制对象协同共治的过程。协同共治意在实现医疗保险反欺诈的善治，对于善治的标准，联合国亚太经济社会委员会提出共同参与（Participation）、厉行法治（Rule of law）、决策透明（Transparency）、及时回应（Responsiveness）、达成共识（Consensus Oriented）、平等包容（Equity and Inclusiveness）、实效和效率（Effectiveness and Efficiency）、问责（Accountability）八项标准，① 强调主体间合作基础上治理的有效性。而我国现有基本医疗保险欺诈规制的立法主要以政府单边对抗为主，表现为立法内容侧重于法律制裁的追责以及发现欺诈过程中的监督检查，即使带有合规色彩的《社会保险法》第31条仍是以社保经办机构或政府主管部门单边主体来表述协议管理或监督检查的。尽管《医

---

①　"What Is Good Governance?"　［EB/OL］. United National Economic and Social Commission for Asia and Pacific，2020-02-05.

疗保障基金使用监督管理条例》第 10 条、第 14 条分别规定了医保经办机构、定点医药机构的强制性合规义务，并于第 36 条、第 39 条规定了违反合规义务的法律责任，从而建立了合规驱动的法律制度，但是，缺乏合规回应的激励机制使《医疗保障基金使用监督管理条例》仍然呈现单边对抗模式的政府规制，难以实现由规制合规迈向合作规制的演进，① 政府规制的独角戏自然取代了协同共治的合作规制。

3. 地方立法对经验现实规整不足

立法是一个智慧的创造过程，需要将纷繁复杂的具象经验现实规整为抽象的法律规范，形成应然的法律预设，然后再通过演绎的方法适用于实存的经验现实。这一过程需要立法者具有一定的提炼抽象法律概念和类型概念的能力，即所谓的立法技术水平，而并不是将经验现实照搬进法律规范中。然而，我国地方立法对基本医疗保险欺诈行为的规范基本上是还原经验现实中基本医疗保险欺诈行为的具体样态，仅有的抽象规整不过是对定点医药机构、参保人、医疗经办机构等主体分类下的欺诈行为的逐一列举。这种经验再现有余、抽象规整不足的立法方式缺乏立法技术含量，不仅使立法体例混杂烦冗，而且难免挂一漏万，难逃阶段性的宿命，并由此带来鲜明的时代烙印和历史的局限性。②

针对我国现有关于基本医疗保险欺诈规制法律体系的诸种不足，有必要从以下方面进行完善。

首先，构建内容完整的法律体系。我国基本医疗保险欺诈的法律规制始于地方立法的探索，后经《社会保险法》等一系列法律、《医疗保障基金使用监督管理条例》的专项行政法规和部委规章中的相关条文初步构建了实质层面和形式层面相结合的基本医疗保险欺诈规制法律体

---

① 参见孙娟娟. 从规制合规迈向合作规制：以食品安全规制为例 ［J］. 行政法学研究，2020（2）：124.

② 朱广新. 超越经验主义立法：编撰民法典 ［J］. 中外法学，2014（6）.

系。然而，相关内容的缺项阻碍了体系化任务的实现，有必要从以下方面予以补充：（1）依循事前预防、事中控制与事后制裁的规制周期完善基本医疗保险欺诈规制法律体系的整体架构。根据国际医疗保险反欺诈的经验共识，基本医疗保险欺诈的事前预防与事中控制多仰赖于行政执法，而事后制裁则多由行政部门与司法部门来实施。（2）发挥医保行政部门在基本医疗保险欺诈事前预防阶段的主动性，创新行政手段，实现医保行政部门对定点医药机构内部合规管理的支持赋能。（3）丰富基本医疗保险欺诈过程控制的制度内容。在传统监督检查之外，增加定点医药机构对其违规违法行为主动的信息披露与被动的行政和解，在法律责任之外，建立医保行政部门外部规制与定点医药机构内部合规管理之间整改式的联通。（4）完善基本医疗保险欺诈行为的法律责任体系。根据欺诈行为的主观意图、危害后果等因素明确行政责任、信用责任与刑事责任的追究以及具体的制裁措施。

第二，践行协同共治模式。党的十八届三中全会将"国家治理体系和治理能力现代化"作为全面深化改革的总目标，而协同共治是治理本质内涵的体现，表现为由传统命令控制型政府规制向元规制的转向。在我国深化医疗保障制度改革的进程中，基本医疗保险欺诈涉及主体众多，法律关系复杂，社会影响较大，属于复杂、综合性的社会问题，只有协同共治才是解决之道。从医疗保障基金使用监管角度来看，协同共治是以政府为主导、其他利益相关者协助合作的共治模式。医疗保险欺诈的协同共治表现在两个方面：一是政府主管部门对医疗服务供方、参保人的自我规制予以支持、鼓励，可以通过宣传教育、咨询建议、定期培训、特别警示、良好合规的示范等多种手段对医疗服务供方、参保人等主体进行合规赋能，使其能够进行自我规制建设。二是当自我规制失灵，发生实际欺诈等违规违法行为时，政府部门可采用约谈、和解协议等方式，强制性地督促医疗服务供方、参保人及时悬崖勒马，完善自我规制。

第三，基于经验现实的理性立法。在哲学史上一直有经验论与唯理论的分歧之争，经验论认为经验是一切知识或观念的唯一来源，否定人的理性思考和自主判断能力；唯理论认为理性认识、理性演绎是一切知识和判断的来源，否认感性认知。康德调和了经验论和唯理论，指出知识是人类同时透过感官与理性得到的。经验对知识的产生是必要的，但不是唯一的要素。把经验转换为知识，就需要理性。① 世界各国打击医疗保险欺诈的实践显示，经验有余、理性不足是各国制定反欺诈相关立法和政策的最大障碍，因此才有了各国和国际组织对医疗保险违规违法行为类型化的孜孜以求。基本医疗保险欺诈在实践中的表现形式林林总总，行为人的主管善恶与行为的危害结果存在着程度上的差异，浪费、错误、滥用、欺诈、腐败等语词都交替地在该领域使用，准确的法律定性是个难题，尤其是合法与违法、违规与违法、罪与非罪之间的界限并非泾渭分明，灰色地带的存在给医疗保险规制的立法提出了挑战。《医疗保障基金使用监督管理条例》填补了我国规制医疗保障基金使用违规违法行为专门立法的空白，也拉开了我国医疗保障领域立法的序幕。在今后关涉基本医疗保险欺诈规制的相关立法建设中，有必要结合基本医疗保险欺诈的特性，采用康德对经验论和唯理论的调和思想，基于经验现实，进行理性立法。申言之，相关立法对基本医疗保险欺诈行为的规范不能是简单地将现实中各种欺诈行为表现列入法条中，需要经历一个由经验到抽象再到法律条文的整理综合过程，而这也是对立法技术水平的考验。

学者徐显明曾说："我国的法律体系是构建起来的，立法带有规划性和计划性。对一些主要社会关系的调整，应当通过法律但立法条件不

---

① ［德］康德. 纯粹理性批判［M］. 蓝公武，译. 北京：商务印书馆，1960：32.

成熟的，我们先制定为行政法规或地方性法规，以之先进行规范，俟经验成熟时再上升为法律。中国的立法体制具有国家一元，中央和地方两级，法律、行政法规、地方性法规多层的特点。不同权限的立法权共同形成合力，推动着中国法律体系从无到有，从粗到细，从分散到体系的形成。"① 法律体系的构建是一个系统工程，自 2003 年《社会保险稽核办法》实施开始，我国基本医疗保险欺诈规制在中央和地方两个层面展开立法建设，初步构建了一般立法与专门立法相结合的体系架构，尤其是 2021 年《医疗保障基金使用监督管理条例》的颁布，开启了我国基本医疗保险欺诈专门立法的建设之路。

三、基本医疗保险欺诈规制立法建制应遵循的原则

我国基本医疗保险欺诈的相关立法不能止步于《医疗保障基金使用监督管理条例》的颁布，后续的实施性立法以及该条例内容的完善都需要我们明确关乎立法正当性与有效性的立法原则。而所谓立法原则是指立法活动应遵循的指导思想、基本方针和出发点。我国基本医疗保险欺诈规制的立法建设处于起步时期，其立法原则包括依据宪法和法律的原则、体系化原则与渐进化原则。

（一）依据宪法和法律原则

《医疗保障基金使用监督管理条例》是国务院颁布的一部行政法规，其立法过程遵循了依据宪法和法律的原则。申言之，《宪法》第 89 条、《立法法》第 65 条规定："国务院根据宪法和法律制定行政法规。"学术界在行政法规的合宪性与合法性上存在模糊认识，② 本文无意于作孰是孰非的取舍判断，只是尝试对现有的立法规定进行合理的阐释。

---

① 参见徐显明. 论中国特色社会主义法律体系的形成和完善［N］. 人民日报，2009-03-12-11.

② 莫纪宏. 论行政法规的合宪性审查机制［J］. 江苏行政学院学报，2018（3）：125.

尽管《宪法》与《立法法》都明确规定行政法规的制定应依据宪法和法律，但是依据宪法必然涉及解释宪法，而国务院不具有宪法解释权，① 故国务院不能直接依据宪法制定行政法规。所谓的依据宪法当限定于"依据宪法的精神或原则，"② 该限定亦符合《立法法》第3条规定的"立法应遵循宪法的基本原则"要求。依据宪法和法律的内涵，当从形式和实质两个视角来考量：

1. 形式视角的法律保留和不相抵触

基本医疗保险反欺诈的行政法规内容本质属于侵害行政领域，"无法律即无行政，"③ 法律保留原则将某些重要事项排除在行政立法之外。具体言之，根据《立法法》第8条、第9条的规定，只能由法律制定的事项尚未制定法律的，全国人民代表大会及其常务委员会有权做出决定，授权国务院根据实际需要，对其中的部分事项先制定行政法规，但是有关犯罪和刑罚、对公民政治权利的剥夺和限制人身自由的强制措施和处罚、司法制度等事项除外。是故，有关公民基本权利的事项属于法律保留的范围，行政法规不能染指。

不相抵触是指行政法规的制定不能与宪法和法律相冲突。《宪法》第5条规定："一切法律、行政法规和地方性法规都不得同宪法相抵触。"《立法法》第87条规定："宪法具有最高的法律效力，一切法律、行政法规、地方性法规、自治条例和单行条例、规章都不得同宪法相抵触。"如果说上述规定是对宪法作为根本法最高权威的尊重，具有政策指导意义，那么，不相抵触扩大到法律层面就更具实操性指导。在基本医疗保险欺诈规制立法中不与法律相抵触指向的法律主要有《刑法》《行政处罚法》《行政强制法》等基本法律，以及《社会保险法》《基

---

① 秦前红，底高扬. 合宪性审查在中国的四十年 [J]. 学术界，2019 (4)：53.
② 莫纪宏. 论行政法规的合宪性审查机制 [J]. 江苏行政学院学报，2018 (3)：125.
③ 翁岳生. 法治国家之行政法与司法 [M]. 台北：元照出版社，1997：224.

本医疗卫生与健康促进法》《药品管理法》等一般法律。

　　除了上述法律保留和不相抵触外，行政法规的制定在形式上须符合立法权限和制定程序的规定。根据《立法法》第 65 条、《宪法》第 89 条的规定，国务院只能就以下三个领域行使立法权限：一是为执行法律的规定需要制定行政法规的事项；二是宪法第 89 条规定的国务院行政管理职权的事项；三是根据全国人民代表大会及其常务委员会的授权决定的本应由全国人民代表大会及其常务委员会制定法律的事项。行政法规的制定程序可参看《行政法规制定程序条例》的规定。

　　2. 实质视角的内容规范与目的正当、比例原则

　　国务院制定的《行政法规制定程序条例》中第 12 条规定，制定行政法规除了符合宪法和法律的规定，遵循《立法法》确定的立法原则以外，还应符合社会主义核心价值观、政府职能的转变、精简和效能、合法权益保障、权责统一等实质内容的要求。

　　基本医疗保险欺诈规制属于侵害行政领域，必然涉及公民或组织义务的要求和权利的限制，如参保人在报销医保账单时须如实陈述，医疗机构应向社会公开其药品和服务的价格，参保人不能将其医保卡借给别人使用等。一切对公民或组织自由和行为限制的立法规定都要符合目的正当性的理由。基本医疗保险欺诈规制的立法目的在于维护医保基金安全，而维护医保基金安全的最终目的是保护广大医保患者的利益。因此，宏观面向规制基本医疗保险欺诈的行政法规可谓是具有公共利益目的的正当属性，而微观面向的具体立法事项正当性与否的判断有必要在维护医保基金安全与保护广大医保患者的利益之间把握平衡，不能为了反欺诈而反欺诈。

　　比例原则是行政法上一项重要的基本原则，包括适当性原则、必要性原则和均衡性原则三个子原则。比例原则广泛适用于行政立法、行政执法乃至行政司法中，甚至也为其他部门法所采用。就基本医疗保险欺

诈规制而言，其行政法规的制定既要符合适当性原则，即目的性原则，要求行政规制手段能够达成维护医保基金安全的目的；也要符合必要性原则，即最少侵害原则，要求对欺诈行为人的规制尽量采取温和的规制方式，以最少侵害程度取得维护医保基金的目的；三要符合均衡原则，即狭义的比例原则，要求对欺诈行为人的处理应与其行为的主观恶性、危害的后果的程度相匹配，不能过罚失当。

　　综上，依据宪法和法律是基本医疗保险欺诈规制的专门行政法规应当遵循的首要立法原则，是保证相关行政法规合宪性和合法性的前提基础。2011年国务院颁布的《医疗保障基金使用监督管理条例》基本符合形式视角的法律保留和不相抵触的要求与实质视角的内容规范与目的正当、比例原则的要求。例如，该《条例》第30条针对涉嫌骗取医疗保障基金支出的定点医药机构、参保人员展开调查期间规定了不同阶段规制力度有别的行政措施；同时，在"法律责任"一章区分违规违法行为分别设置不同制裁力度的法律责任，可谓符合比例原则的要求。但是，我们也应该看到，该《条例》基于行政监督管理的目的，对医保经办机构、定点医药机构、参保人员规定了大量的强制性义务，少有权利性规范。而且，针对医疗保障基金使用中违规违法行为的责任追究，除了约谈以外多为刚性的硬法规制，缺少柔性的软法规制。总之，《医疗保障基金使用监督管理条例》是我国当前规制基本医疗保险欺诈最主要的专门性行政法规，其解决了我国医疗保障基金监督管理执法依据不足的问题，但却不能代表基本医疗保险欺诈规制的全部立法。该《条例》的内容缺项和不足尚有待今后立法的补充与完善。

　　（二）体系化原则

　　根据德国学者拉伦茨的观点，法律体系是由法律原则融贯的内部体系与法律规则组成的外部体系融贯而成。① 就基本医疗保险欺诈规制的法律体系建设而言，既要具备内部体系原则的价值融贯性，又要有外部体系规则的形式理性，且内部体系与外部体系彼此也要具有融贯性。具体言之，内部体系原则的价值融贯性不仅要求立法中规定法律原则，而且要求法律原则之间既无逻辑矛盾又要积极关联。② 从医保基金监管的进路立法，保障原则的价值融贯性，应明确诚信、公开、公正、预防与制裁相结合、激励与惩罚相结合的法律原则。诚信即诚实信用，世界各国在打击医疗保险欺诈过程中普遍公认欺诈是一种违反诚信的行为，诚信是一个多语境用词，既可以是社会主义核心价值观，也可以是民法中的帝王条款，在基本医疗保险欺诈规制语境，诚信内涵的重点是诚实不欺，主要针对医药服务供方、参保人、医保经办机构。公开原则即透明原则，是诚信原则的衍生原则，在国际反腐败事业中，透明原则是核心原则。对于基本医疗保险欺诈的规制来讲，公开原则的重点在于要求医疗服务供方对其医疗服务价格、流程等内容向社会公开，或者医保经办机构、政府主管部门向社会公开经办流程、法规政策等。公正是指对于同一事件涉及的相关人都要平等对待，作为一个立法的普适原则，在基本医疗保险欺诈的规制中公正原则要求政府规制部门不仅在打击基本医疗保险欺诈的行动中平等地对待规制对象，而且在规制策略或政策的制定中，平衡考量打击欺诈与保护患者利益之间的关系。预防与制裁相结合、激励与惩罚相结合的两个原则主要针对基本医疗保险欺诈的规制策略而言，具有回应型规制理论的色彩。基本医疗保险欺诈的预防通常在政府的激励下才可能有效，政府的激励还包括对举报人的奖励，处理以

---

① ［德］卡尔·拉伦茨. 法学方法论［M］. 陈爱娥，译. 北京：商务印书馆，2003：318-355.

② 雷磊. 融贯性与法律体系的建构——兼论当代中国法律体系的融贯化［J］. 法学家，2012（2）：4.

惩罚为主但不限于惩罚。总之，上述诚信、公开原则适用于基本医疗保险欺诈规制领域的所有主体，尤其重点针对医药服务供方、参保人、用人单位等容易有欺诈行为的主体，而公正、预防与处理相结合、激励与惩罚相结合的法律原则是政府部门规制基本医疗保险欺诈政策制定与执法行动中应遵循的原则。

外部体系规则的形式理性主要表现为法律规则形式的一致性、内容的完备性与逻辑的自足性三方面。就基本医疗保险欺诈规制的立法而言，法律规则形式的一致性是指同一法律概念在不同法律规范中的内涵与外延要一致，法律体系中的法律规范不能彼此矛盾；内容的完备性是指基本医疗保险欺诈规制的专门立法应遵循预防、发现与应对通行规制欺诈的一般路径，确立合规预防、举报发现与调查发现相结合、非惩罚性应对与惩罚性制裁并用的立法内容；逻辑的自足性是指欺诈相关的法律概念、行为类型和规则之间应当遵循符合立法技术要求的体例进行组织和编排，而不是混乱地进行组合。①

至于内部体系与外部体系之间的融贯性是指内部体系原则指导外部体系规则的内容，外部体系规则内容是内部体系原则的具体化，二者彼此之间没有逻辑矛盾且互相关联。

作为我国当前规制基本医疗保险欺诈行为的第一部专门性立法，《医疗保障基金使用监督管理条例》只规定了医疗保障基金使用的基本原则，即合法、公开、安全、便民，却没有规定医疗保障基金使用监督管理的基本原则，不能不说是该《条例》内容的一大遗憾。希冀今后的相关立法能够遵循体系化原则，真正实现基本医疗保险欺诈规制法律体系的体系化任务。

---

① 参见徐以祥. 论我国环境法律的体系化［J］. 现代法学，2019（3）：87.

（三）渐进性原则

20世纪中叶美国政治学家林德布鲁姆（Charles E. Lindblom）基于有限理性的前提提出关于政策和政治领域基本运行方式的渐进主义，该理论认为"面对繁复的决策问题，只能采用连续有限比较的方法，即从现状出发，逐步地、小幅度地实现目标"。① 其实，作为一种关于事物和过程的理解和认识方式，② 渐进主义不仅仅是公共政策和政治领域的特定概念，更普遍存在于人类广泛的认知实践历程中。在法学界，学者们往往使用渐进式与激进式（或革命式）两个相对称的概念描述法制建设历史的不同模式，③ 通常围绕法律体系构建模式来讨论我国立法建设中的审慎立法政策及其法律试行机制，④ 认为"渐进式"推进的特征是我国法制平稳改革、日益完善的重要经验。⑤

我国基本医疗保险欺诈规制的立法建设中虽然地方立法呈现繁荣景象，但却存在"反欺诈主体的界定偏狭、举报奖励的范围过窄、对于社会保险反欺诈工作人员在反欺诈工作中泄露举报信息的法律责任设定不周密等问题"，⑥ 亟须在中央层面建立统一的立法。而我国中央层面统一立法面临着起步晚、经验不足、信息不充分以及专业组织建设薄弱等条件限制，这决定了我国关于基本医疗保险欺诈规制的立法建设必须遵循渐进性原则，立足于现有的法律制度框架，分阶段分内容地建设和完善我国基本医疗保险欺诈规制的立法体系。

① 赵俊，吕成龙. 反海外腐败法管辖权扩张的启示——兼论渐进主义路径下的中国路径［J］. 浙江大学学报（人文社会科学版），2013（2）：16.
② 刘文. 渐进主义的认识论审视［J］. 中国行政管理，2020（3）：72.
③ 易继明. 当代法学的历史使命——以中国法治建设为指向的法政策学思考［J］. 法律科学，2011（1）：3.
④ 钱大军. 当代中国法律体系构建模式之探究［J］. 法商研究，2015（2）：3.
⑤ 李中天. 论改革开放以来中国法制改革的渐进式特征［J］. 思想战线，2015（3）：115.
⑥ 参见王素芬. 社会保险反欺诈地方立法审思［J］. 东岳论丛，2019（2）：145.

第一阶段，在基本医疗保险欺诈规制的现有法律制度框架下由国务院制定专门性行政法规。专门性行政法规以打击欺诈等违规违法行为、维护医保基金安全为宗旨，以政府监管（规制）为主导，兼顾监管（规制）对象的自我规制和社会规制，形成基本医疗保险欺诈风险事前预防、事中控制、事后发现和制裁的体系结构。涉及的主要板块内容包括医药服务供方的合规治理、损害医保基金行为的类型与判定标准、奖励举报制度、多层次的法律制裁等。随着《医疗保障基金使用监督管理条例》的颁布，第一阶段的立法任务可以说已初步完成。

第二阶段，由全国人民代表大会常务委员会制定《基本医疗保障法》。将医疗保障制度的改革成果法制化，除了规定我国基本医疗保障法的宗旨、调整范围、基本原则等总则内容外，重点以相关主体的权利义务为内容，如规定基本医疗保险参保人、用人单位在缴费和待遇享受阶段的权利义务，以及医药服务供方在提供医药服务过程中的权利义务等，以明确基本医疗保险欺诈规制第一性的权利义务制度。修订现行《刑法》，增加社会保险诈骗罪，一则与《刑法》中已有的保险诈骗罪相对应，凸显社会保险诈骗罪在刑法体系中的地位；二则社会保险诈骗尤其是基本医疗保险诈骗是最严重的欺诈行为，理当严刑重罚，现有刑法中的一般诈骗罪不足以胜任此目的。

综上，通过制定《基本医疗保障法》《医疗保障基金使用监督管理条例》以及完善现有《刑法》内容，能够构建基本医疗保险欺诈规制的前置法（《基本医疗保障法》）上的调整性规则、行政法（《医疗保障基金监督管理条例》）的第一保护性规则与《刑法》的第二保护性规则的"层层评判、进阶确立"的立法体系。①

---

① 田宏杰.立法扩张与司法限缩［J］.中国法学，2020（1）：174.

四、小结

法治是基本医疗保险欺诈规制的基础与保障，而立法建制则是法治的启动环节和重要内容。我国基本医疗保险欺诈规制的立法建制尚处于初始阶段，关于医疗保险欺诈规制的立法模式，欧美国家有刑法定罪规制、分层规制、混合立法规制三种典型模式，各有优劣，我国基本医疗保险欺诈规制的立法模式应坚守减轻群众就医负担的根本目的，结合自我规制与政府规制的内容，在博采众长的前提下，以选择分层规制的立法模式为宜。我国现有基本医疗保险欺诈规制的法律体系存在着内容缺项的非体系化、背离善治理念的单边对抗以及地方立法经验规整不足的问题，有必要构建完整的基本医疗保险欺诈法律规制体系，推行协同共治模式，提高理性立法水平。同时，确立依据宪法和法律原则、体系化原则、渐进性原则等基本医疗保险欺诈规制立法建制应遵循的原则，进而保证我国基本医疗保险欺诈规制的法律体系能够有规划、有目的、有步骤地构建与完善。

第六章　基本医疗保险欺诈规制的实践路径

随着基本医疗保险全民覆盖的实现，有效规制医保欺诈已成为我国维护医保基金安全的首要任务。作为医疗卫生行业的重要议题，反欺诈在世界各国的实践千差万别，但也体现了一定的趋同性和规律性，比较视域下探讨各国的实践经验将有助于我国基本医疗保险欺诈规制法律制度建设和实践开展。由于语言和资料的限制，笔者主要选取医疗保险反欺诈实战经验较为丰富的欧美国家为分析样本，兼顾我国基本医疗保险反欺诈实践，利用"全球医疗反欺诈网络"（the Global Health Care Anti-Fraud Network，GHCAN）、"欧洲医疗欺诈和腐败网络"（the European Healthcare Fraud and Corruption Network，EHFCN）、美国的国家医疗反欺诈协会（the National Health Care Anti-Fraud Association，NHCAA）等著名的医疗保险反欺诈非营利组织网站的资料、出版物与各国反欺诈组织官网资料、学术界公开发表的期刊论文、反欺诈实务界的公开资料等，尝试从反欺诈利益相关者、回应性规制技术路径等方面探索国际医疗保险欺诈规制实践的主要进路、内容、趋同与差异，反观我国基本医疗保险欺诈规制实践，分析存在的问题，探讨解决之道，以期助力于我国基本医疗保险欺诈规制事业的建设和发展。

一、比较视域下医疗保险欺诈规制主体的相关议题

（一）医疗保险欺诈规制的利益相关者

1. 利益相关者理论

利益相关者理论源自企业管理领域，在众多的关于利益相关者的定义中，弗里曼给出的定义较为经典，被广泛引用："能够影响组织目标实现或者被组织目标实现过程所影响的人或团体。"① 作为对抗"股东利益至上"模式的利益相关者理论的核心思想是"只有较好地满足不同需求层次的利益相关者，企业才能更好地获得利益相关者的持续支持，进而获得资源最优配置。"② 该理论的本质是"协调相关利益者的利益安排，从而实现组织目标。"③ 由于其经典的分析框架，利益相关者理论被广泛应用于政府管理和组织分析的研究中。从发展脉络来看，利益相关者理论经历了利益相关者"施加影响"到"积极参与"再到"共同治理"这三个渐进的发展阶段。④ 医疗保险欺诈规制属于政府公共管理的组成部分，强调治理能力和治理体系的现代化。所谓治理是一种共同目标支持的活动，⑤ 全球治理委员会 1995 年发布的《我们的全球伙伴关系》中将治理定义为："各种公共的或私人的机构管理其共同事务的诸多方式的总和。"可见，多元主体合作共治是治理的本质内涵，这与利益相关者理论具有高度的契合。鉴于此，国际反欺诈组织和

---

① ［美］弗里曼. 战略管理：利益相关者方法［M］. 王彦华，梁豪，译. 上海：上海译文出版社，2006：88.
② 温素彬，李慧，焦然. 企业文化、利益相关者认知与财务绩效——多元资本共生的分析视角［J］. 中国软科学，2018（4）：113.
③ 吴磊，徐家良. 政府购买公共服务中社会组织责任的实现机制研究［J］. 理论月刊，2017（9）：131.
④ 唐健，彭刚. 农村社会化养老善治的路径重构［J］. 农村经济，2019（8）：137.
⑤ 周进萍. 利益相关者理论视域下"共建共治共享"的实践路径［J］. 领导科学，2018（3）：4.

欧美国家多运用利益相关者理论来分析医疗保险欺诈规制的组织结构和运作。

2. 国际上关于医疗保险欺诈规制利益相关者的共识

医疗保险欺诈规制利益相关者是基于差异性的地位、职权或作用以各自的方法参与欺诈规制这一共同目标的实践活动，进而形成医疗保险欺诈规制的组织生态系统。虽然各国因为政治体制、经济体制和文化背景的差异，医疗保险欺诈规制组织不尽相同，但是，从各国反欺诈实践来看，利益相关者主要包括：

（1）医疗卫生政府主管部门

本文所谈医疗保险欺诈主要指由公共财政出资的社会保险领域中的违规违法行为，不过，由于欺诈行为样态的相似性与业务运营的交叉性、协同性，欧美国家的欺诈规制实践往往不与商业保险区别对待。因此，虽然本文的研究笔触以基本医疗保险领域中的欺诈规制为主，但是欧美国家反欺诈事业皆不区分社会保险和商业保险，一概以医疗保险欺诈作为统一的指称。

作为对医疗卫生方面的公共决策承担政治责任的主要机构，医疗卫生政府主管部门在各国有不同的称呼和表现形式。在欧洲各国一般为卫生部（Ministry of health），美国是卫生与公共服务部（HHS），我国则主要是卫生健康委员会和医疗保障局。医疗卫生政府主管部门通常负责医疗卫生领域的宏观规划事项，主要有：制定立法和政策等；规划医保基金使用的国家预算；协调国家医疗卫生计划的安排和实施等。

在欧洲一些国家，卫生部往往通过与医疗保险基金、医疗服务供方签订协议来间接或直接参与医疗保险欺诈规制的工作。例如荷兰和意大利卫生部走的是间接路线。荷兰自2006年始实施社会医疗保险"有管理的竞争"模式，由商业保险公司与医疗服务供方签订医疗服务协议，商业保险公司直接负责医保支付环节的欺诈规制工作，政府卫生部则通过规划引领、监督管理等进行间接规制；而意大利的卫生部则通过与国家、地方等不同层次的医保基金签订协议（各级医保基金另外再与医疗服务供方签订医疗服务协议）来进行宏观调控和监督。斯洛文尼亚的卫生部对医疗保险反欺诈走的是直接路线，作为合作伙伴之一，斯洛文尼亚卫生部与欺诈控制机构（ZZZS）、医疗服务供方的代表一起参与向医疗服务供方分配资金的谈判过程，并制定报告、会计和审计规则，从源头上控制医保支付环节的欺诈漏洞。

除了借助签订协议来间接或直接参与医疗保险反欺诈的工作外，英国、美国和中国等国家还在医疗卫生政府主管部门内部直接设立专门打击医疗保险欺诈的机构，如英国的国民医疗服务反欺诈局（NHSCFA）、美国的卫生和公共服务部监察长办公室（HHS-OIG）、中国医疗保障局内设的基金监管司，通过行政执法对医疗保险运营过程尤其是医保支付环节进行监督、控制，体现政府规制的强制力和威慑力。

（2）欺诈控制组织

世界各国对医疗保险欺诈的控制组织主要有医保经办机构和政府成立的专门反欺诈机构等。欧洲各国多以医保经办机构（即一般医疗基金组织）作为打击医疗费用支付环节的欺诈主要利益相关者，美国、中国则兼顾医保经办机构与政府专门反欺诈组织的作用。

在欧洲，作为医疗服务账单的支付人，一般医疗基金（general healthcare funds）被视为打击医保欺诈的主要利益相关者。各国医疗基金虽然在数量、集中程度与覆盖范围等方面存在较大差异，但是，这些医疗基金进行的医疗卫生相关的活动主要是与医疗服务供方签订医疗服务协议，并对医疗服务开展行政和医学方面的检查。医疗服务协议中的医疗服务支付或者建立在税制模式基础上或者建立在社会保险模式基础上，税率或缴费额一般由医疗基金（通常与政府合作，如比利时）或政府机构（如荷兰）来确定。医疗服务协议的内容除了限制费用的保证外，还包括对医疗服务供方进行检查和控制的依据，因此，医疗服务协议的履行过程一般要受到严格审查。一般医疗基金中往往设立专门组织负责审查，例如斯洛文尼亚的审计部门、英国的国民医疗服务反欺诈局（NHSCFA）、法国法律监察与反欺诈办公室（DACCRF）、比利时的医疗评估和监察局（MEID）等。通过对医疗基金本身进行有效的内部检查，一般医疗基金安全有望在短期内得到加强。

美国医疗保险欺诈控制组织围绕 Medicare、Medicaid 和儿童健康保险计划（Children's Health Insurance Program，CHIP）等公共医疗保险计划，以 HHS-CMS、HHS-OIG 等主要利益相关者，协同司法部、各州政府开展有针对性的医疗保险反欺诈行动。具体言之，医疗照顾和医疗补助服务中心作为公共医疗保险计划的支付人，相当于医保经办机构，负责医疗服务供方的资格筛选、医疗服务账单支付的审核，侧重医保经办过程中对医疗保险欺诈的预防和控制。HHS-OIG 是联邦政府设立的专门反欺诈机构，负责医疗服务供方的合规指导、识别和打击联邦公共医疗保险计划中的浪费、欺诈和滥用行为。在医疗保险反欺诈的行动中，HHS-CMS、HHS-OIG 通常是通过成立专项任务组织或与司法部联手成立专项任务组织来打击医疗保险浪费、滥用和欺诈行为。

针对基本医疗保险领域的欺诈等违规违法行为，中国的欺诈控制组织以医保经办机构与政府行政执法机构为主要利益相关者。亦即，根据《社会保险稽核办法》，各地方的医保经办机构负责对医疗保险费缴纳和医疗保险待遇领取进行合规合法性核查。而政府行政执法机构主要为国家医保局和地方医保局内设的基金监管机构。除了上述内嵌于医保经办机构和政府医疗保障局中的欺诈规制组织外，有些地方还成立了独立的医保监管机构，专门负责打击医疗保险欺诈的工作，例如上海的医疗保险监督检查所、天津的医疗保险监督检查所等。

（3）司法部门

医疗保险欺诈等违规违法行为具有主观恶性与危害后果的轻重程度，多数违规违法行为可以通过合规治理、行政制裁予以解决，而对那些违反刑法、构成犯罪的欺诈行为，通常需要司法部门的介入。根据各国反欺诈的实践，公诉检察官是打击严重违法犯罪欺诈行为的主要利益相关者，负责调查并提起刑事诉讼，追究欺诈行为人的刑事责任。除了公诉检察官以外，美国司法部的联邦调查局也是医疗保险反欺诈的主要利益相关者，其内部设有金融犯罪科，由三个部门组成，其中一个部门专门从事医疗保险反欺诈工作；斯洛文尼亚成立专门的审计法院，是国家账目、国家预算和所有公共开支的最高监督机构，遵循透明和合理的公共开支原则，通过审计发现医疗保险欺诈等违法行为并追究相应的法律责任。

司法是打击医疗保险欺诈的最后手段，司法部门的介入通常针对严重违法犯罪的医疗保险欺诈行为。然而，行政执法与司法追责的界限并非当然明确，罪与非罪、此罪与彼罪的边界涉及模糊的灰色区域，是各国医疗保险反欺诈面临的难题。对此，荷兰法律规定，根据有关各方之间的谅解备忘录选择刑事或行政处罚；比利时则通常适用行政制裁，只有当欺诈行为具有犯罪意图且造成重大损失的，才求诸公诉检察官。

（4）其他组织或个人

医疗保险欺诈不仅仅直接导致医保基金的损失，也间接损害病患的利益、影响医疗服务质量、败坏医疗卫生行业风气，鉴于此，许多非营利性组织也致力于打击医疗保险欺诈的事业，成为医疗保险反欺诈的利益相关者。较为活跃的国际组织有"欧洲医疗欺诈和腐败网络"，其在欧洲15个国家拥有23个成员，包括公共和商业医疗保险组织、政府卫生部门、专门的反欺诈组织等。作为唯一致力于打击整个欧洲医疗卫生领域的欺诈、腐败和浪费的组织，"欧洲医疗欺诈和腐败网络"的主要目标是与成员组织合作，打击欺诈、腐败和浪费，在整个欧洲的医疗系统中创造一个真正的防欺诈和防腐败的文化。该组织的主要工作是搭建成员之间合作交流的平台，通过教育和主题活动促进制定共同的工作标准。

从国别角度来看，美国的国家医疗反欺诈协会由商业保险公司、联邦和州政府的官员组成，主要从事医疗卫生领域反欺诈的教育与培训，旨在通过提高认识和改进侦查、调查、民事和刑事起诉，以及预防医疗保健欺诈和滥用，保护和服务公众利益。比利时则成立了医疗卫生反欺诈委员会，政府反欺诈组织"医疗和残疾保险的国家研究院"和7个相互健康基金都有代表参加，目的在于通过数据交换和比对的合作，共同解决涉及病人和医疗服务供方的欺诈问题，如盗用证书、为未提供的医疗服务开具账单或患者与医疗服务供方之间相互串通等。

除了上述合作式的非营利组织外，某些专业协会也发挥了反欺诈利益相关者的作用。例如，比利时的医学协会，作为医疗服务供方的专业机构，有权对有违规违法欺诈行为的医务人员实施纪律制裁，严重的移送司法部门予以刑事制裁。

作为反欺诈利益相关者的个人主要指举报人和患者。通过举报人的举报和对患者的调查能够及时发现医疗保险欺诈的线索，有助于开展追责、制裁等后续工作，减少违法暗数。①

综上所述，医疗保险反欺诈事业并非简单表现为欺诈者与欺诈规制者之间违规违法与规制的线性过程，而是围绕着欺诈规制目标这一核心，由众多利益相关者协同共治的环形结构。在众多的利益相关者中，欺诈控制组织以其专业性、权力性和紧密性成为医疗保险欺诈规制的排头兵和主力军。

---

① 违法暗数是指潜伏违法总量指标的估计值。所谓潜伏的违法是指违法确已发生，但由于各种原因未能被发现，从而没有被计算到官方违法统计中的行为。

3. 医疗保险欺诈的专门控制组织

与其他利益相关者不同，欺诈控制组织的职责是专注于打击医疗保险欺诈、腐败等违规违法行为。在定位上，各国医疗保险欺诈控制组织或为独立性组织（如法国的 DACCRF，斯洛文尼亚的 ZZZS），或内属于政府主管部门的一个专门机构（如美国、英国、中国、比利时），还有些国家如荷兰，欺诈控制组织包括商业保险公司内部的专门机构和政府卫生部公私双重结构。尽管各国欺诈控制组织存在诸多差异，但是特色与共性还是较为明显的。

（1）反欺诈队伍的专业化与职业化

欧洲国家医疗保险反欺诈控制组织多为政府机构，除了常规的工作人员配备外，从事医疗保险欺诈调查的人员一般都有资质要求，或者要求经过专业反欺诈的培训，或者是医务人员、律师等专业人士。

在英国全民医疗服务体系内，有一支专门从事反欺诈工作的职业队伍，其组成人员被要求必须获得至少一项反欺诈专业人员资格认证。基础水平的资格认证有反欺诈专家认证和安全管理专家认证两种，高级水平的资格认证有反欺诈、贿赂和腐败的关键技能发展方案的资格认证和安全管理关键技能发展方案的资格认证。NHS 中所有从事反欺诈调查的人员必须取得反欺诈资格认证，这是一个需经过大学教育培训考核认证的专业资格，培训计划由反欺诈部门的专业从业人员制定，以反映相关的业务需求，以及打击欺诈的核心技能和知识水平的共同标准。培训计划通常有四个模块，需要按顺序完成，其具体内容包括：创建反欺诈文化、阻吓、预防、发现、调查、制裁、纠正等。培训计划长达四周，运用案例场景探讨原则、技巧、程序、立法和技术。参加培训计划的人要通过课程考核，通过率为 70%。英国反欺诈专业人员严重短缺，因为英国立法要求每家医疗机构都须配备一名以上具有反欺诈专业资格认证的专业人员承担反欺诈工作，每个医疗机构所需的反欺诈专家的人数由根据其犯罪情况计算出的风险程度决定，而英国在 2015 年只有 300 名有资格认证的反欺诈专家。实践中，有些医疗机构直接雇用反欺诈专家，而有些医疗机构则共享同一个反欺诈专家，还有一些医疗机构从提供欺诈和安全解决方案的机构购买服务时间。

除了英国对反欺诈执法人员有专业资质要求外，欧洲许多国家医疗保险反欺诈的执法过程要求专家参与，专家队伍不仅有统计专家、法律专家，还包括医务人员。例如法国反欺诈控制组织 DACCRF 在国家层面有 40 名专家从事欺诈预防工作，这些专家包括行政顾问、统计员、法律专家、医生、药剂师等；比利时的欺诈控制组织 MEID 内部的医疗总监察员是由医疗检查员、药师检查员和护士长组成的团队，有权进入医疗机构及其病房，收集信息，查明人员身份，进行面谈，出具违法报告并加盖印章，有权酌情评估调查的证据。一旦收集到实质性证据，医疗总监察员有权决定是否将卷宗提交给 MEID 或行政法院进行制裁；斯洛文尼亚的欺诈控制组织 ZZZS 成立财务医疗控制小组，负责审计医疗服务账单，目的在于增加医疗服务的透明度和医疗服务供方接受调查的效率，实际工作由 14 名医生担任（2015 年数据），属于专家参与的现场控制。①

（2）反欺诈组织行动的专项性和针对性

美国医疗保险反欺诈领域不仅立法多，而且各种具有任务导向的控制组织也不少，概括起来主要有：（1）由卫生与公众服务部、司法部联合成立医疗卫生欺诈预防与执法行动小组（Health Care Fraud Prevention and Enforcement Action Team，HEAT），在全国范围内逐步开展针对医疗卫生欺诈防范和执法的具体行动；（2）针对欺诈 Medicare 的严重刑事犯罪行为，同样由卫生与公众服务部、司法部联合成立 Medicare

---

① MIKKERS M, SAUTER W, VINCKE P, BOERTJENS J. Healthcare Fraud Corruption and Waste in Europe ［M］. Hague：Eleven International Publishing，2017：237.

欺诈打击部队（Medicare Fraud Strike Force），集合高级专家、先进的数据分析技术与社区警务等执法资源，意在迅速、有效地识别、调查和起诉针对 Medicare 的欺诈行为；（3）卫生与公众服务部内设的医疗照顾与医疗补助服务中心成立了诚信计划中心（Center for Program Integrity，CPI），负责 Medicare、Medicaid 和 CHIP 等公共医疗保险计划中的滥用和欺诈行为；（4）联邦政府和各州政府分别成立 Medicaid 欺诈控制小组（Medicaid fraud control unit，MFCU），保护 Medicaid 基金免受个人或医疗服务供方的欺诈。

（3）欺诈规制方式的多样性与丰富性

医疗保险欺诈行为在实践中具有多种表现形式，程度轻重不一，相同的损害后果既可能是违规违法行为导致，也可能是无心之过（Honest mistake）造成，欺诈规制方式的多样性与丰富性直接影响了欺诈规制行动的效率和效果。

从医疗保险欺诈预防来看，各国欺诈规制实践经验显示的预防方式有：①通过完善立法保证医疗服务价格、公共采购或合同签订过程的信息透明。如波兰的国家医疗基金（the National Healthcare Fund，NHF）是全国健康保险体系的最大支付者，与公共和私人的医疗服务供方签订医疗服务协议，协议的基本信息和协议履行过程中的财务报告每年都要公之于众。②引入医疗服务成本削减和控制的方法。如斯洛文尼亚欺诈控制组织 ZZZS 开展的提高效率的行政控制和针对账单的财务控制行动。③扩大监管机构的执法权力。如荷兰的卫生保健局（NZa）不仅负责行业制度的制定和政策建议的提供，监督涉及公众利益的信息透明度、医护服务适用度和价格以及调查、审计医疗服务账单等方方面面，而且还有实施各种行政处罚的权力，如停止欺诈行为的指令、行政处罚等。④开展全民性运动，提高民众反欺诈和反腐败的意识。如意大利2015 年在全国开展的"让我们治好腐败"（let's cure corruption）的运动。⑤加大欺诈控制组织资金和人力的投入。例如，美国通过 1996 年的 HIPAA 立法建立了全国医疗保险欺诈与滥用控制计划，根据该计划，建立专门的医疗保险欺诈与滥用控制账户，每年对卫生与公共服务部和司法部相关机构进行一定数额的资金拨款，重点支持机构、地区之间在打击医疗保险欺诈和滥用行动中的合作执法。2018 年医疗保险欺诈控制账户以及国会共向 HHS-OIG 拨款近 2.85 亿美元，用于调查、审计、评估、数据分析等工作的开展。作为打击医疗保险欺诈的专门控制组织，HHS-OIG 是美国联邦政府最大的监察长办公室，拥有员工 1600人，内设监察长直属办公室、审计署、评估和检查办公室、管理和政策办公室、调查办公室、法律顾问办公室 6 个机构，职能全面。

就合规治理而言，合规治理的对象包括患者、医疗服务供方、医保经办机构等主体，各国反欺诈实践的重点多集中于医疗服务供方及其涉及的医保基金支付环节。虽然合规以自律为主，但是真正有效的合规也需要政府积极引导、支持。美国医疗服务供方的合规治理可谓典范。自1997 年开始，HHS-OIG 针对医疗服务供方的性质差异陆续发布了不同的合规指南，明确了不同性质医疗服务供方的风险点，给出了合规的最低标准和框架内容，由医疗服务供方根据自身财力和规模自行拟定合规计划。在合规计划实施过程中，通过医疗服务供方的自我披露、签订诚信协议的方式，HHS-OIG 可以被动或主动地介入合规过程，发挥其调查、审计等监管职能，实现真正的合规治理。

当有潜在欺诈风险或发生实际欺诈时，需要启动欺诈控制程序和相应制裁机制。（1）控制过程的多种方式应用。从各国的实践来看，常规的欺诈规制过程中的方式主要有审计、稽核、行政检查、执法调查等。（2）根据潜在欺诈风险的阶段和实际欺诈的程度采用不同的应对机制。首先，通过财务审计发现医疗服务提供过程中各种错误导致医保基金的不当支付，须返还不当支付款项，其法律依据或为民法上的不当得利请求权（如荷兰、美国），或为行政法上的"责令退回"决定（如中国）。根据 2014 年或 2015 年欧洲的国别报告，关于错误导致医保基金不当支付的金额从比利时的 1.15 亿欧元到法国的 2.31 亿欧元再到荷兰的 4.49 亿欧元，足见小错误亦会导致大损失。第二，重用经济制裁手段。作为一种典型的白领违法行为，获取金钱利益是医疗保险欺诈的主要目的，处以金钱重罚能够产生真正的威慑作用，防止违法行为人再次欺诈，警示其他人远离欺诈；同时，医疗保险欺诈的行为人多为医疗服务的从业人员，属于专业人士，经济制裁不仅具有补偿和惩罚双重作用，而且也不会减损现存的社会医疗资源。例如，美国联邦政府根据《虚假陈述法案》与《民事金钱处罚罚法》实施惩罚性金钱处罚，伴之以诚信协议的签订和履行，督促医疗服务供方完善合规计划，提高行政规制效率的同时也节省了反欺诈的组织成本。第三，通报典型案例。向社会通报医疗保险欺诈的典型案例，不仅仅能够起到以儆效尤的威慑作用，而且也是欺诈规制工作经验交流的核心内容和欺诈规制学术研究的第一手资料来源。

（二）医疗保险欺诈规制主体的多面向合作

由于法律关系复杂，所涉主体众多，医学的专业性知识与民众普及性常识相交织以及信息不对称性的普遍存在，医疗卫生领域具有典型的繁复性、易变性与不确定性，由此决定了医疗保险欺诈的发生也具有繁复性、易变性和多样性。无论是行政执法机构、司法部门抑或社会组织、个人，单凭一己之力都难以胜任医疗保险欺诈规制的任务担当，合作共治才是当选路径。所谓合作就是多元主体合作共事，通过发挥各自优势达至共同目标的实现。[1] 在实现医疗保险欺诈规制这一任务目标的

①　HIMMELMAN A T. Communities Working Collaboratively for Change [M]. Minneapolis：Himmelman Consulting Group，1992：27-47.

实践中，行政执法机构、司法部门、社会组织和个人等多元主体应协同共治，通过内部合作与外部合作、执法合作与教育合作等多面向的合作，达至医疗保险欺诈预防、发现与惩治的目的。

1. 内部合作与外部合作

行政规制是国际医疗保险反欺诈的主战场，行政部门是打击医疗保险欺诈的主力军，所谓内部合作与外部合作是以行政执法为轴心展开的。

就占主导地位的医疗保险欺诈行政规制机构而言，内部合作主要是指同一行政部门系统内部不同职能机构之间的合作。如美国的HHS-CMS 与 HHS-OIG，前者负责医疗服务供方从业资格审核、医保账单支付监督等反欺诈职能，后者负责医疗服务供方合规引导，医疗服务供方自我披露协议与诚信协议的签订、监督履行以及医疗保险欺诈的调查与行政制裁等反欺诈职能。在医疗保险欺诈调查和制裁的行动中，HHS-CMS 与 HHS-OIG 的内部合作有助于提高行政执法效率和效力。

就占主导地位的医疗保险欺诈行政规制机构而言，外部合作既包括不同政府部门之间的跨界合作，也包括政府部门与社会组织的合作。前者如美国 HHS-OIG 与司法部的联邦调查局、联邦检察官办公室、民事司、刑事司之间的反欺诈执法与制裁行动的合作，我国的医疗保障行政部门与公安、检察机关之间的和政执法刑事司法衔接机制与执法、司法信息的互联互通；① 后者如美国的医疗保险欺诈预防伙伴关系计划，而荷兰的医院、保险公司和会计师事务所与卫生部和卫生保健局合作签署了一项关于打击专业医疗领域的错误、滥用和欺诈行为的协议。

---

① 根据我国 2016 年的《社会保险欺诈案件管理办法》第 33 条、第 34 条和第 35 条规定，针对医疗保险欺诈案件，医疗保障行政部门应当与公安机关建立联席会议机制，保障行政执法与刑事司法衔接工作的顺畅，与公安、检察机关实现基金监督行政执法与刑事司法信息的共享，实现社会保险欺诈案件移送等执法、司法信息互联互通。

2. 执法合作与教育合作

除了按照主体标准而划分的内部合作与外部合作外，医疗保险反欺诈的多面向合作还可以按照内容标准区分为执法合作与教育合作。如果说内部合作与外部合作强调合作主体的各司其职与优势共享，执法合作与教育合作则关注医疗保险欺诈规制目标任务的达至。

国际经验显示，医疗保险欺诈规制注重政府主导下的多元主体合作规制，是"有政府的治理"（governance with government），[①] 强调执法合作的重要性。执法合作是指行政规制机构彼此之间、行政规制机构与其他政府部门之间就医疗保险反欺诈的执法行动展开的合作。[②] 主管医疗保险欺诈规制的专门组织一般为行政机关，如美国的 HHS-OIG、英国的 NHSCFA、荷兰的 NZa、中国的医疗保障局等。这些行政机关统领医疗保险欺诈规制的大局，不仅制定法律法规和政策，而且也直接参与检查、监督、调查、制裁等执法行动，尤其是与其他职能的行政部门、司法部门之间进行欺诈规制的执法合作。根据各国医疗保险欺诈规制实践，参与医疗保险反欺诈执法行动频率较高的行政部门、司法部门主要有食品药品行政主管部门、医疗服务供方从业资格审核管理部门、公诉检察机关等。执法合作的内容一般多集中在医疗保险欺诈的调查和制裁两个方面，多为事后规制领域。执法合作有多种形式，如英国执法部门之间就医疗保险反欺诈签署的谅解备忘录，美国各政府部门执法合作的依据和形式多为反欺诈专项计划和专项行动小组的形式。

打击医疗保险欺诈是一个全民性事业，不仅需要提高执法人员欺诈规制的专业水平与医疗服务供方合规守法的自觉性，而且也需要培养全

---

① 宋华琳. 论政府规制中的合作治理 [J]. 政治与法律，2016（8）：17.

② 执法有广义与狭义之分。广义执法是指国家行政机关、司法机关及其公职人员依照法定程序实施法律的活动；狭义执法是指国家行政机关和法律授权、委托的组织及其公职人员，在行使行政管理权的过程中，依照法定的职权和程序，贯彻实施法律的活动。本文采用广义执法概念。

民反欺诈的意识，增强反欺诈的社会氛围，从根本上改变欺诈产生的背景环境。因此，反欺诈教育和培训必不可少，尤其是教育合作。所谓教育合作是指多元主体参与的，以反欺诈知识普及、经验交流、技能提高为内容的教育培训活动。针对民众的教育合作主要表现为普法式的全民行动，如意大利 2015 年在全国开展的"让我们治好腐败"运动，中国借助网络媒体开展的医疗保险反欺诈普法宣传等；针对提高执法水平的教育合作主要表现为专业执法机关牵头开展的各种专项反欺诈培训活动。例如，由于反欺诈领域的法律法规、执法工具不断更新，美国司法部的法律教育办公室（the Office of Legal Education，OLE）定期或不定期地开展培训活动，提高检察官、助理律师、审计员和调查员的反欺诈执法业务能力。而国际上医疗保险反欺诈最为重要的教育合作是以医疗保险反欺诈专门性非营利性组织为平台，多元主体参与其中，以会议交流、专项培训等方式为主的医疗保险反欺诈机制。例如，当前国际上较为活跃的非营利性组织主要有"欧洲医疗欺诈和腐败网络""全球医疗卫生反欺诈网络"。① 它们的使命是通过信息分享、制定统一标准、开展联合教育培训计划，促进国际组织之间的伙伴关系和交流，以减少和消除成员国的医疗欺诈行为。而美国的 NHCAA 除了会员之间的医疗保险反欺诈的信息交流、专业协助外，还通过继续教育课程，对医疗卫生反欺诈专业人员进行认证，② 承认并促进发现、调查和/或起诉医疗保险欺诈和滥用行为的专业化。上述国际和国内的非营利性组织皆为公私伙伴关系基础上的会员制组织，参加会员不仅仅包括各国的负责反欺诈

---

① "全球医疗卫生反欺诈网络"由加拿大医疗反欺诈协会、欧洲医疗卫生反欺诈与反腐败网络、医疗保险反欺诈小组（总部设在英国）、医疗卫生取证管理组（总部设在南非）和全国医疗保健反欺诈协会（总部设在美国）联合创立。

② 2002 年成立的"经认证的医疗保险欺诈调查员"是国家医疗保险反欺诈协会授予具有专业经验、专业培训和证明具有侦查、调查和/或起诉医疗保险欺诈知识的具体资格的个人的独特专业称号。

执法和监督的政府组织，还包括各类商业保险公司。围绕着减少和消除医疗保险欺诈的使命，合作共治是该类组织的反欺诈实践的主要路径。

3. 欺诈规制合作的典型实践

为了有效打击医疗保险欺诈行为，反欺诈人员需要对欺诈有准确的认知，掌握先进的反欺诈技能（如数据分析、风险评估等），拥有丰富的反欺诈经验，唯有专业化人士才能胜任。同时，无论是数据分析、风险评估，还是欺诈发生后的调查，都以信息、数据的分享为前提，唯有合作交流才能实现反欺诈专业职能的优势互补，避免资源和时间的无谓浪费。

（1）美国：医疗保险欺诈预防伙伴关系计划

美国对医疗保险欺诈的打击，不仅仅是通过《医疗保险便携性与问责法》将行政规制机构与司法部门之间在事中控制与事后惩治中的合作予以制度化，而且也以"医疗欺诈预防伙伴关系计划"（The Healthcare Fraud Prevention Partnership，HFPP）的方式关注医疗保险欺诈的事前预防。

医疗保险欺诈预防伙伴关系计划被视为奥巴马政府时期的一项开创性的举措。自 1965 年美国实施 Medicare 与 Medicaid 等公共医疗保险计划以来，每年因为欺诈导致医疗费用支出高达上百亿美元，打击医疗保险欺诈一直是美国联邦政府的首要任务。不过，美国政府打击医疗保险欺诈所遵循的"追逐模式"却被广为诟病，因为根据冰山原理，"追逐模式"打击对象仅限于被发现的欺诈行为，实际上，没有被发现的欺诈行为数量更庞大，危害后果也许更为严重。因此，"追逐模式"无法真正减少和消除医疗保险欺诈的存在。医疗欺诈预防伙伴关系计划就是试图从单一的"追逐模式"转向欺诈预防的重要实践。

医疗保险欺诈预防伙伴关系是一个公共部门与私营机构自愿参与的合作计划，通过数据和信息共享帮助侦查和防止医疗保险欺诈。合作伙伴目前包括联邦政府、州政府机构、执法部门、私人医疗保险计划、雇主组织和医疗反欺诈协会等 168 个参加会员。参加医疗保险欺诈预防伙伴关系计划的意义在于：获得丰富的数据和信息来源，因为合作伙伴代表了全部医保账单支付者、反欺诈协会等主体，这就使数据、信息分享以及针对独特的交叉支付者数据集（a unique cross-payer data set）的复杂数据分析成为可能；建立合作及策略性伙伴关系，通过"医疗欺诈预防伙伴关系计划"的一系列活动，如区域信息分享会议、关于热门话题的网络研讨会和工作组等，合作伙伴利用他们的集体经验，参与和指导伙伴关系；采取实质性方法打击欺诈，从被动反应模式转变为积极主动的预防模式，这些实质性方法有：编辑支付系统、撤销和暂停支付等，目的在于制止欺诈性支付，提高政府打击欺诈、浪费和滥用的集体力量。

自 2013 年以来，"医疗欺诈预防伙伴关系计划"进行了多项专题研究，使合作伙伴，包括司法部、HHS-OIG、联邦调查局、HHS-CMS、各州政府、私人保险公司和协会等主体，通过主动贡献本部门获取的相关数据、分享想法和参与主题研究、参加教育和网络互动活动、提供研究成果和可操作性的实际方案、与最佳实践方合作、发展与同行和反欺诈专家之间关系交往等途径获得了防范医疗保险欺诈方面的有力支持。

（2）英国：反欺诈任务导向的内外部合作

英国的国民医疗保险服务体系结构十分复杂，打击医保欺诈渗透于方方面面。2017 年在原有的国民医疗服务保障部（NHS Protect）基础上成立了国民医疗服务反欺诈局（NHSCFA），负责与国民医疗服务中欺诈、贿赂和腐败的预防、侦查和调查有关的所有政策和业务事项。国民医疗服务反欺诈局的战略框架指出，打击欺诈需要采用积极主动与被动反应的方式，反欺诈行动应遵循三个关键原则：告知与参与（inform and involve）；预防与威慑（prevent and deter）；追责（hold to account）。

无论是积极主动的事前预防还是被动反应的事后调查、制裁与补救，都需要准确的知识与大量的数据信息，只有利益相关者之间的合作才能实现在告知中获得知识，在参与中获取数据信息。国民医疗服务反欺诈局除了与医疗专业委员会、药剂师委员会、护理及助产士委员会等主要利益相关者签署谅解备忘录和信息共享协议，以促进信息共享和良好数据的保护以外，还与关键利益相关者，如 NHS England、NHS Improvement、内阁办公室（the Cabinet Office）、卫生署的反欺诈组（Department for Health Anti-Fraud Unit，DH AFU）等部门展开欺诈合作规制，以发挥政府部门间彼此的专业促进作用。同时，所有 NHS 系统内的全部工作人员都须配合国民医疗服务反欺诈局打击欺诈的工作，如接受调查、提供信息等。

NHS England 是英国国民医疗服务系统内一个独立机构，以促进英格兰人民的健康为宗旨。NHS England 不仅负责医疗服务质量的提高，而且还监督地方主管机构临床调试小组及其初级护理和专家服务的运作与资源分配。在英格兰国民医疗服务制度内部，国家是通过临床调试小组支付医疗费用。针对医疗保险欺诈等经济犯罪，NHS England 采用合作交流、增强意识、强制性培训等方式积极应对。就合作交流而言，NHS England 不仅与众多的外部合作伙伴开展反欺诈的信息、数据和经验分享，而且还与 NHS England 的财务部门、人力资源、采购部门、医疗服务供方、地方反欺诈专家等内部利益相关者进行反欺诈的常规检查、案件调查方面的合作，一方面填补对欺诈风险认识和理解上的空白，另一方面发挥各主体的专业优势，适当集中开展积极主动的工作，以确定潜在的欺诈风险。

除了上述美英两国关于反欺诈合作的典型实践以外，欧美其他国家也都有各具特色的反欺诈合作实践。例如，荷兰针对医疗机构的合规监督要求医疗机构内部监督委员会和外部国家监督人员开展合作；比利时专门成立了医疗卫生反欺诈委员会，目的是通过伤残保险基金和7个相互健康基金的联合行动，促进信息、数据和经验的交流，解决涉及病人和医疗服务供方的欺诈问题（如盗用证书、为未提供的医疗服务开具账单、患者与医疗机构之间或医疗机构彼此之间相互串通等）。总之，多元主体多面向的合作共治是各国医疗保险反欺诈的不可或缺的内容。

（三）医疗保险欺诈规制的个人参与

医疗保险欺诈规制具有明确的任务性和目的性，多种路径多元主体都可能助力任务的实现与目的的达成，因此将医疗保险欺诈规制视为一个系统工程或网络治理结构并不为过。在这个系统工程或网络治理结构中，公民个人在欺诈发现过程中的作用不容小觑。

1. 举报人介入：医疗保险欺诈发现的重要途径

虽说欺诈三角形理论揭示了医疗保险欺诈的根源，但是，医疗卫生领域典型的信息不对称却为医疗保险欺诈的产生提供了前提条件。同时，医疗保险欺诈是一种隐蔽性违法行为，无论是账目的审计还是事实调查都要耗费一定成本，而举报则是一种有效克服信息不对称、低代价的信息获取渠道。[①]

举报人又称吹哨人（whistleblower），是"披露与公共或私营部门组织（包括显在或潜在的不法行为）中的腐败、非法、欺诈或危险活动等有关的信息"的人，[②] 亦即，披露显在或潜在欺诈等违法行为相关信息的人。尽管我国2018年《欺诈骗取医疗保障基金行为举报奖励暂行办法》第2条规定举报人可以是"公民、法人或其他社会组织"，但是本书仅关注举报个人。根据举报人的地位不同，各国举报人制度大致

---

① [荷] 约翰·梵瓦勒. 反腐败与举报人保护立法 [J]. 印波，崔雯雅，译. 人民检察，2017（17）：67.

② 关于举报人的概念，不同学科不同国际组织各有不同的界说，鉴于欺诈与腐败的共生共在，本书采用透明国际给出的定义。

可以区分为参与型和线索型两种类型。

　　参与型举报人制度主要是指美国特有的共分罚金之诉（qui tam action）。《虚假陈述法》是美国执法部门打击医疗保险欺诈首要考虑和适用频率最高的一部立法，为了激励第三人举报欺诈行为，《虚假陈述法》中设置了著名的"共分罚金"条款，允许相关人（医疗保险欺诈案件中多为被举报人的同事、雇员等）基于怀疑、推测或零星信息代表政府起诉医疗服务供方，根据政府是否参与诉讼，举报人可获得最后医疗服务供方赔偿额的15%至30%奖励。自1863年实施以来，《虚假陈述法》历经三次修订，对欺诈的惩罚力度越来越严厉，表现在举报人制度就是不断降低举报门槛，减少限制，如举报的信息除了"公共披露栏"限制外，① 可以是基于怀疑、推测甚至零星的了解（scintilla of knowledge），无须提交充分的证据；② 反报复条款（the anti-retaliation）禁止对举报人的家人和同事就业歧视。根据美国司法部公布的统计数据，2019年年度司法部通过虚假陈述案件回收违法资金30亿美元，其中，26亿美元来自医疗行业，而21亿美元又来自举报人启动的共分罚金之诉，2019年共有633起共分罚金之诉的案件，平均每星期12起，政府向揭发违法行为启动共分罚金之诉的吹哨人共支付2.65亿美元。③

　　线索型举报人制度是多数国家采用的制度类型，指举报人仅向行政、司法等执法部门提供欺诈等违法行为的信息线索，并不参与后续的追责程序。根据是否有奖励，线索型举报人制度又可分为有奖举报和普通举

① 《虚假陈述法案》中的公共披露栏条款目的在于防止吹哨人（相关人）基于已经公开披露的信息提起共分罚金之诉，确保共分罚金之诉开启政府尚未调查的新领域。
② DOAN R. The False Claims Act and the Eroding Scienter in Healthcare Fraud Litigation [J]. Annals of Health Law, 2011 (20): 49-76
③ Justice Department Recovers over $ 3 Billion from False Claims Act Cases in Fiscal Year 2019 [EB/OL]. United States Department of Justice, 2020-01-17.

报两种。① 有奖举报"在本质上是一种信息交易",② 举报人提供信息线索解决了执法部门信息弱势的问题,因此,举报人享有获得奖励、个人信息保密乃至人身保护的权利。我国对于医疗保险欺诈的举报人实施法定的有奖举报制度。③ 而在一些欧洲国家,举报欺诈等违法行为往往被视为一种法定义务。例如,英国各地方的临床调试小组(Clinical Commissioning Groups,CCGS)在各自的《反欺诈、贿赂和腐败政策》文件中,强调所有雇员和管理人员都有义务确保公共资金得到保障,如果发现有欺诈风险或实际欺诈的存在,他们应该向反欺诈专家举报,或者通过指定邮箱举报,还可以电话举报、网络在线举报。举报人应提交关于欺诈风险或实际欺诈存在的充分怀疑理由,否则即为恶意指控,将受到纪律处分。为了保护举报人免遭解雇或其他不利行为,1998 年英国颁布了《公共利益披露法》。

从笔者查阅到的有限资料来看,各国医疗保险欺诈规制中,举报人制度有三个层次:一是美国那种极端的以举报人逐利之恶揭发欺诈人违法犯罪之恶,可称之为"以恶制恶",虽然有助于减轻执法部门的调查负担,但是极易滋生滥诉,造成医疗服务供方业界的自危;二是实施全民医保福利的欧洲国家,医疗保险欺诈的举报多为法定义务,非无因管理性质的见义勇为,因此,较少对举报人给予金钱奖励,强制性的义务举报仰赖于正义感和觉悟心,激励性不足;三是见义勇为式的举报,多有金钱奖励,是公民个人参与社会治理的一种方式,多强调举报人的权利主体地位和法律保护措施。

2. 患者参与:医疗保险欺诈调查的有力手段

患者是医疗服务提供的亲历者,对于欺诈行为的事实调查最具有发

---

① 应飞虎. 食品安全有奖举报制度研究 [J]. 社会科学, 2013 (3): 82.

② 应飞虎. 食品安全有奖举报制度研究 [J]. 社会科学, 2013 (3): 82.

③ 参见 2018 年国家医保局、财政部联合引发的《欺诈骗取医疗保障基金行为举报奖励暂行办法》。

言权，调动患者参与的积极性有助于提高医疗保险欺诈事实调查的真实性和有效性。波兰在这方面的实践做法堪称典范。

（1）综合性的患者信息服务

借助于互联网技术工具，波兰开发的综合性的患者信息服务（the Integrated Patient Information service，ZIP）系统在欺诈发现方面成效显著。ZIP 是一项全国性的服务，它向注册用户提供治疗的相关数据，通过 NHF 支付治疗资金。具体言之，ZIP 向患者提供关于他们所接受的治疗（包括公共资助的医疗服务）的信息，以及处方药的信息和治疗花费的信息。患者可以在 ZIP 中验证自己的数据，并向医疗费用的支付者 NHF 的地区主管部门报告任何异常情况，例如医疗服务供方将没有为患者提供的医疗服务一并写入医疗费用账单且获得了 ZIP 的支付。需要强调的是，患者所报告的异常情况有些是由于错误而非欺诈导致的。

综合性的患者信息服务对于查明欺诈等违法行为特别管用，并已产生了明显效果。2015 年，患者发出的报告中有 1721 份被确证，250 份尚待审查。对患者提交报告的审查结果导致了 52 次罚款，总额近 2.2 亿欧元，终止了与医疗服务供方的 9 项合同，并提交 41 份涉嫌犯罪的通知。

（2）对患者的问卷调查

根据《公共基金资助的医疗服务法案》，NHF 可以向接受公共基金资助的患者发放调查问卷以确认医疗服务提供者确实提供了医疗服务。与患者基于综合性的患者信息服务主动向 NHF 报告异常情况不同，NHF 向大量患者发放调查问卷，主要原因在于：①确认指定医疗机构报告的数据是否真实。因此，调查问卷总是发送给由医疗服务供方向 NHF IT 系统报告中的已接受全民健康保险服务的患者。②当怀疑病人病历中的条目可能与实际情况不符时，服务提供者将受到控制。在这种情况下，调查问卷将被随机发给接受医疗服务的患者。③分析 NHF 数据库中的信息，这些分析旨在检测与正确程序存在偏差的情况，或与某一组报告的服务或提供服务的人员的数据（例如医生的专业）相关的偏差，这些都需要通过问卷调查予以澄清。可以说，只有当怀疑某个医疗服务供方在 NHF IT 系统中报告了错误信息时，NHF 才会向患者发放调查问卷。

正如德国学者阿斯曼所言："只有利害相关人共同承担责任并共同参与，在个人自由与社会需求之间，才能有平衡的关系。"① 医疗保险欺诈行为损害的不仅仅是医保基金，还有患者甚至每一位医保缴费人的切身利益，因此，医疗保险反欺诈不只是执法部门的分内职责，更是医药服务机构、参保人乃至社会组织、公民个人责无旁贷的使命。

二、比较视域下医疗保险欺诈的回应性规制

回应性规制理论最早由西方学者 AYRES I 和 BRAITHWAITE J 在《回应性规制——超越放松管制的争论》一书中提出，后经学者们的不断衍化，回应性规制理论目前已成为政治学、法学、法社会学广为关注的前沿理论，且在公共安全、食品卫生、环境保护等领域有着较为成功的实务践行。

回应性规制理论探讨的是规制者如何根据规制对象主观动机、社会影响等具体情况采用差别性的规制策略。不同于命令控制型的传统政府规制，也不同于完全自律的自我规制，回应性规制理论重视规制者与规制对象之间的信任与合作，根据合规动机的善恶程度，强调规制手段的柔性、进阶性和交互性，认为应当动态、融合地使用自我规制、元规制和政府规制等策略，以因应规制对象间的差异和动态发展，保证执法任务实现的有效率且有效力。②

① ［德］阿斯曼. 行政法总论作为秩序理念——行政法体系建构的基础与任务 ［M］. 林明锵，等译. 台北：元照出版有限公司，2009：129.

② AYRES I, BRAITHWAITE J. Responsive Regulation - Transcending the Deregulation Debate ［M］. Oxford：Oxford University Press，1992：12-26.

　　医疗保险欺诈行为具有主观善恶和危害轻重的程度性特征，属于社会性规制领域，对其践行回应性规制最为适切。国际医疗保险反欺诈的实践显示，回应性规制已逐渐取代一刀切的政府强制规制，成为医疗保险欺诈规制的风向标。

　　美国打击医疗保险欺诈强调法治化背景下的严惩重罚，同时亦重视法律制裁介入前的合规努力，是回应性规制的典型实践。美国对医疗保险欺诈具体规制的流程就是回应性规制的体现：首先，反欺诈专门机构HHS-OIG发布针对不同性质的医疗服务供方的合规指南，为医疗服务供方制定合规计划提供最低标准和基本框架的合规范本，并通过官网上发布典型案例的警示公告、文献资料以及提供咨询意见，使得医疗服务供方、参保人等主体获得多种途径的合规指导。医疗服务供方参考政府发布的合规指南，根据法律法规和自身组织结构、经济条件自愿制定合规计划。其次，医疗服务供方在实施合规计划的过程中，如果发现存在潜在的欺诈风险，可以主动向HHS-OIG申请进行自我披露，通过签订和履行自我披露协议，潜在的欺诈风险可以被消除，而HHS-OIG仅对欺诈风险消除结果进行最后审核验收；第三，当医疗服务供方合规失灵，存在实际欺诈时，HHS-OIG主动介入，督促医疗服务供方签订诚信协议，完善合规计划，纠正欺诈行为，补救欺诈导致的损失。诚信协议实质上是一种和解协议，医疗服务供方通过支付一定数额的和解费用和修正已失灵的合规计划获得法律制裁严惩的免除。第四，如果诚信协议履行未果，则启动法律制裁，包括惩罚性的民事赔偿、行政罚款、刑事罚金及监禁、排除医保从业资格等。

　　欧洲多数国家亦对医疗保险欺诈采用回应性规制。规则层面体现为行为守则、政策与法律的综合规制体系，实践层面体现为合规、民法、内部纪律、行政法与刑法等多层次的规制应对。例如，英国针对欺诈、贿赂和腐败等经济犯罪制定了一系列完备的立法予以规制，主要有

2006 年的《反欺诈法》、2010 年的《反贿赂法》、1968 年的《盗窃法》、1990 年的《计算机滥用法》等。同时，为了实现对医疗保险欺诈行为的事前预防和事中控制，英国不仅有规范公务人员的行为守则、统一的反欺诈标准，而且还制定了大量的综合欺诈预防、控制和制裁且具有可操作性的指导政策。详言之，1994 年英国成立公共生活标准委员会，制定了诺兰公共生活的 7 项原则，作为选拔和考核公务人员的衡量标准，这 7 项原则包括：无私、廉政、客观、问责、公开、诚信、领导力。[①] 而在国民医疗服务管理事业中，管理人员须践行问责、廉政与公开的公共服务价值观。[②] 诺兰公共生活原则与公共服务价值观共同架构了国民医疗服务人员行为守则的核心内容，成为规制医疗保险欺诈、贿赂与腐败的道德规范。针对反欺诈的实操和绩效，英国国民医疗服务反欺诈局为地区调试小组、医疗服务供方分别制定了反欺诈的统一标准，具体标准以战略治理（Strategic Governance）、告知与参与（Inform and Involve）、预防与威慑（Prevent and Deter）、追究责任（Hold to Account）几大原则来确定具体内容，涉及的文本载体有 NHS 标准合同与反欺诈、贿赂、腐败质量保证计划。[③] 此外，英格兰国家医疗服务（NHS England）与国家医疗服务改进（NHS Improvement）等政府管理机构以及各地区临床调试小组都制定并不断更新"反欺诈、贿赂与腐败"的相关政策，明确解释了欺诈、贿赂与腐败的法定含义与不同主体反欺诈的角色定位、职责乃至操作程序等内容。[④]

---

① The Nolan Principles of Public Life [A/OL]. gov. uk，2020-02-08.

② Fraud, Bribery and Corruption Policy [EB/OL]. Handicap International Network，2020-02-08.

③ NHS Fraud Standards for Providers 2018 [A/OL]. NHS Counter Fraud Authority，2020-02-08.

④ Tackling Fraud, Bribery & Corruption: Policy & Corporate Procedures [EB/OL]. NHS England and NHS Improvement，2020-02-08.

就实践层面而言，法国、比利时、荷兰、波兰等欧洲国家皆根据损害医保基金行为的主观善恶、危害后果等程度性差异来确定不同层次的规制应对，属于典型的回应性规制实践。以比利时为例，使用"浪费"作为总括性概念，① 将损害医保基金的不当行为按照内容区分为不正确的服务账单与无根据的服务或过度消费两大子类型，在两大子类型项下根据主管善恶、危害后果的轻重，从规范意义角度将损害医保基金的不当行为依次分类为错误、滥用、欺诈与腐败，每一种规范分类都有明确的定义、样态表现和规制应对。如错误一般列入合规规制的应对，通常采用通知、警告、返还请求、行政罚款等具体措施；而对于欺诈、腐败类的违法甚至犯罪行为，则以法律制裁为主，通常采用返还请求、行政罚款、刑事罚金或监禁、纪律处分等制裁措施。

近年来，学术界广泛讨论回应性规制理论在食品安全、环境保护、安全生产等领域的实践应用，实际上，医疗保险欺诈规制的实践也是回应性规制理论应用的主要领域，各国医疗保险反欺诈实践就是有力的证明。面对复杂性、多样性与易变性的医疗保险欺诈等违规违法行为，只有建立"回应性的反应系统"，才能做到有效因应。当然，回应性规制不仅要求制度的落实，也需要较高的专业化的规制能力来配合，这就对执法队伍建设提出了较高的要求。

三、我国基本医疗保险欺诈规制的本土实践、问题与解决之道

（一）监管精进路上的中央与地方实践

国际经验显示，严密法网与执法实践是规制基本医疗保险欺诈的双柄利剑，缺一不可。如果说 2021 年《医疗保障基金使用监督管理条例》是我国打击基本医疗保险欺诈进程中严密法网建设的里程碑，那

---

① 此处的浪费被定义为：在不降低医疗卫生质量的前提下可以消除的医疗卫生支出。

么，我国对基本医疗保险欺诈的监管实践则一直处于不断探索和精进的征途中。

1. 基本医疗保险欺诈规制政策的演进

在国家医保局成立之前，基本医疗保险一直归属人力资源和社会保障部管理。为了规制欺诈行为，人力资源和社会保障部出台了一系列政策文件，其中具有典型针对性的文件是2014年出台的《关于进一步加强基本医疗保险医疗服务监管的意见》，明确建立定点医疗机构医务人员诚信档案和参保人员诚信记录的事前预防机制，完善医疗保险信息库、重点检查符合标准的医务人员和参保人员等事中控制机制，经办审核稽核机制、定点医疗机构分级管理制度以及违约责任、行政处罚以及移交等事后发现处理机制，可谓是较为全面地宏观架构了基本医疗保险欺诈规制的实体规范内容。

2018年，我国成立国家医疗保障局，基本医疗保险划归其主管，内部设有基金监管司，是打击基本医疗保险欺诈的专门机构。随着反欺诈专门机构的设立，中央政府陆续出台关于医保基金监管的纲领性文件，明确了基本医疗保险反欺诈的定位与战略规划。

2020年2月中共中央国务院发布《关于深化医疗保障制度改革的意见》，将医保基金监管列为深化医保制度改革的6项重点任务之一，明确打击欺诈骗保、维护基金安全是健全基金监管机制的首要任务。根据该《意见》，医保基金监管机制的改革主要围绕如下三方面进行：(1) 完善医保基金监管体制。具体涉及加强监管能力建设与医疗保障公共服务机构内部控制机制建设，实施跨部门协同监管，引入第三方监管力量，强化社会监督。(2) 完善创新基金监管方式。监管方应建立监督检查常态机制，实施大数据实时动态智能监控。医疗服务供方则需建立信息强制披露制度与医保基金绩效评价体系。健全医疗保障社会监督激励机制，完善欺诈骗保举报奖励制度。(3) 追究欺诈等违规违法行为责任。建立医疗保障信用体系，加强部门联合执法，综合运用协议、行政、司法等多种手段。

2020 年 7 月，《国务院办公厅关于推进医疗保障基金监管制度体系改革的指导意见》公布，确立了医疗保障基金监管制度体系改革的战略框架，包括三个方面的核心内容：（1）基本原则和目标。医疗保障基金监管制度体系改革应遵循法治化监管、政府主导的社会共治、监管能力和绩效不断提升、鼓励监管对象的自律合规等基本原则；目标是到 2025 年基本建成医保基金监管制度体系和执法体系。（2）主要任务是建立健全监督检查制度、智能监控制度、举报奖励制度、信用管理制度、综合监管制度、社会监督制度。（3）保障措施包括法治化建设、监督检查能力的强化、对欺诈等行为的严惩重罚、相关医疗保障制度与医药服务体系改革的统筹推进。

从专门机构的设置到战略规划的出台，足见我国政府打击基本医疗保险欺诈的决心和力度。"一切真知都是从直接经验中发源的"，我国对医疗保险欺诈规制的顶层设计更多地源自我国基本医疗保险反欺诈的中央和地方实践。

2. 中央层面的基本医疗保险欺诈规制实践

除了顶层设计外，中央层面的基本医疗保险反欺诈工作既发挥了方向的引领作用，也践行了打击欺诈的实际行动。

首先，明晰了协议管理与行政监管在打击医疗保险欺诈中的主导地位。医保经办机构是协议管理的实施主体，在购买服务和支付费用的过程中，对发现的欺诈风险和实际欺诈，采用约谈、警告、拒付费用、考核与结算挂钩、中（终）止协议等方式约束和引导医药服务行为。各级医疗保障局是实施行政监管的主体，通过采取行政强制手段，实施行政监督检查，查处违规违法行为，追究相应法律责任，进而起到惩戒、威慑和警示的作用。

其次，多种方式开展打击基本医疗保险欺诈的实践行动，主要包括：（1）利用行政检查手段发现并处理欺诈行为。除了普通的日常检查、专项检查、抽查、复查外，国家医保局还对各地区展开飞行检查，成效显著。据统计，截至2019年底，国家医保局已进行飞行检查39组次，完成对30个省（区、市）的实地检查，初步查实违规金额近2.5亿元，被检查单位主动退回2亿余元。（2）专项治理锁定欺诈风险点（重点领域、重点部门与人群）。如医疗保障局与卫健委联手治理医保定点医疗机构违规违法使用医保基金的行为；国家卫健委公布首批国家重点监控合理用药药品目录，要求对医疗机构使用量异常增长、无指征、超剂量使用等问题加强预警并查因处理。（3）与地方政府联合举办"打击欺诈骗保维护基金安全"集中宣传月活动。普及医保政策法规知识，强化定点医药机构、参保人的法制意识，营造全社会关注并自觉维护医疗保障基金安全的良好氛围。（4）公布打击欺诈骗取医疗保障基金专项行动举报投诉电话，发挥社会监督的积极作用。（5）通报典型案例，不仅起到了以儆效尤的作用，还为实务界和学术界的案例研讨与研究提供第一手资料。

3. 地方层面的基本医疗保险欺诈规制实践

我国基本医疗保险反欺诈事业具有地方先行的特点，地方不仅在制度建设方面开启了我国基本医疗保险反欺诈的立法序幕，而且在专门机构设置、执法手段、信息化等方面进行了有益的尝试，且取得了成效。

（1）反欺诈组织的专门化、独立化与专业化

各级医保局内设监管机构的行政监管与医保经办机构的稽核审查构成我国当前打击基本医疗保险欺诈的双重组织结构，而我国上海、天津和徐州等地方政府则在反欺诈组织建设上进行了更为专门化、独立化与专业化的尝试。所谓专门化是指成立医保基金监督检查所，作为医保专职监督管理机构；所谓独立化是指医保基金监督检查所作为事业单位，

接受医保局委托，开展日常或专项监督检查、案件调查，依法做出相应处理，受理查处各类投诉、举报案件等具体业务工作；所谓专业化是指医保基金监督检查所运用专业知识和专业手段开展基本医疗保险反欺诈的具体业务工作，必要时可以委托第三方机构和有关专家对基本医疗保险基金使用情况进行审计或者核查，对基本医疗保险事项进行核实并提供咨询意见。[1]

（2）执法手段的创新性与多样性

根据 2020 年版的《国家医疗保障局行政执法事项清单》，行政检查、行政处罚与行政强制是国家医疗保障局反欺诈的主要执法手段。这些执法手段并没有突破现有法律框架下的传统行政执法的轨迹，反倒是地方的反欺诈实践在执法手段上进行了创新，丰富了执法手段的种类。得到广为认可的新型执法手段主要有：执业医师的计分管理、改变参保人员基本医疗保险费用记账结算方式、警示约谈、社会信用惩戒（如医疗保障信用评价体系和信息披露制度）等。

（3）现代信息技术渐成反欺诈的利器

根据欺诈管理的生命周期理论，欺诈管理的生命周期包括威慑、预防、检测、减轻、分析、政策、调查和起诉 8 个阶段。[2] 国际医疗保险反欺诈的实践显示，通守对信息技术的运用能够有效掌控欺诈管理的生命周期，防范欺诈。我国基本医疗保险需要建立全领域、全流程的基金安全防控机制，一些地方医疗保险反欺诈实践实现了信息化，成效显著。较为典型的范例是天津。天津 2012 年成立医保监督检查所，但其更关注信息化手段的核心作用，表现为开发了"医保网络实时监控系统"，覆盖了门诊、住院、医师、药师、药品等 10 大监控板块，具备 3

---

① 参见《上海市基本医疗保险监督管理办法》第 3 条、第 12 条。

② 参见林源. 新型农村合作医疗保险欺诈风险管理研究 [M]. 成都：西南交通大学出版社，2015：7.

大功能：一是对参保人就医、医师和药师的诊疗行为、定点医药机构的医保服务情况实施"无盲区"实时在线监控。二是分级监管，将疑似违规情况分为 3 个级别，分别用绿色、黄色、红色表示。绿色表示有违规嫌疑，需要继续跟踪了解；黄色表示存在违规情形，需要合适确认；红色表示违规依据确凿，可立即采取措施。三是对门特病种、用药批次、发生费用等 10 项指标设定监控阈值，一旦"撞线"，疑似违规参保人和医保医师和药师就会被锁定。依托信息化的监管平台，天津市基本医疗保险反欺诈工作成绩斐然，一直处于我国反欺诈地方实践的领先地位。

综上，我国基本医疗保险欺诈规制的本土实践表现为中央与地方两个层面的非同步性。一方面，中央层面的反欺诈实践起步晚，但已有顶层设计，打击欺诈的行动密集，力度大，成效显著；另一方面，地方层面的反欺诈实践探索较早，经验成熟，反欺诈机制初步成型。总体来看，我国基本医疗保险反欺诈实践正处于不断精进的发展道路上，清晰合理的战略规划、可以量化的反欺诈成就，① 显示了我国基本医疗保险欺诈规制事业大有可为的发展空间。

（二）存在的突出问题

医疗保险欺诈是与医保事业相伴生的顽疾，如何减少欺诈等违规违法行为给医保基金造成的损失，将有限的资金用在提高医疗服务质量、满足参保患者疾病诊疗的基本需求上，是世界各国欺诈规制事业面临的共同问题。由于经济、政治、文化、法律等背景差异，各国医疗保险反欺诈机制不尽相同。就世界医疗保险欺诈规制的实践而言，没有绝对完

---

① 据国家医保局官网数据显示，2019 年查处违法违规医药机构 26.4 万家，其中解除医保协议 6730 家、行政处罚 6638 家、移交司法机关 357 家；各地共处理违规违法参保人员 3.31 万人，暂停结算 6595 人、移交司法机关 1183 人。全年共追回资金 115.56 亿元。

美的典范，只有相对良好的借鉴。欺诈无国界，欧美国家医疗保险欺诈规制事业起步早，积累了一定的实践经验，且各国医疗保险欺诈规制事业的发展具有一定的规律和共性，对比之下，我国基本医疗保险欺诈规制实践存在如下问题：

1. 利益相关者的生态系统尚待建立

前文已述，医疗保险反欺诈事业并非简单表现为欺诈者与反欺诈者之间违规违法与规制的单一线性过程，而是围绕着反欺诈目标任务这一核心，由众多利益相关者协同共治的环形结构。在这个环形结构中，每一个利益相关者都有自己的占位和职责，随着医疗保险欺诈预防、控制和制裁等不同环节的进展，利益相关者的作用被关联性启动，整体上形成了目标明确、协同共治、良性运转的利益相关者生态系统。反观我国基本医疗保险欺诈规制实践，单一线性的反欺诈路径尚未被突破，利益相关者的生态系统亟待建立。

（1）缺少专业化和职业化的欺诈控制组织

虽然我国上海、天津、徐州等地方政府开创了反欺诈组织专门化、专业化和独立化的尝试，但是从中央到全国大部分地方基本医疗保险反欺诈工作仍然由医疗保障局内设的基金监管机构主导担任。这种内嵌于医疗保障行政主管部门的欺诈规制组织设置，一方面，由于人员编制的限制，直接影响了反欺诈执法队伍组织的壮大。国际医疗保险欺诈规制实践证实，充足的人力资源是反欺诈制胜的前提和基础，而我国现有的欺诈规制组织结构难以胜任多环节、多主体、复杂多变的医疗保险欺诈的规制工作；另一方面，不同于普通的街头暴力犯罪，医疗保险欺诈行为具有隐蔽性、专业性和高科技手段辅助等特征，这就需要按照专业化标准建设反欺诈的职业队伍，而我国现有的反欺诈组织结构仍然以强制性的行政执法为主导，缺少专业化和职业化的发展空间，专业化和职业化的不足则直接限制了执法能力。

除了行政主管部门的监管外，根据《社会保险稽核办法》，我国医保经办机构在履行医药费用支付等具体事务的同时，亦需承担基本医疗保险费缴费和基本医疗保险待遇领取的稽核工作。稽核本质上是一种审核性的执法行动，而现实是医保经办机构徒有执法权没有处罚权，难以发挥稽核在欺诈预防和控制方面的作用。实际上，从职权划分来看，我国医保经办机构是一种政事合体的组织结构，表面上看能充分发挥职能优势，实质上却易陷入互相牵扯、两厢难顾的境地。

（2）单一形式的合作治理难以发挥作用

医疗保险欺诈属于社会性规制领域，社会性规制与经济性规制皆属于公共治理范畴。合作共治是公共治理的应有之义，通过纵横交织的合作治理网络，能够增加治理的范围，调动不同主体资源，改进政府规制能力。[1] 根据欧美各国医疗保险反欺诈实践，无论是公私合作伙伴关系还是执法部门间的纵横合作，多面向的合作都有助于构建全领域、全流程的基金安全防控机制。

我国基本医疗保险反欺诈的合作治理目前还多限于政府执法部门内部，主要集中在欺诈制裁阶段的行政执法机构与公安机关、纪检监察、检察机关之间的联动机制。[2] 而现实证明，由于行政执法机构移送案件意识差、行政执法证据与刑事诉讼证据衔接不畅通、监督机制不健全等原因，导致行刑衔接机制并没有取得合作打击欺诈行为的预期效果。[3]

---

[1] 宋华琳．论政府规制中的合作治理 [J]．政治与法律，2016（8）：17.

[2] 2016 年人力资源和社会保障部办公厅颁布了《社会保险欺诈案件管理办法》，规定：社会保险行政部门应当健全社会保险欺诈案件移送制度，及时向公安机关移送涉嫌社会保险欺诈犯罪案件；发现国家工作人员涉嫌违纪、犯罪线索的，应当根据案件的性质，向纪检监察机关或者人民检察院移送；社会保险行政部门与公安、检察机关实现基金监督行政执法与刑事司法信息的共享，实现执法、司法信息互联互通。

[3] 张若宇．社保反欺诈行政执法及与刑事司法之衔接 [J]．中国社会保障，2018（7）：54.

（3）公民个人参与机制不健全

医疗保险欺诈规制的公民个人参与机制通常包括举报人制度和患者参与制度，是公民个人参与欺诈规制社会治理的重要体现。我国目前只有举报人制度，根据 2018 年国家医疗保障局和财政部联合印发的《欺诈骗取医疗保障基金行为举报奖励暂行办法》以及关于欺诈有奖举报的各地方立法，获取欺诈等违法行为线索是我国举报人制度的主要宗旨，因此，我国医疗保险欺诈举报人制度内容多围绕欺诈行为的列举、举报人的条件、奖励金额及方式等进行规定，而对于举报人应享有的知情权、异议权、隐私权、生命健康权、取得合理报酬奖励权、应受正当程序公平对待权等少有关注，具有典型的"唯工具化"倾向。亦即，"涉及举报的规范制定中重纲领性、原则性和号召性规范，而轻配套性、操作性及工具性规范的颁制"，"缺乏肯定、确认、保护举报人享有的社会参与性权利。"[①]

2. 传统的政府规制无法胜任对复杂现实的回应

医疗保险欺诈规制以政府规制为主导，然而命令控制型的传统政府规制伴随着西方社会从福利国到规制国再到后规制国的发展历程已逐渐淡出历史舞台，取而代之的是法律自创生理论下的自我规制、治理理论下的多元主体合作治理以及回应性规制理论下的回应性规制等多元化的、全过程的复合规制模式。[②] 欧美国家医疗保险欺诈规制实践大多践行了复合规制模式，覆盖了医疗保险欺诈预防、控制、发现、制裁的全过程，形成多元主体参与、自我规制与政府规制渐次递进的回应性规制机制，较好地因应了医疗保险欺诈复杂性、程度性与易变形的特征。

我国对基本医疗保险欺诈的打击目前仍以命令控制型的传统政府规

---

① 郭琛. 举报型社会治理的生成与逻辑境遇 [J]. 理论导刊, 2017 (11)：33.
② 谢新水，袁汝兵. 论促进共享经济可持续发展的合作规制治理模式 [J]. 江苏大学学报（社会科学版），2019（6）：37-39.

制为主。首先，关于深化医保基金监管机制改革的文件强调打击欺诈骗保行为的高压态势，无论是基金监管体制、监管方式还是责任追究都以发现欺诈、制裁欺诈为重点内容。① 其次，国家医疗保障局成立后开展的飞行检查、专项整治等一系列反欺诈行动无不是行政执法的重拳出击，欺诈预防多限于普法宣传教育，缺乏合规管理的赋能引导。再次，多数地方的命令控制型的传统政府规制欺诈立法和实践关注重点集中于欺诈的发现与制裁，对欺诈的事前预防则关注不够。

国际医疗保险反欺诈的历程显示，命令控制型的传统政府规制因其威慑力在打击医疗保险欺诈的进程中不可或缺，然而一旦执念于此，则极易陷入事后打击的"追逐模式"。这种模式的弊端在于：

首先，无法真正有效地实现基本医疗保险欺诈规制的目标。医疗保险欺诈具有隐蔽性，是一种高暗数的违法犯罪行为，根据心理学家萨提亚的冰山理论，被发现的欺诈行为仅仅是露出水面的冰山一角，更大量的欺诈行为暗涌在水底，还在不断损害医保基金安全。

其次，易引发规制对象的对抗情绪，不利于营造反欺诈的社会氛围。"追逐模式"具有典型的单边对抗性，其对规制对象的命令与控制完全基于人性恶的预设。而实际上，许多形式上表现的欺诈行为，或是源于不具有归责正当性的无心之过，或是因为扭曲的不合理制度导致，人性恶的预设与现实并非完全重合。一刀切使用"追逐模式"来应对主观善恶和危害后果程度不一的欺诈等违规违法行为，是对规制对象的不信任，容易引发规制对象的对抗情绪，如影响医疗服务供方提高医疗服务质量的积极性，导致不足医疗，无法实现价值医保的目标。而且，人性恶的预设容易伤及无辜，难以调动民众反欺诈积极性，无法形成反欺诈的良好社会氛围。

---

① 参见《中共中央国务院关于深化医疗保障制度改革的意见》。

再次，耗费大量的执法成本与资源。在打击基本医疗保险欺诈的过程中，"追逐模式"过于倚重基于法律的公权力规制，不仅忽视商业保险公司、非营利组织、公民个人的参与优势，更没有看到规制对象自我规制的力量和作用。事实是，欺诈规制涉及预防、控制、发现与制裁全过程，需要医学、法律、审计、信息技术等不同学科的知识与运用，非大量的人力和财力不足以胜任。为了更为有效地打击医保欺诈，使用"追逐模式"势必要增加执法资金的投入和人员队伍的扩充，耗费大量执法成本目的却在于减少不必要的医保基金开支，显然有悖于比例原则。

（三）解决之道：法治化路径下的利益相关者系统与回应性规制

根据《国务院关于推进医疗保障基金监管制度体系改革的指导意见》（国办发〔2020〕20号），基本医疗保险反欺诈工作应遵循法治化的基本原则，保证基金监管合法合规、公平公正。基本医疗保险反欺诈是一项系统工程，法治化既是保障也是路径选择。党的十九届四中全会提出"坚持法治国家、法治政府、法治社会一体建设"，为我国基本医疗保险反欺诈的法治化建设指引了方向。针对前文分析的我国基本医疗保险反欺诈存在的问题，我们可以从利益相关者系统与回应性规制的法治化建设入手，寻求解决之道。

1. 构建利益相关者生态系统：定位明确、职责与义务清晰

基本医疗保险欺诈规制的第一要素是主体，而单一主体不敷应对，需构建利益相关者生态系统才足以形成打击基本医疗保险欺诈的群体网络，实现反欺诈人人有责。能够影响欺诈规制和目标任务实现或者被欺诈规制任务目标实现过程所影响的组织或个人都可以成为基本医疗保险欺诈规制的利益相关者。根据产生彼此法律关系的直接与间接，可以将利益相关者划分为核心利益相关者与辅助利益相关者。本文主要分析核

心利益相关者。

（1）欺诈控制组织。欺诈控制组织是指以专业知识、方法和技术打击欺诈的专门机构。我国基本医疗保险欺诈控制组织是国家医疗保障局和地方医疗保障局内设的基金监管机构。这些基金监管机构的法律定位是行政执法机构，主要职责包括：拟订医疗保障基金监督管理办法并组织实施；建立健全医疗保障基金安全防控机制，建立健全医疗保障信用评价体系和信息披露制度；监督管理纳入医保支付范围的医疗服务行为和医疗费用；规范医保经办业务；依法查处医疗保障领域违法违规行为。内嵌于医保局的反欺诈组织设置编制有限，① 难以满足法规政策制定、指导管理、实践行动等多项职能要求。可以考虑在地方层面设置专门的医保欺诈控制组织，是专司欺诈规制事务的事业性管理机构，与医保经办机构平行而设，体现政事分离的机构设置原则。上海、天津等地设立的医保基金监督检查所提供了较为成熟的借鉴经验。

（2）医保经办机构。根据 2001 年的《社会保险行政争议处理办法》和现行体制，医保经办机构是指法律法规授权的医疗保障局所属的办理医疗保险事务的工作机构。目前全国设有 400 余家医保经办机构，在名称上一般以"事业管理局""管理局""管理中心""结算中心"等来命名。医保经办机构属于参照公务员管理的事业单位，职责包括行政性监督检查和事业性管理两方面。前者如基本医疗保险费用征缴和待遇领取的稽核工作，后者如医保基金的支付工作。由于政事合体，医保经办机构的工作难免相互掣肘。尤其是医保稽核，没有处罚权的执法行动无法取得较好效果。我们建议取消医保经办机构的稽核职能，使其只承担事务性管理工作，加强协议管理，通过完善内部控制机

---

① 根据《国家医疗保障局职能配置、内设机构和人员编制规定》，国家医疗保障局机关行政编制 80 名；而地方医疗保障局的行政编制，笔者仅查到山东省医保局的行政编制为 40 名。

制实现医保经办机构医保基金支付把关人的角色作用。而且医保经办机构的政事分开也有助于培育我国真正的医疗保障公共服务机构。

（3）医药服务供方。医药服务供方在我国主要指定点医疗机构和定点零售药店。从法律属性来看，定点医疗机构有公立与民营之分，前者属于非营利性的事业单位，后者则为营利性的医疗机构；定点零售药店皆属于营利性的企业组织。由于处于勾连医保经办机构与参保患者的中心地位，医药服务供方成为基本医疗保险欺诈的最重要源头，自然也是打击欺诈的重点对象。然而，医药服务供方并非只能作为被打击的对象，在欺诈规制的利益相关者系统中，医药服务供方的自我规制，即合规自律，是预防欺诈和控制欺诈的重要力量。自我规制属于行业自律管理的重要组成部分，医药服务供方有义务从合规人员与机构设置、定期的合规教育培训、内外部审计与风险评估、欺诈举报机制与回应系统和内部纪律处罚制度、调查和补救措施等方面建立内部合规管理体系。当然，医药服务供方的合规重在防患于未然，一旦发现违法犯罪的欺诈行为，则应当向欺诈控制组织汇报、移交。

2. 强化协同共治机制：以欺诈规制为核心的多面向共治

政府主导的社会共治是我国深化医保基金监管制度体系改革的一项基本原则。在该基本原则指导下，强化反欺诈的协同共治应从如下方面着手：首先，内外兼具的执法共治。反欺诈执法的内部共治是指政府部门之间针对反欺诈的合作共治，包括检查和调查阶段的部门联动机制与法律责任追究阶段的行刑衔接机制。主要涉及的行政职能部门有卫生健康部门、审计部门、公安部门、药品监管部门、市场管理部门等，以及法院和检察院等司法机关。为了防止部门之间的互相推诿、怠惰，有必要通过立法将欺诈规制的部门联动机制和行刑衔接机制制度化，明晰职责范围；设置联席会议等形式的常态化的信息交流渠道；建立欺诈规制的绩效评估机制。上述举措有助于实现欺诈规制信息、经验与技术的互联互通，节约执法资源，减少不必要的浪费，更有效地打击欺诈行为。欺诈规制执法的外部共治是指在反欺诈检查和调查阶段引入外部的专业机构、专家人士以提高反欺诈的效率和效果。其中，专业机构主要包括信息技术服务机构、会计师事务所、商业保险机构等第三方组织，专家人士则包括医务人员、法律从业人员以及专家学者等个人。外部共治可以通过建立政府购买服务制度、医保基金社会监督员制度等来明确相关主体的权利义务与法律责任等内容。

其次，建立反欺诈教育的公私合作伙伴关系。教育培训是提高反欺诈专业知识、技能的主要途径。无论是医药服务供方的自我合规，还是反欺诈组织的执法行动，都需要熟知医保相关的法律法规、流程以及欺诈预防、发现、检查、制裁、补救等方面的原则、技巧、技术、程序和立法等内容。除了执法机构内部的专项培训和经验交流外，公私合作伙伴关系的建立极为必要。一方面可以与大学等教育机构合作开展反欺诈职业资质教育，通过继续教育的形式促进反欺诈执法队伍的专业化和职业化；另一方面由政府主导建立全国医疗保险反欺诈协会或项目，参加者可以是政府执法机构及其工作人员、商业保险公司及其工作人员、专家学者或其他相关组织和个人，融合社会保险和商业保险的反欺诈资源，在定期专业培训之外，设置资讯平台，开展经验交流、专题研讨，逐渐推进我国医疗保险反欺诈职业队伍的壮大和专业水平的提升。

3. 鼓励个人积极参与：举报奖励、信息告知与权利保护

在全民医保的背景下，基本医疗保险反欺诈事业事关每一位国民的切身利益，鼓励个人参与反欺诈行动，不仅仅是为执法部门提供欺诈行为线索，更重要的在于增强全民的反欺诈意识，降低民众对欺诈的容忍度，培育良好的公民社会。个人参与反欺诈行动主要有两种方式：

一是举报制度，即任何掌握欺诈行为线索的个人都可以向欺诈控制组织等主管部门进行举报。实践中，我国基本医疗保险欺诈行为的举报

个人多为参保人/患者、医务人员。根据《欺诈骗取医疗保障基金行为举报奖励暂行办法》，我国针对医保基金欺诈行为的举报实行有奖举报制度，该《暂行办法》重点规定了欺诈骗保行为的类型以及举报人获得奖励的条件。在我国，由于举报行为具有见义勇为的属性，保护举报人应当成为举报制度的重要内容。换言之，今后完善举报奖励制度应弱化"唯工具论"的色彩，从信息交易的层面考虑增加有利于举报人的制度内容，如畅通、便利的举报渠道，具体、合理的举报奖励金额与获取途径，隐私权、人身权与财产权的保护等。

二是信息告知制度，即参保人/患者有义务协助执法人员开展反欺诈的检查工作。作为案件事实的亲历者，参保人/患者在反欺诈执法检查工作中应履行如实告知义务，将自己就医开药的事实信息提供给执法人员。既可以由执法人员随机发放调查问卷的形式来搜集信息，也可以通过建立完善的信息交互平台，由参保人/患者在查阅与自己相关的诊疗信息时，发现不真实的诊疗行为，及时向执法部门汇报。当然，信息告知也是一种线索提供方式，参保人/患者的隐私权、人身权与财产权必须有充分的法律保障。

4. 践行回应性规制：规则、层次与能力

基本医疗保险欺诈规制事业是一项系统工程，不只体现在利益相关者生态系统的构建、多面向的协同共治以及个人的积极参与等方面，更重要的是针对欺诈等违规违法行为建立回应性的规制应对。这种回应性规制并非是对微观执法中某一具体欺诈行为的线性追责制裁，而是一种整体性占位、宏观视域下的金字塔型的规制框架。

（1）效力渐进的规则金字塔

法治化是医保基金监管的路径与保障，完备的规则体系是法治化的基础和前提。基本医疗保险欺诈规制属于典型的公共治理，徒有法律法规不足以应对复杂、多样且多变的现实，完备的规则体系应当由行为守则或道德规范、政策与法律法规共同构建。

行为守则或道德规范是一种自律性的社会规范，其作用在于养成良好的行业和社会风气，具体包括两个层面：一是行业和组织层面的行为守则，目前我国医药行业的自律规范已有《中国医院自律公约》《中国药品零售行业行规行约》《医疗机构从业人员行为规范》《国家公务员行为规范》等，初步建成了行业自律行为守则框架。然而，从内容来看，上述各项行为规范泛化有余，具象不足，无法因应基本医疗保险欺诈规制的实际需要。实际上，我国定点医药机构处于医保经办机构、医保主管部门、参保/患者相互法律关系的连接点上，其合规守法才是从根本上遏制医保欺诈的保证。因此，我国当前针对医保欺诈的行为守则应重点建设定点医药机构的合规管理体系。此外，打击基本医疗保险欺诈事业的艰巨性、复杂性和长期性，使得制定针对执法部门的反欺诈行为守则显得很有必要。二是国家层面的道德规范，例如我国践行的社会主义核心价值观。基本医疗保险欺诈是一种违反诚信的败德行为，诚信不欺不仅仅是交易行为的基本原则，更是全民医保秩序得以正常运行的道德保障。

政策是指特定的党和国家机构发布的、旨在指导一定时期某方面工作的方针政策。基本医疗保险欺诈规制是一项不断行进、需要不断应变的事业，而政策具有灵活快捷的特点，能够对新出现的问题予以及时反应。① 作为公共治理的重要手段，政策在我国基本医疗保险反欺诈事业中起到了战略规划、行动指引的作用。自 2020 年始，国务院连续发布《关于深化医疗保障制度改革的意见》《关于推进医疗保障基金监管制度体系改革的指导意见》两个政策文件，明确了反欺诈在维护医保基金安全中的首要地位，提出了医保基金监管的指导思想、基本原则和主

---

① 陈海嵩. 中国生态文明法治转型中的政策与法律关系［J］. 吉林大学社会科学学报，2020（2）：48.

要目标，并对监管责任、监管制度体系和保障措施等核心内容进行了战略规划。不过，由于政策变动频繁，效力性和可预期性不足，法治化的重任离不开法律法规的担当。

法律法规具有稳定性、强制性、可预期性的特点，不仅是医药服务供方、参保人/患者、医保经办机构等主体行为不可逾越的底线，也是执法部门依法行政、依法判案的制度基础。我国目前针对基本医疗保险欺诈方面的立法主要有《社会保险法》《刑法》《医疗保障基金使用监督管理条例》等法律的原则性规定与行政法规的专门规范，初步构建了我国基本医疗保险欺诈规制的法律体系。鉴于基本医疗保险欺诈表现形式的复杂性、造成损失的严重性、社会影响的恶劣性，有必要对基本医疗保险欺诈规制有一个事前预防、事中控制与事后制裁的整体观，从全周期视角设计并完善基本医疗保险欺诈规制的法律体系。

总之，针对基本医疗保险欺诈行为，自律性的行为守则或道德规范、纲领性的政策与强制力的法律法规构建了效力渐进的规则金字塔。其中，政策是我国医保基金监管制度体系改革的战略规划和宏观指引，不具有现实行为的规范效力，具有行为规范性的主要是行为守则、道德规范和法律法规。

（2）层次递进的执法金字塔

回应性规制是目前国际上应对食品安全、环境保护、安全生产等领域问题行之有效的实践模式。在理论上，回应性规制的精髓在于"回应、塑造、协同和关系性"。① 实践中，回应性规制体现为不同主题的金字塔模型，较为经典的是规制策略金字塔和执法手段金字塔。② 结合我国基本医疗保险欺诈规制实践，规制策略金字塔应该成为针对不同程

① 杨炳霖. 回应性监管理论述评：精髓与问题［J］. 中国行政管理，2017（4）：131.

② AYRES I，BRAITHWAITE J. Responsive Regulation - Transcending the Deregulation Debate［M］. Oxford：Oxford University Press，1992：12-26.

度欺诈风险的执法策略应对：在金字塔底层是合规管理的自我规制，此时尚无欺诈风险，执法机构不介入，全仰赖自我规制的自律行为，目的在于防患于未然；金字塔中部是强制性自我规制，此时欺诈风险已实际发生，执法机构介入但不实施法律制裁，而是通过督促和监督来补救与完善自我规制，目的在于规制者与被规制者之间协同规制，节约执法成本，实现有效规制；金字塔顶层是命令控制型的政府规制，此时前两个层次的规制策略失灵，欺诈行为人主观恶性大，损害后果严重，执法机构介入实施法律制裁，目的在于惩戒违法行为人，威慑并警示其他人。

如果说规制策略金字塔是中观层面的战略设计，那么，执法手段金字塔则是具体执法实践的指引。从金字塔底层逐渐上升到顶层，执法手段的排序依次为：约谈、警告、行政处罚、刑事处罚、暂停结算、吊销执照。从柔性的软法规制到刚性的硬法规制，执法手段金字塔的目的在于传达一种由轻到重的制裁力度，是对不同程度欺诈行为的针对性回应。

由规制策略金字塔和执法手段金字塔构成的执法金字塔，不仅是对执法实践的指导，更是对基本医疗保险欺诈规制立法体系和内容的具体要求。易言之，我国在制定基本医疗保险欺诈规制立法时，应根据不同程度的欺诈行为制定轻重有别、层次递进的法律法规。我国《医疗保障基金使用监督管理条例》的立法进步之一就是区分医疗保障基金使用中违规违法行为分别设置了不同的法律责任，具有回应性规制的合理性，但仅限于刚性的法律责任，且以行政制裁为主。因此，建议今后我国关于基本医疗保险欺诈的立法及完善可以遵从回应性规制路径建设相关制度内容。

（3）实践中塑造执法能力

回应性规制强调执法手段的多样性和规范性，要求较高的执法能力相配合。虽然我国执法实践尚存在有法不依、执法不严、选择性执法、寻租腐败等问题,① 执法能力差强人意,但是,回应性规制的践行具有塑造功能:一方面通过自我规制塑造被规制者的主体意识和责任心,另一方面通过自我规制的指导、强制性自我规制的督促和政府规制的层次性应对,塑造规制者的进退自如、灵活柔性与强制威慑相结合的执法能力。

总之,回应性规制于我国基本医疗保险欺诈规制事业不是"心向往之"的"不能至",而是且行且精进的践行之路。

四、小结

党的十九届四中全会《决定》(即《中共中央关于坚持和完善中国特色社会主义制度,推进国家治理体系的治理能力现代化若干重大问题的决定》)中指出:"必须加强和创新社会治理,完善党委领导、政府负责、民主协商、社会协同、公众参与、法治保障、科技支撑的社会治理体系,建设人人有责、人人尽责、人人享有的社会治理共同体。"作为社会治理的组成部分,医疗保险欺诈规制是世界医保事业面临的共同难题,我国医疗保险欺诈规制虽然起步晚,但是后发优势是我们的最大优势。分析欧美各国医疗保险欺诈规制的实践经验,有助于认清我国医疗保险欺诈规制实践中存在的问题,采取针对性的解决方案。亦即,从利益相关者生态系统的构建和回应性规制的实践模式入手,是"实现医保基金监管法治化、专业化、规范化、常态化"的优选之路。

---

① 杨炳霖. 回应性监管理论述评:精髓与问题 [J]. 中国行政管理, 2017 (4): 134.

参考文献

一、中文参考文献

（一）著作类

1. 陈波．逻辑学十五讲［M］．北京：北京大学出版社，2008.

2. 陈瑞华．企业合规基本理论［M］．北京：法律出版社，2020.

3. 董安生．民事法律行为：合同、遗嘱和婚姻行为的一般规律［M］．北京：中国人民大学出版社，1994.

4. 林立．法学方法论与德沃金［M］．北京：中国政法大学出版社，2002.

5. 林源．新型农村合作医疗保险欺诈风险管理研究［M］．成都：西南交通大学出版社，2015.

6. 史尚宽．民法总论［M］．北京：中国政法大学出版社，2000.

7. 王利明．民法典体系研究［M］．北京：中国人民大学出版社，2012.

8. 翁岳生．法治国家之行政法与司法［M］．台北：元照出版社，1997.

9. 徐飞．政府规制政策演进研究——日本经验与中国借鉴［M］．

北京：中国社会科学出版社，2015.

10. 徐国栋. 民法基本原则解释：诚信原则的历史、实务、法理研究 [M]. 北京：北京大学出版社，2013.

11. 赵曼，吕国营. 社会医疗保险中的道德风险 [M]. 北京：中国劳动社会保障出版社，2007.

12. 郑强. 合同法诚实信用原则研究 [M]. 北京：法律出版社，2000.

13. 吴汉东. 私法研究（第3卷）[M].//张民安. 法国侵权责任根据研究 [M]. 北京：中国政法大学出社，2003.

（二）译著类

1. ［意］彼德罗·彭梵德. 罗马法教科书 [M]. 黄风，译. 北京：中国政法大学出版社，1996.

2. ［德］黑格尔. 法哲学原理 [M]. 范扬，张企泰，译. 北京：商务印书馆，1961.

3. ［德］卡尔·拉伦茨. 法学方法论 [M]. 陈爱娥，译. 北京：商务印书馆，2003.

4. ［德］考夫曼. 类推与事物本质 [M]. 吴从周，译. 台北：台湾学林文化事业有限公司，1999.

5. ［德］康德. 纯粹理性批判 [M]. 蓝公武，译. 北京：商务印书馆，1960.

6. ［德］阿斯曼. 行政法总论作为秩序理念—行政法体系建构的基础与任务 [M]. 林明锵，等译. 台北：元照出版有限公司，2009.

7. ［美］弗里曼. 战略管理：利益相关者方法 [M]. 王彦华，梁豪，译. 上海：上海译文出版社，2006.

8. ［英］科林·斯科特. 规制、治理与法律：前沿问题研究 [M]. 安永康，译. 北京：清华大学出版社，2018.

9. ［英］罗伯特·鲍德温，马丁·凯夫，马丁·洛奇. 牛津规制手册［M］. 宋华琳，等译. 上海：上海三联书店出版社 2017.

10. ［日］甲斐克则. 责任原理与过失犯论［J］. 谢佳君，译. 北京：中国政法大学出版社，2016.

11. ［日］盐野宏. 行政法［M］. 杨建顺，译. 北京：法律出版社，1999.

（三）期刊类

1. 陈瑞华. 论企业合规的中国化问题［J］. 法律科学，2020 (3).

2. 陈瑞华. 企业合规的基本问题［J］. 中国法律评论，2020 (1).

3. 陈起风. "救命钱"沦为"唐僧肉"：内在逻辑与治理路径［J］. 社会保障研究，2019 (4).

4. 陈新民. 社会保险反欺诈综合法律对策研究［J］. 现代法学，2015 (1).

5. 崔丽. 激励理论视角下社会保险反欺诈机制的构建［J］. 湘潭大学学报（哲学社会科学版），2016 (3).

6. 陈海嵩. 中国生态文明法治转型中的政策与法律关系［J］. 吉林大学社会科学学报，2020 (2).

7. 崔明逊. 规制内涵探讨：从概念到观念［J］. 人民论坛，2013 (9).

8. 陈布雷. 社会法的部门法哲学反思［J］. 法制与社会发展，2012 (4).

9. 陈信勇，程敏. 论社会保险的刑法规制［J］. 贵州师范大学学报，2006 (4).

10. 陈兴良. 民事欺诈与刑事欺诈的界分［J］. 法治现代化研究，2019 (5)

11. 陈华彬. 论意思表示错误及我国民法典对其的借镜［J］. 法学

杂志，2017（9）.

12. 杜宇. 刑法学上"类型观"的生成与展开：以构成要件理论的发展为脉络［J］. 复旦学报（社会科学版），2010（5）.

13. 杜宇."类型"作为刑法上之独立思维形式——兼及概念思维的反思与定位［J］. 刑事法评论，2010（1）.

14. 杜宇. 类型思维的兴起与刑法上之展开路径［J］. 中山大学法律评论，2014（3）.

15. 高秦伟. 社会自我规制与行政法的任务［J］. 中国法学，2015（5）.

16. 郭琛. 举报型社会治理的生成与逻辑境遇［J］. 理论导刊，2017（11）.

17. 黄华波. 加强医保基金监管和打击欺诈骗保工作的思考［J］. 中国医疗保险，2019（3）.

18. 胡敏洁. 规制理论是否足以解释社会政策［J］. 清华法学，2016（3）.

19. ［荷］约翰·梵瓦勒. 反腐败与举报人保护立法［J］. 印波，崔雯雅，译. 人民检察，2017（17）.

20. 刘水林，吴锐. 论"规制行政法"的范式革命［J］. 法律科学，2016（3）.

21. 娄宇. 规制基本医保支付欺诈行为的思考［J］. 中国医疗保险，2018（5）.

22. 娄宇. 论医疗服务协议对骗保行为的规制方法——惩罚性赔偿的法理与制度设计［J］. 中国医疗保险，2018（10）.

23. 刘作翔. 当代中国的规范体系：理论与制度结构［J］. 中国社会科学，2019（7）.

24. 刘作翔."法源"的误用——关于法律渊源的理性思考［J］.

法律科学, 2019 (3).

25. 刘恒, 李冠钊. 市场监管信息不对称的法律规制 [J]. 行政法研究, 2017 (1).

26. 罗长斌. 社会医疗保险诈骗行为的防范与对策 [J]. 武汉理工大学学报 (社会科学版), 2017 (5).

27. 雷磊. 融贯性与法律体系的建构——兼论当代中国法律体系的融贯化 [J]. 法学家, 2012 (2).

28. 刘士国. 类型化与民法解释 [J]. 法学研究, 2006 (6).

29. 李亚子, 尤斌. 医疗保险骗保特征分析 [J]. 中国社会保障, 2015 (2)

30. 李中天. 论改革开放以来中国法制改革的渐进式特征 [J]. 思想战线, 2015 (3).

31. 刘文. 渐进主义的认识论审视 [J]. 中国行政管理, 2020 (3).

32. 李鹏. 社会保险经办机构能否单方解除与定点医院的医疗服务协议 [J]. 中国劳动, 2006 (3).

33. 马荣春. 形式理性还是实质理性：刑法解释论争的一次深入研究 [M]. 东方法学, 2015 (2).

34. 马春晓. 廉洁性不是贪污贿赂犯罪的法益 [J]. 政治与法律, 2018 (2).

35. 莫纪宏. 论行政法规的合宪性审查机制 [J]. 江苏行政学院学报, 2018 (3).

36. 秦前红, 底高扬. 合宪性审查在中国的四十年 [J]. 学术界, 2019 (4).

37. 钱大军. 当代中国法律体系构建模式之探究 [J]. 法商研究, 2015 (2).

38. 孙娟娟. 从规制合规迈向合作规制：以食品安全规制为例 [J].

行政法学研究, 2020 (2).

39. 孙菊, 甘银艳. 合作治理视角下的医疗保险反欺诈机制: 国际经验与启示 [J]. 中国卫生政策研究, 2017 (10).

40. 孙晓搏. 近亲属间冒用社保卡就医行为入罪化思考 [J]. 福建警察学院学报, 2017 (2).

41. 孙建才. 社会医疗保险欺诈治理的探索与思考 [J]. 中国医疗保险, 2017 (12).

42. 田宏杰. 行政犯的违法性 [J]. 法学家, 2013 (3).

43. 田宏杰. 立法扩张与司法限缩 [J]. 中国法学, 2020 (1).

44. 唐健, 彭刚. 农村社会化养老善治的路径重构 [J]. 农村经济, 2019 (8).

45. 唐贤兴. 中国治理困境下政策工具的选择 [J]. 探索与争鸣, 2009 (2).

46. 王素芬. 社会保险反欺诈举报人制度研究 [J]. 理论学刊, 2019 (3).

47. 王素芬. 社会保险反欺诈地方立法之审思 [J]. 东岳论丛, 2019 (2).

48. 王贵松. 论行政处罚的责任主义 [J]. 政治与法律, 2020 (6).

49. 吴梦曦. 医保协议法律性质探索——兼谈医保社会治理 [J]. 医学与法学, 2019 (4).

50. 王锦锦. 论社会医疗保险中的道德风险及其制度消解 [J]. 人口与经济, 2007 (3).

51. 温素彬, 李慧, 焦然. 企业文化、利益相关者认知与财务绩效——多元资本共生的分析视角 [J]. 中国软科学, 2018 (4).

52. 吴磊, 徐家良. 政府购买公共服务中社会组织责任的实现机制研究 [J]. 理论月刊, 2017 (9).

53. 王显勇. 论社会保险统筹基金的法律性质及其管理运营 [J]. 财经理论与实践，2011（3）.

54. 熊樟林. 行政处罚上的"法盲"及其规范化 [J]. 华东政法大学学报，2020（1）.

55. 熊樟林. 行政处罚责任主义立场证立 [J]. 比较法研究，2020（3）.

56. 谢新水，袁汝兵. 论共享经济可持续发展的合作规制治理模式 [J]. 江苏大学学报（社会科学版），2019（6）.

57. 熊静文. 诊疗规范中心论与医疗过失的判定 [J]. 浙江社会科学，2019（7）.

58. 徐鸣. 跨学科视角下西方监管论的演变研究 [J]. 中共南京市委党校学报，2019（5）.

59. 徐以祥. 论我国环境法律的体系化 [J]. 现代法学，2019（3）.

60. 杨炳霖. 从"政府监管"到"监管治理" [J]. 中国政法大学学报，2018（2）.

61. 杨炳霖. 回应性监管理论述评：精髓与问题 [J]. 中国行政管理，2017（4）.

62. 杨炳霖. 后设监管的中国探索：以落实生产经营单位安全生产主体责任为例 [J]. 华中师范大学学报（人文社会科学版），2019（5）.

63. 余凌云. 地方立法能力的适度释放——兼论"行政三法"的相关修改 [J]. 清华法学，2019（2）.

64. 徐长妍等. 医保定点医院上传 ICD-10 编码现状研究 [J]. 中国病例，2017（8）

65. 杨建顺. 论行政给付裁量的规制完善 [J]. 哈尔滨工业大学学报，2014（5）.

66. 余军华. 关于基本医疗保险服务协议法律定位的探讨 [J]. 河

北能源职业技术学院学报，2009（4）.

67. 俞佳洁，李琰，陈雯雯，李幼平. 循证医学的产生与发展：社会需求、学科发展和人文反思共同推动［J］. 中国循证医学杂志，2019（1）.

68. 阳易南，肖建华. 医疗保险基金欺诈骗保与反欺诈研究［J］. 北京航空航天大学学报，2019（2）.

69. 易继明. 当代法学的历史使命——以中国法治建设为指向的法政策学思考［J］. 法律科学，2011（1）.

70. 袁碧华，袁继尚. 投保方保险欺诈民事责任制度研究［J］. 广东金融学院学报，2012（2）.

71. 应飞虎. 食品安全有奖举报制度研究［J］. 社会科学，2013（3）.

72. 赵万一. 合规制度的公司法设计及其实现路径［J］. 中国法学，2020（2）.

73. 张豫洁. 新兴规范的国际扩散路径——基于类型学的分析［J］. 国际政治研究，2019（2）.

74. 张若宇. 社保反欺诈行政执法及与刑事司法之衔接［J］. 中国社会保障，2018（7）.

75. 周进萍. 利益相关者理论视域下"共建共治共享"的实践路径［J］. 领导科学，2018（3）.

76. 朱广新. 超越经验主义立法：编撰民法典［J］. 中外法学，2014（6）.

77. 周汉华. 论国家赔偿的过错责任原则［J］. 法学研究，1996（3）.

78. 张明楷. 论诈骗罪的欺骗行为［J］. 甘肃政法学院学报，2005（5）.

79. 张兆松. 我国贪污贿赂犯罪立法：历程、反思与前瞻 ［J］. 法治研究，2020（3）

80. 张新民. 社会医疗保险欺诈法律责任制度研究 ［J］. 法学，2014（1）.

81. 赵俊，吕成龙. 反海外腐败法管辖权扩张的启示——兼论渐进主义路径下的中国路径 ［J］. 浙江大学学报（人文社会科学版），2013（2）.

（四）报纸类

1. 田宏杰. "直接入刑"如何彰显刑法保障性与谦抑性 ［N］. 检察日报，2019-11-18-003.

2. 田宏杰. 欺诈性侵财从未怎样定性处理 ［N］. 检察日报，2019-10-18-003.

3. 徐显明. 论中国特色社会主义法律体系的形成和完善 ［N］. 人民日报，2009-03-12-11.

二、外文参考文献

（一）著作类

1. HIMMELMAN A T. Communities Working Collaboratively for Change ［M］. Minneapolis：Himmelman Consulting Group，1992.

2. BRAITHWAITE J. Regulatory Capitalism：How It Works，Ideas for Making It Work Better ［M］. Cheltenham：Edward Elgar Pub，2008.

3. AYRES I，BRAITHWAITE J. Responsive Regulation – Transcending the Deregulation Debate ［M］. Oxford：Oxford University Press，1992.

4. MIKKERS M，SAUTER W，VINCKE P，BOERTJENS J. Healthcare Fraud Corruption and Waste in Europe ［M］. Hague：Eleven International Publishing，2017.

（二）期刊类

1. EDDY A. C. The Effect of the Health Insurance Portability and Accountability Act of 1996（HIPAA）on Health Care Fraud in Montana ［J］. Montana Law Review, 2000（61）.

2. FADDIC C M. Health Care Fraud and Abuse: New Weapons, New Penalties, and New Fears for Providers Created by the Health Insurance Portability and Accountability Act of 1996 ［J］. Annals of Health Law, 1997（6）.

3. THORNTON D, BRINKHUIS M. Categorizing and Describing the Types of Fraud in Healthcare ［J］. Procedia Computer Science, 2015（64）.

4. BUTTON M, GEE J. The scale of health-care fraud: A global evaluation ［J］. Security Journal, 2012（25）.

5. DEMSKE G E, TAYLOR G, ORTMANN J. Shared Goals: How the HHS Office of Inspector General Supports Health Care Industry Compliance Efforts ［J］. Mitchell Hamline Law Review, 2018（44）.

6. KRAUSE J H. A Patient-Centered Approach to Health Care Fraud Recovery ［J］. The Journal of Criminal Law & Criminology, 2006（96）.

7. BRAITHWAITE J. Enforced Self-regulation: A New Strategy for Corporate Crime Control ［J］. Michigan Law Review, 1982（80）.

8. LASTHUIZEN K, HUBERTS L. How to Measure Integrity Violations ［J］. Public Management Review, 2011（13）.

9. STOWELL N F, SCHMIDT M. Healthcare fraud under the microscope: improving its prevention ［J］. Journal of Financial Crime, 2018 （25）.

10. ABDULLAHI R, MANSOR N. Fraud Triangle Theory and Fraud Diamond Theory ［J］. International Journal of Academic Research in Accounting, Finance and Management Sciences, 2015（5）.

11. DOAN R. The False Claims Act and the Eroding Scienter in Health-care Fraud Litigation ［J］. Annals of Health Law，2011（20）.

12. KLUGE S. Empirically Grounded Construction of Types and Typologies in Qualitative Social Research ［J］. Qualitative Social Research，2000（1）.

13. GILAD S. It runs in the family：Meta‐regulation and its siblings ［J］. Regulation & Governance，2010（4）.

14. SHRANK W H. Waste in the US Health Care System Estimated Costs and Potential for Savings ［J］. JAMA，2019（15）.

（三）其他

1. Brief Summaries of Medicare & Medicaid（2019）［A/OL］. Center for Medicare &Medicaid Sevice，2020-06-20.

2. GARNER B A. Black's Law Dictionary（Eighth Edition）［Z］. Eagan：Thomson West，2004.

3. Fighting Fraud & Corruption in Healthcare in Europe：a work in progress（2016）［R/OL］. European Healthcare Fraud &Corruption Network，2020-03-18.

4. Updated Study on Corruption in the Healthcare Sector Final Report（2017）［R/OL］. European Commission，2020-06-25.

5. Protecting Public Health and Human Services Programs：A 30-Year Retrospective ［A/OL］. Department of Health and Human Services Office of Inspector General，2020-07-12.

6. STAMAN J A. Health Care Fraud and Abuse Laws Affecting Medicare and Medicaid：An Overview ［R/OL］. Congressional Research Service，2019-12-20.

7. J LEE J，BUTTON M. The Financial Cost of Healthcare Fraud 2015

［R/OL］. Center for Counter Fraud Studiers of University of Portsmouth, 2020-02-15.

8. IVEC M, BRAITHWAITE J. Applications of Responsive Regulatory Theory in Australia and Overseas: Update ［R/OL］. Regulatory Institutions Network, Australian National University, 2020-01-05.

9. Medicare Fraud &Abuse: Prevent, Detect, Report ［EB/OL］. CMS Medicare Learning Network, 2020-05-20.

10. New England Healthcare Institute. Waste and inefficiency in the U. S. Healthcare System ［R/OL］. JAMA Network, 2020-06-15.

11. The Challenge of Health Care Fraud ［EB/OL］. National Health Care Anti-Fraud Association, 2020-07-15.

12. Financing for Universal Coverage ［EB/OL］. The World Health Organization, 2020-03-20.

13. Improper Payments: Inspector General Reporting of Agency Compliance under the Improper Payments Elimination and Recovery Act ［A/OL］. U. S. Government Accountability Office, 2020-03-16.

14. Update: OIG's Provider Self-Disclosure Protocol (2013) ［EB/OL］. Office of the Inspector General, 2020-08-10.

15. "What Is Good Governance?" ［EB/OL］. United National Economic and Social Commission for Asia and Pacific, 2020-02-05.

后　记

　　10 年前一次不大不小的手术使我开始关注我国的基本医疗保险制度。作为一名患者，多次的就医购药让我看到了医疗卫生领域中逐利败德的各种乱象。一张小小的医保卡，承载着国家保障人民生命健康的许诺，打消了广大患者求医问药耗资散财的顾虑，却也引致了欺诈逐利者的窥视。医疗保障基金被视为唐僧肉，各路众生皆虎视眈眈。惊讶于药店变超市的屡禁不止，困惑于医务人员利用医保逐私利的暗箱操作，我开始专注于医疗卫生领域中欺诈等违法行为的研究，希冀在消解心中困惑之块垒的同时能为我国医疗保障事业的发展做出绵薄的学术助力。

　　2015 年，我关于"基本医疗保险欺诈法律规制研究"的研究思路获得了教育部人文社会科学一般项目基金的资助，欣喜感谢之余，更坚定了我躬耕于基本医疗保险欺诈法学研究学术之地的信心。然而，当真正着手基本医疗保险欺诈法律规制研究时，我才发现此次学术之旅的艰辛远远超出自己的预想。一方面，欺诈的规制本身就是法学研究中的难题。且不说刑民交叉领域民事欺诈与刑事诈骗的界分之争，仅就部门法研究视域而言，保险欺诈、诉讼欺诈、证券欺诈、消费欺诈等皆是当下学界的研究热点。何为欺诈？法学意义上的欺诈如何认定？不同部门法中的欺诈规制区别何在？诸多问题皆有待于学界的回应与解决。另一方面，基本医疗保险欺诈规制的研究以解决问题为要务，需要跨学科交叉的智力支持。所谓跨学科不仅仅是指法学、管理学、法社会学等多学科研究理论与研究方法的借鉴与应用，也是指法学研究中破除分门别类研究的路径依赖，实现不同部门法学研究成果的融合与运用。鉴于此，我曾尝试学习统计学的有关分析软件，希望能够获取来自实务的有关基本医疗保险欺诈的第一手数据，却因能力和时间的限制未能成果；我也曾沉迷于逻辑精巧、理论厚重的刑法学前沿文献的阅读，却因刑法学之浩瀚渊深而徒增焦灼；我还曾正式完整地参加了为期近一个月的有关医务社会工作者的培训，希望能从医疗相关的实务中获取灵感，却终因偏离欺诈规制的主题而未能再续。如上之类的尝试探求只为寻找基本医疗保险欺诈法律规制研究的逻辑主线，以及融贯的基础理论和研究方法。由于阵线拉得过长，研究进程难免拖沓迟滞，课题无法如期结项，只好申请了延期。而对于未来是否可期，也曾经有过我自拔剑四顾心茫然的怅惘。

2019 年年底，我申请了为期 8 个月到加拿大布鲁克大学古德曼商学院做访问学者的资格。这期间，远离浮华躁扰与案牍劳形，潜心文献阅读与笔耕著述，虽貌似单调枯燥我却甘之如饴。通过大量的外文文献阅读和整理，充实了比较分析的研究成果与实践经验，而自己对国外医疗保险反欺诈事业的认识也是一个由"很完善"到"在路上"的心路历程。国际经验显示，各国的医疗保险随同医疗体制的变革而常变常新，医疗保险欺诈自然也如影随形，如何保障医疗保险欺诈规制立法与实践的效能是当今世界各国完善医保治理的重要课题之一。同时，活跃于法社会学界和经济学界的规制理论，尤其是行政法学界的相关研究成果对本课题研究思路的形成与逻辑自洽给予了很大的启发，使得本课题的研究成果能够基本形成完整系统、逻辑周延的内容架构。

国务院制定的《医疗保障基金使用监督管理条例》于 2021 年 2 月

颁布，2021 年 5 月实施。该条例可谓是我国专门规制医疗保障基金使用中违规违法行为的首部行政法规。由于本书成稿之际，我国尚无规制基本医疗保险欺诈的专门立法，因此，该条例的颁布实施意味着本书有关立法建制部分的内容需要应时修改。好在本书的国际视角、前瞻观点并未随着该条例的颁布而染旧泛黄，只是延迟了书稿的付梓时间。

　　本书能够顺利成稿，首先感谢教育部人文社会科学基金的资助，其信任和支持是本课题研究得以成行之源；其次感谢光明日报出版社《光明社科文库》的接纳与其学术出版中心张金良等老师的牵线联系与勉励包容，使本书稿得以付梓；最后，本书稿的顺利完成还要感谢长春工业大学公共管理学院曲永军院长、胡韧峰书记以及高春兰、冯娜、宋浩等多位老师对本人工作的支持和包容，感谢吉林大学冯彦君教授、闵春雷教授、杜彦林教授与长春理工大学的关凤荣教授对本课题结项时的专家评审和中肯建议，感谢我的爱人于洋老师在我学术之路上的不断鞭策和启迪，而对异地求学女儿的牵挂则是我学术之路前行的动力。

　　在本书完稿之际，我国深化医疗保障制度改革又有了新举措，职工基本医疗保险制度迎来重大变化，通过建立健全职工基本医疗保险门诊共济保障机制改革医保基金的结构与支付规则，并强调对欺诈骗保等违规违法行为的强监管。而强监管端赖于医保治理法治化短板的及时补齐，否则，就难以形成常态化、制度化的监管格局。所以，法学人应当参与到助力我国医疗保障制度深化改革的进程中，尽管困难重重，自当砥砺前行。